JN274530

知的財産担保の理論と実務

知的財産担保の理論と実務

鎌 田　薫

編 著

信 山 社

は じ め に

　近年，知的財産の経済的価値に対する認識が高まりつつある。企業においては，知的財産を重要な経営資源のひとつとして位置づけ，その経済的価値を正確に把握したうえで，これを企業経営に積極的に活用することが試みられている。行政においても，知的財産の経済的価値に着目した資金調達の促進や知的財産の流通市場の確立をめざした施策が検討されている。これに応じて，知的財産に関する研究も，その法的側面に係るものから，知的財産権自体の有する経済的価値に着目したものへと，研究対象を拡大させつつある。

　㈶知的財産研究所は，このような状況を踏まえて，平成4年6月に，『知的財産の金融商品化に関する調査研究』において知的財産の経済的価値を活用するためのさまざまな方策を提言したのに引き続き，平成8年3月には，『知的財産権担保価値評価手法調査研究報告書』を公表して，知的財産担保融資を実現する上での隘路とされていた担保価値評価手法につき，知的財産を中核とした事業活動を一の営業体として捉え，その予想獲得収益を基礎とした収益還元法によるべき旨を提言するとともに，知的財産担保融資の実行に伴う契約実務上の指針等を提示した。さらに，同年7月には，スミス=パール著・㈶知的財産研究所訳（菊池純一監訳）『知的財産と無形資産の価値評価』（中央経済社）も刊行した。

　知的財産担保価値評価に関する報告書の発表に前後して，実務界においても，主としてベンチャー企業を対象とした知的財産担保融資が開始され，社会的な関心を呼び起こした。

　このような背景から，平成8年10月に開催された金融法学会においては，「知的財産担保の法的諸問題」と題するシンポジウムがもたれ（『金融法研究』13号〔平成9年4月刊〕参照），知的財産担保融資の実例を踏まえて，金融実務上の諸問題について議論が展開された。本書刊行の直接の契機と

なったのは，このシンポジウムの準備のために，㈶知的財産研究所の協力の下に開いた私的研究会である。この研究会は，上記報告書の成果を踏まえつつ，その後の金融実務の経験や周辺の諸制度との関連にも配慮して，理論・実務両面につき，より深い研究をしようとするものであり，金融法学会のシンポジウムが終了した後も，新たな参加者を交えながら，継続されている。本書は，その当面の研究成果の一部をまとめたものである。

　本書では，知的財産担保が，知的財産の経済的価値を活用するための一手法であるとともに，新規産業育成策の一環であり，かつ，金融担保制度の新分野を開拓するものでもあるという特質を有することを考慮して，これら各分野からの多角的な検討を加えるよう努めたつもりである。知的財産に関係する実務家・研究者のみならず，金融担保や産業政策に関わる実務家・研究者にとっても参考になるものと確信している。

　最後となったが，多忙中にもかかわらずご執筆いただいた研究会メンバー各位，上記各報告書の作製以来一貫して有益な資料とご意見を提供して下さった通商産業省知的財産政策室ならびに特許庁，資料提供を頂いた情報処理振興事業協会，および出版を引き受けていただいた信山社出版の方々に心より感謝申し上げる。

　　　1997年4月

　　　　　　　　　　　　　　　　　　　　　　　　　　鎌　田　　薫

目　次

〔執筆者紹介〕
はしがき………………………………………〔鎌田　薫〕…v

I　知的財産担保の意義と課題 ……………〔鎌田　薫〕…1
　　1　知的財産担保融資の現状（1）
　　2　知的財産担保の特色と契約実務（3）
　　3　知的財産担保と関連諸制度整備の必要性（5）
　　4　金融担保実務と知的財産担保（6）

II　通商産業政策上の意義と課題 …〔三浦章豪・中村　崇〕…9
　　──── ベンチャー企業育成と知的財産権担保融資 ────

　　序　章　　　　　　　　　　　　　　　　　　（9）
　　1　ベンチャー企業育成と知的財産権担保融資の意義（10）
　　2　知的財産権担保価値の評価手法（17）
　　3　知的財産権担保融資に対する取組み等（20）

III　担保法制の視点からみた知的財産担保の検討課題
　　　………………………………………〔小林久起〕…23
　　1　はじめに（23）
　　2　目的物の特性から見た担保法制の現状（26）
　　3　知的財産権担保制度の概要（31）
　　4　財団抵当権の現状と知的財産権担保との関係（44）
　　5　知的財産担保の特性と担保法制上の課題（49）

IV　知的財産の特質と担保 ………………〔眞壽田順啓〕…53
　　1　はじめに（53）
　　2　知的財産の価値に関する最近の動向（53）

3　知的財産権の特質 (57)
　　　4　知的財産権の担保価値評価の際の問題点 (63)
　　　5　担保契約における「改良条項」及び「バージョンアップ条項」(68)
　　　6　まとめ (73)

V　知的財産の価値評価手法 ……………………〔石井康之〕…75
　　　―― 権的財産権担保と企業内無形資産の価値評価に関するケース・スタディ ――

　　　1　はじめに (75)
　　　2　収益還元法による担保価値評価の手法 (78)
　　　3　個別企業における無形資産の評価 (97)

VI　工業所有権制度における登録制度 ― その意義と概要 ―
　　…………………………………………………〔伊吹英明〕…117

　　　1　登録制度の意義 (117)
　　　2　登録の効果 (117)
　　　3　登録制度の歴史 (119)
　　　4　登録制度の仕組みの概要 (119)
　　　5　登録業務のコンピュータ化 (125)

VII　THE 情報・ルネサンス ……………………〔山竹伸一〕…133
　　　―― ベンチャーと知的財産権 ――

　　　1　銀行におけるベンチャー（成長）企業育成の試み (133)
　　　2　ベンチャー新成長理論と評価基準～新しいメルクマールを求めて～(136)
　　　3　知的財産権と成長要素の関係 (137)
　　　4　知的財産権の種類 (138)
　　　5　知的財産と担保 (143)
　　　6　知的財産権に担保を設定する時のポイント (146)
　　　7　知的財産権は担保となりうるか (147)
　　　8　ベンチャー企業への新しい対応 (148)
　　　9　THE 情報・ルネサンス (152)

目 次 ix

Ⅷ 金融機関からみた知的財産担保 ……………〔富井　聡〕…155

　　1 はじめに～ベンチャービジネスの資金供給手法について (155)
　　2 知的財産担保の特質 (156)
　　3 ソフトウェア著作権の担保適格性 (160)
　　4 特許権の担保適格性 (162)
　　5 評価の実務 (164)
　　6 担保手続及び担保管理について (167)
　　7 知的財産担保の実例 (171)

Ⅸ 総合商社における知的財産ビジネスの実情と問題点
　　………………………………〔市原俊一・森松秀樹〕…175

　　1 総　論 (175)
　　2 仲　介 (179)
　　3 投　資 (200)
　　4 担　保 (209)

Ⅹ 金融担保実務における知的財産担保の展望
　　………………………………………………〔堀　龍兒〕…217

　　1 金融担保実務の現状 (217)
　　2 知的財産担保の問題点 (218)
　　3 これからの知的財産担保について (219)

資 料 編
　資料1 質権設定契約の雛形〔特許権の場合〕(223)
　資料2 質権設定契約証書 (229)・譲渡担保契約証書 (236)
　資料3 知的財産権の担保化の状況〔特許庁公報より〕(245)
　資料4 知的財産権担保価値評価手法研究報告書 (247)

―――――〈執筆者紹介〉(掲載順)―――――
鎌田　　薫（かまた　かおる）早稲田大学法学部教授
三浦　章豪（みうら　たかとし）通産省産業政策局知的財産政策室課長補佐
中村　　崇（なかむら　たかし）通産省産業政策局知的財産政策室調整係長
小林　久起（こばやし　ひさき）法務省民事局付検事
眞壽田順啓（ますだ　よしひろ）知的財産研究所参事・研究第二部長
石井　康之（いしい　やすゆき）㈱東京海上研究所主席研究員
伊吹　英明（いぶき　ひであき）特許庁総務部総務課長補佐
山竹　伸一（やまたけ　しんいち）㈱住友銀行法人業務部部長代理
富井　　聡（とみい　さとし）日本開発銀行審査部調査役
市原　俊一（いちはら　しゅんいち）三井物産㈱文書部知的財産法務室課長
森松　秀樹（もりまつ　ひでき）三井物産㈱文書部知的財産法務室
堀　　龍兒（ほり　りゅうじ）日商岩井㈱取締役・慶應義塾大学非常勤講師

I　知的財産担保の意義と課題

鎌　田　　薫

1　知的財産担保融資の現状

(1)　近年，知的財産担保に対する関心が急速に高まりつつある[注]。その背景には，①知的財産訴訟その他によって知的財産の経済的な価値に対する認識が深まり，その積極的な活用を図ろうとする意識が高まったこと，②経済構造の転換に伴い，情報産業やソフト・ハウスなどの新規産業の重要性が増大しており，産業政策の観点からも，ベンチャー企業の育成や新規事業の支援が重要な政策課題となってきているが，これらの企業は，従来型の重厚長大産業とは異なり，土地・建物・機械設備等の有形資産をあまり多くは有しておらず，知的財産がその資産の大部分を占めていること，③銀行その他の金融機関は，金融をめぐる情勢の変化によって，新たな融資先の開拓を迫られるとともに，土地神話の崩壊により，不動産の担保価値に着目した融資から事業の収益性を重視したものへと融資姿勢を転換させつつあること，④ベンチャー企業の資金需要に応えるために，投資環境を整備するための施策が図られているところであるが，創業者の経営支配を維持するためその他の理由から，「投資」による資金調達よりもむしろ金融機関による「融資」によって資金を調達しようとする傾向も強まっていること等の事情がある。

したがって，知的財産担保融資は，単に個々のベンチャー企業の利便に資するだけでなく，金融機関のニーズに応えるとともに，知的財産の活用とベンチャー企業の育成という産業政策上の新たな課題にも応え得るものとして，その一層の拡充が期待されていると言うことができる。

(2)　ところで，知的財産担保融資に係る法制度をみると，特許法・著作権法を初めとする知的財産権法のすべてが質権の設定等に関する規定を有しており，

譲渡担保その他の手法も既に用いられている。このように，知的財産担保融資のための基本的な制度は以前から整備されているにも拘わらず，実務界で現実に活用されてきたとは言い難い。

その理由としては，何よりも，知的財産に関しては確立した市場が存在していないことを挙げなければならない。市場の不存在は，担保物の処分を困難にするばかりでなく，その交換価値＝担保価値の評価を困難にする。その他，知的財産は，その本来的な性格からしても，将来における価値の予測がきわめて困難である上に，担保化および担保権実行の手法に関するノウ・ハウの蓄積がないことなどの事情が知的財産担保の活用を阻害する要因となっているものと解される。したがって，知的財産担保融資の普及を図るためには，これらの阻害要因を除去ないし緩和することが必要になる。

こうした観点から，いずれも通商産業省の主導する研究会の報告書であるが，(財)知的財産研究所による「知的財産権の評価に関する調査研究報告書」(1995年3月)および情報処理振興事業協会「ソフトウェア担保融資研究会報告書」(1996年3月)が，知的財産の担保価値評価手法および担保権設定契約に伴う諸問題について実務的な提言を行い，知的財産担保融資の活用に向けて，一定の環境整備が図られた。金融界においては，これと相前後して，日本興業銀行，日本開発銀行，住友銀行などが知的財産権担保融資への積極的な取り組みを開始し，さらに，各地の自治体においても，地場産業育成等の観点から知的財産担保融資制度を導入する動きがみられるようになっている。

ベンチャー企業等を中心に，知的財産担保融資に対する期待はますます高まりつつあるが，その一方で，知的財産担保には上述したような難点が存する上に，知的財産担保に頼らざるをえない企業の資金需要は小さなものであるから，融資コスト等も勘案すると，むしろ無担保融資を実施することが妥当であるとして，知的財産担保の有用性につき懐疑的な見解も示されており，知的財産担保融資を実施している金融機関の間でも，知的財産担保にどのような機能を期待するかについては，評価が分かれているようである。

(3) 本書は，こうした現状を踏まえつつ，知的財産の活用・ベンチャー企業の育成・金融担保制度の拡充といった政策的課題との関連での知的財産担保のもつ意義を検討するとともに，実務的な観点から，知的財産の担保価値評価の

手法，知的財産担保融資を実現する上で実務上配慮すべき事項，登録や担保権実行等をめぐる問題点等，知的財産担保融資をめぐる諸問題を幅広く検討し，知的財産担保融資実務の円滑な遂行に資することを目的としており，本稿は，いわば，その序論として，知的財産担保に関し検討されるべき問題点を概観しようとするものである。

2 知的財産担保の特色と契約実務

(1) 知的財産を担保化するにあたっては，ライセンス料収入に着目する手法と，当該知的財産それ自体の価値に着目する手法とがありうる。前者の場合には，ライセンス料債権それ自体を質権もしくは譲渡担保の目的とし，または知的財産権に質権を設定してライセンス料収入から優先弁済を受ける（特許法96条など参照）など，通常の収益財の担保化の手法をそのまま用いればよい。したがって，本書では，後者の場合を主たる検討の対象とする。

(2) ライセンス料収入を度外視した場合の知的財産の経済的な価値は，それ自体として直接に実現されるわけではなく，当該知的財産を用いた製品を製造・販売することによって初めて収益をあげることができる。そして，例えば，かつての乾式コピー機のように優れた特許を用いて市場を独占している製品についてみても，当該製品は単一の特許権だけで成り立っているわけではなく，他の複数の特許権・意匠権・商標権・ノウハウなどと合体して初めて一個の製品として販売の対象となり，収益をあげることができるのである。このことは，比較的簡単なコンピュータ・ゲーム・ソフト等についてみても同様であろう。

このことから，本書の課題との関連では，以下の二つの視点が導かれるべきことになる。

第一に，知的財産を担保として取得する場合にも，その担保権を実行して目的となった知的財産を売却することを想定する以上，買受人が当該知的財産を用いて商品を製造・販売して収益をあげるために必要となる複数の特許権・意匠権・ノウハウ・顧客リスト等をワンセットにして担保取得しておかなければ意味がないことになる。

第二に，知的財産の経済的価値（交換価値＝担保価値）の評価にあたっても，その知的財産が関与する製品に係る事業活動全体から生ずる収益を予測し，こ

れを現在価値に引き直す手法が採られるべきことになる。

　これらの詳細は，後に詳しく述べられる予定になっているが，ここでは，知的財産担保は，右に述べたところから明らかなように，その実質においては，一定の知的財産（技術・著作物等）に関連した事業それ自体を担保化する事業資産担保としての性質を有するものであるという特質を重ねて強調し，これに関連した留意点のみ簡単に指摘する。

　(3)　一定の事業活動を担保化するための法律制度としては，企業担保や財団抵当があるが，これらの担保制度に関する現行法は，知的財産の集合体をもって企業担保や財団抵当の目的とすることを認めておらず，知的財産担保（質権・譲渡担保権・仮登記担保権等）の設定契約の中で，上記のような特質に応じた仕組みを構築せざるをえない。

　その際，集合流動動産譲渡担保や集合流動債権譲渡担保に関する議論が一定の参考になる。しかし，知的財産担保の場合には，例えば，①知的財産の中には，著作者人格権のように移転不能のもの（著作権法59条参照），特許を受ける権利のように質権の目的とすることができないもの（特許法33条2項参照），高度なノウハウを必要とする技術のように買受人に対する技術指導を確保しなければ移転が困難なものが含まれるため，その設定および実行にあたって，権利の移転を確保するための特別の配慮を必要とすること，②知的財産は，陳腐化の速度が速く，常に改良を加えていかなければならないので，担保目的となった知的財産権について改良が加えられた場合には，バージョンアップ後の権利も当然に担保目的物に組み入れられることが期待されるが，改良前の知的財産権と改良後の知的財産権は全く別個独立の権利として成立し両者に同一性を認めることが困難な場合のあり得ること，③知的財産の侵害・被侵害あるいはライセンスの授受等に関連して，担保管理につき特別の困難が伴うこと等，通常の有体物や債権の集合体を担保化する場合とは異なる特殊事情が存在している。

　(4)　本書では，以下の各論稿において，これらの特殊事情を考慮しつつ，その実効性を確保するために，契約実務上，どのような工夫を凝らしているかを紹介するとともに，それらの契約条項等の法的な意義・効力等についても検討を加えることとしている。

3 知的財産担保と関連諸制度整備の必要性

(1)　知的財産担保は，既に触れたように，一定の事業を遂行する上で必要となる複数の知的財産を一括して担保化することを必要としているが，知的財産の中には，その移転および質権設定等につき，登録を効力要件とするもの(特許法98条1項，商標法34条3項など)，対抗要件とするもの（著作権法77条・78条の2），営業秘密のように本来的に公示になじまないものが混在している。しかも，登録制度は，それぞれの知的財産権ごとに別々に設けられているので，共同担保に関しては，登録免許税との関係もあって，すべての担保目的につき登録をすることはほとんど不可能に近い状況にある。また，譲渡担保の場合の登録原因の記載についても，著作権については原因証書に担保目的であることを明記するよう指導がなされ，特許権その他の工業所有権については担保目的である旨を記載しない方針が採られていることなど，制度間の調整も必要とされている。その他にも，おそらく，これまで知的財産権担保の実例が少なかったことによるのであろうが，担保関連の登録実務は，不動産登記実務ほどには細部にわたる議論が展開されてはこなかった嫌いがあり，これを機会に，登録のために長時間を要している現状なども含めて，登録実務の整備について検討を加えることも有益であろう。

　その際，上述したように，知的財産担保の内容については，多くが契約条項によって定められていかなければならないという状況を勘案するならば，契約内容自体を公示するといった手法の採用も検討されてよいように思われる。

(2)　担保権の実行に関しては，知的財産については市場が存在していないこと，事業資産担保であるために事業収支の悪化が担保価値の下落と連動することが多いこと，周辺のノウハウ等の移転を確保するため技術指導等の措置をとる必要がある場合も存することなど，知的財産の特質に由来する困難が存するが，法律制度面においても，民事執行法上の諸制度が知的財産担保になじむものであるか否かについては検討の余地があるように思われる。

　実務的には，担保権実行（特に売却手続）に伴う困難を回避するために，多くの場合，譲渡担保あるいは流質特約付きの質権設定契約（商法515条参照）が用いられている。流質特約付き知的財産権質と仮登記担保法との関連，さらには

一般的な商事質における流質特約の効力等についても、学理的検討が尽くされているとは言い難いであろう。

なお、知的財産担保は、不動産その他の担保に供すべき有体財産を有しないベンチャー企業のみに関わるものではなく、実際にも、大手企業が知的財産の持つ価値を活用するために用いている例がある。このこととの関連では、有体財産と知的財産とを一括して担保化する手法についても検討が必要であり、少なくとも著作権が工場財団組成物件とならないものとされていることについては再検討の余地があろう（工場抵当法11条参照）。

4　金融担保実務と知的財産担保

(1)　知的財産担保は、当該知的財産の関連する事業活動それ自体の価値に着目した担保であり、その担保価値評価も、当該事業それ自体の収益性評価に他ならない。その意味では、知的財産担保融資の活性化は、物（特に不動産）の価値に着目した融資から事業の将来性に着目した融資への転換の動きを象徴するものとして、積極的に評価しうるものと思われる。

しかし、その反面で、多大な労力と費用をかけて売却可能性の低い知的財産を担保に取得することの非効率性は否定しがたいところがあり、当該企業の将来性に着目した無担保融資あるいはせいぜい機関保証等の人的担保を伴う融資をすればよいとの評価にも連なりうる。

知的財産担保融資にするか、無担保融資にするかは、具体的事情に応じて柔軟に選択していけばよいと考えるが、翻って、古典的な不動産担保融資について顧みるならば、その場合においても、少なくとも建前としては、融資対象事業に十分な収益性があり任意の弁済が確実視されるからこそ融資をするのが原則で、一部の特殊な業者を除いて、最初から担保権の実行を予定して融資をするという基本姿勢をとる金融機関は存しなかったであろうと思われる。融資の可否を決するための事業評価が担保価値評価に先行するのは、金融実務の常道であり、知的財産担保に特有のものではないと言っても過言ではないであろう（その場合の事業評価の手法と知的財産の担保価値評価の手法とは本質的に異なるものではないことも、強調しておかなければならない）。問題は、万一の場合にも売却して債権回収に資することができないかもしれない財産を担保取得することに

意味があるか，という点にある。

　この点についてあえて言うならば，元来，担保には，当該担保からの債権回収を主目的とする責任担保型のもの（これにも，実現可能性を余り期待していない「添え担保」がある）と，どちらかと言えば任意の履行を間接的に強制することや，債務者ないし担保権設定者を自己の支配下に拘束することを主目的とする履行担保（より通俗的な比喩を使えば「人質的」担保）型のものが存在してきたと言うこともできるのではないだろうか。知的財産担保は，こうした点も含めて，そもそも担保とはいかなるものであるかを考えさせる契機も含んでいるように思われる。本書がこうした問題についても議論を呼び起こす素材となれば幸いである。

（注）　本書においては，特許権・実用新案権・意匠権・商標権・著作権など，法律によって絶対権としての保護を受けているものを「知的財産権」と称し，この知的財産権と，営業秘密・ノウハウ等の絶対権的な保護を受けていない財産的情報の両者を包摂するものとして「知的財産」という語を用いることとする。

【主要参考文献】

　(財)知的財産研究所『知的財産権の評価に関する調査研究報告書』（1995年3月）
　河本健一「知的財産権担保価値評価手法研究会報告書の概要」金融法務事情1435号（1995年）
　河本健一「知的財産権担保価値評価手法研究会報告書の概要」NBL 582号（1995年）
　情報処理振興事業協会『ソフトウェア担保融資研究会報告書』（1996年3月）
　田代泰久『知的財産権担保融資の理論と実務』（清文社，1996年）
　スミス＝パール著／(財)知的財産研究所訳（菊池純一監訳）『知的財産と無形資産の価値評価』（中央経済社，1996年）
　鎌田薫＝河本健一＝玉木誠＝長谷川俊明＝吉原省三「座談会・知的財産権担保をめぐる法的諸問題」金融法務事情1444号（1996年）
　石井康之「ベンチャー企業支援と知的財産権の価値評価」CIPICジャーナル50号（1996年）
　小川憲久「エスクロウ利用によるソフトウェア担保の実現」法とコンピュータ14

号(1996年)

栗田隆「著作権に対する強制執行」金融法務事情1459号,1461号,1463号(1996年)

高石義一ほか『知的所有権担保』(銀行研修社,1997年)

金融法学会「シンポジウム・知的財産担保の法的諸問題」金融法研究13号(1997年)

石井康之「知的財産権の経済的価値評価と価値の創出」税研12巻72号(1997年)

II　通商産業政策上の意義と課題
―― ベンチャー企業育成と知的財産権担保融資 ――

三　浦　章　豪
中　村　　　崇

序　章

　戦後，我が国は欧米型経済社会を見本としつつ，一貫して高い経済成長を遂げ，今日，世界のフロント・ランナーとなったと言われている。しかしながら近年，経済のグローバル化が進展し，企業が立地する国を選ぶという国際的な大競争時代（メガコンペティション）が本格化する中で，産業や雇用の空洞化の問題に適切に対応し，良質な雇用機会を確保していく為には，既存産業の高付加価値化を含め，新規産業の創出が必要とされている。

　こうした状況の下，新しい産業基盤としての新技術や新しいアイディアの出現の必要性の高まり，既存の経営資源の経済的価値の低下という環境変化等により，我が国産業及び企業経営資源としての知的財産の位置づけは，他の経営資源との比較において一層高まりつつある。また，同時に，開発された知的財産を適切に保護し，かつ有効に活用していくシステムを確立することが必要であり，通商産業省としては，特許流通市場の創設等その具体的な方策について検討を行っているところである。

　知的財産の有効活用については，権利者自身の自己利用はもとより第三者へ譲渡あるいはライセンス供与を行う方法の他，知的財産権を担保化することが現行制度上可能である。この知的財産権の担保化は，不動産，動産及び有価証券等の有形資産を多く持たず，むしろ無形資産たる知的財産が実質的にその資産の大部分を占めるベンチャー企業にとっては，金融効果という新たなメリットを享受することが可能となる。新規産業の誕生とともに，ベンチャー企業等

による新技術開発への期待も高まりつつ折から、そのニーズは高いといえよう。

本稿では、以上のような認識の下に、第1章でベンチャー企業育成の必要性や、ベンチャー企業を巡る環境、とりわけ資金調達環境に焦点を当て、知的財産権担保融資の意義について考察する。次に第2章では、知的財産権の担保化に際して知的財産の価値評価の困難性が指摘されていたところ、当省では(財)知的財産研究所への委託事業として「知的財産権担保価値評価手法研究会(主査：早稲田大学教授　鎌田薫氏)」を開催し、知的財産権の担保価値の評価について検討を行い、考え方の雛形の提示を試みたところ、その検討結果を紹介する。

最後に、第3章では、当省における知的財産権担保融資を推進するための取り組みについて紹介するとともに、今後の知的財産権担保融資を促進するにあたっての諸課題について考察する。

第1章　ベンチャー企業育成と知的財産権担保融資の意義

1　ベンチャー企業支援の必要性について

(1)　構造改革の進展

我が国の経済は、大きな転換点にある。中期的には、アジア諸国等の発展、情報通信技術の革新等を背景に、世界経済のグローバル化が一層進展し、企業が立地する国を選ぶという国際的な大競争時代が到来している。このような時代の到来は、これまで我が国の経済発展を支えてきた様々なシステムの変革を迫っており、痛みを恐れずに変革に大胆に取り組むことにより、我が国の経済の新たな発展の可能性が開かれるが、現状に安住した場合には、産業と雇用の空洞化が急激に進展する可能性が大きい。

また、長期的には今後世界に例を見ない急速な高齢化が進展する中で、生産年齢人口の減少、貯蓄率の低下等により経済の潜在的な活力が低下するおそれが非常に大きい。また、社会保障や国及び地方の財政等の公的分野全般の効率化、給付及び負担の適正化等の改革が行われていない場合においては国民負担率が大幅に上昇するなど経済規模に比べて国民、勤労世帯及び企業の公的負担が過大となる可能性が大きく、これが活力ある経済を維持していく上での更なる制約となる懸念が強い。

政府としては、こうした状況に対応するため、平成8年12月「経済構造の変

革と創造のためのプログラム」を，平成9年5月にはその具体的行動計画を策定したところであり，規制緩和，諸制度の改革，研究開発，経済構造改革に資する社会資本の整備等各般の施策を関係省庁の有機的な連携の下に重点的に推進するなど抜本的な経済構造改革に取り組むこととしているが，産業や雇用の空洞化の問題に適切に対応し，良質な雇用機会を確保していくためには，既存産業の高付加価値化とあわせて，新規産業の創出が鍵とされる。とりわけ，良質な新規産業分野の開拓においては，既存の枠組みにとらわれないベンチャー企業がその主役を担うことが期待されており，当該企業の創出を促進していくための資金面をはじめとした各種側面からの環境整備を図ることが極めて重要な課題である。

(2) ベンチャー企業創出の必要性

ここで，あらためてベンチャー企業創出が必要とされる背景を整理してみる。

まず，我が国の産業，なかんずく製造業の分野において，廃業率が開業率を上回る状況となっていること(図II-1)，2つ目は既存産業の成熟化，産業の空洞化(図II-2)，及び情報通信等の新技術への対応の遅れ等が顕在化していることである。

こうした状況は，ドル高，国際競争激化等のために伝統的大企業を中心とした産業構造の調整期にあった1980年前後の米国の状況と酷似している。当時の米国はベンチャー創出のための環境整備を強力に推進することにより，産業構造の調整期を乗り越え，情報・通信（コンピュータ関連分野を含む），バイオ等の分野においてベンチャー企業の活動が活発化し，新たな産業の発展と国際競争力がもたらされたのであった。

我が国においては経済の深刻な構造変化への対応という時代の要請，ベンチャー企業への裾野の広い分野からの関心の高まり，メガコンペティションの進展等を背景とする新たな企業理念・企業組織の樹立の必要性などベンチャー創出による新産業分野の開拓が強く期待されている状況である。

戦後50年を迎えたいまこそ，新産業創出の担い手としてのベンチャー創出により，日本経済の再生，新たなジャパニーズ・ドリームの可能性が求められているのである。

(3) ベンチャーと無縁ではなかった日本

II 通商産業政策上の意義と課題

図II-1　我が国の開廃業率

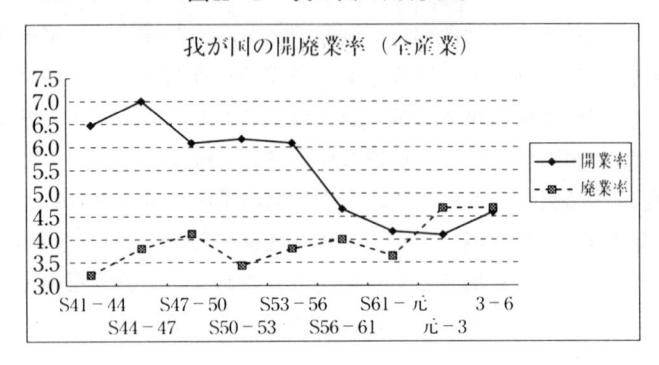

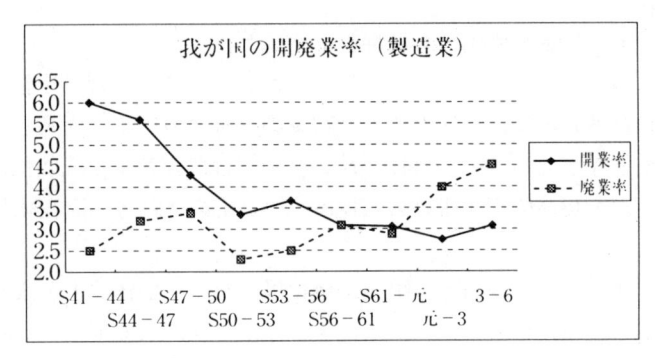

我が国の開廃業率（全産業）

我が国の開廃業率（製造業）

（出所：事業所統計調査（総務庁））

図II-2　主要製品の海外生産比率

	平成2年		平成6年
カラーTV ：	60%	→	78%
VTR ：	19%	→	53%
自動車 ：	20%	→	32%

昨今，ベンチャー企業の育成や新規事業支援の動きが活発になっているが，いわゆるベンチャー・ブームは今回が初めての現象ではなく，我が国においては過去2回ベンチャーブームと呼ばれる時期が存在した。

第1次のブームは1970年（昭和45年）〜1973年（昭和48年）に，第2次のブームは1983（昭和58年）〜1985年（昭和60年）にそれぞれ起こっている。結果的には昭和48年の第1次石油ショック，昭和60年のプラザ合意後の円高不況の訪れにより2度とも短期間で終焉を迎えることとなった。短期間のブームで終わった理由としては，リスクマネーの提供者の不存在，根強い大企業信仰，及びベンチャー企業に対する社会的認知の欠如等が挙げられているが，そもそも我が国にはベンチャー企業が根付かないのではないかとの疑問も呈される結果となった。（図II-3）

しかしながら，戦後の我が国の経済成長はベンチャー企業と密接に関係しており，戦後の焼け野原から誕生し，現在ではそれぞれの業界でリーディングカンパニーとなっている企業が多数存在する。（図II-4）

その後も，堀場製作所，カシオ，ダイエー，京セラ等がベンチャー的企業の設立・創設期を経て成長を遂げている。また，最近では，ソフトバンク，ジャストシステム等の成功ベンチャー企業が登場している。

図II-3　これまでのベンチャー・ブームは2度とも短期間で終わる

①第一次ブーム：昭和45年〜48年
　◇契機：開放経済の下，単なる技術導入ではなく，独自技術による企業化のムードの高まり
　◇終焉：昭和48年の第一次石油ショック
②第二次ブーム：昭和58年〜60年
　◇契機：2度の石油ショックを背景に，省エネルギーや生産効率化ニーズに応える技術革新に対する期待の高まり（昭和58年に店頭市場の公開基準緩和）
　◇終焉：昭和60年のプラザ合意後の円高不況
　〈短期間のブームに終わったのはなぜか？〉
　　◇リスク・マネーの提供者が不足
　　◇大企業信仰が強かったため，新参者は苦戦

図II-4　戦後誕生したベンチャーが日本の経済復興の原動力

社名	設立年	売上げ	従業員	経緯
ソニー	昭和21年	1.9兆円	2.2万人	ラジオの修理・改造でスタート→電気炊飯器では失敗→電気座布団で大ヒット→テープレコーダーで軌道に
本田技研	昭和23年	2.4兆円	2.9万人	軍の残したエンジンを自転車に取り付けることがスタート→自己開発のエンジンを取り付けた原付自転車→オートバイで軌道に
パイオニア	昭和22年	3,500億円	9,100人	スピーカー部品生産でスタート→スピーカー生産→総合オーディオへ
三洋電機	昭和25年	1.1兆円	2.5万人	松下幸之助の義弟の井植歳男がGHQの指示により松下を退社，独立 発電ランプの生産でスタート→プラスチックラジオでヒット

2　ベンチャー企業を取り巻く環境

しかしながら，ベンチャー企業の成長に対する期待・要望とは裏腹に，現在の我が国のベンチャー企業を取り巻く環境は非常に厳しい。これを資金面，人材面及び社会環境面から概観すると以下の通りである。

(1) 資金面

新規事業活動を行うベンチャー企業における資金需要及び資金調達の実態としては，企業のスタートアップ期，急成長期での研究開発資金，設備投資資金及び増加運転資金の不足が顕著であり，特に研究開発資金は自己資金に大きく依存する傾向にある。

これに対し米国においては，「エンジェル」と呼ばれる個人投資家，年金基金などがベンチャー企業への重要な資金供給源となっており，これらの資金供給が円滑に行われていることに鑑みれば，我が国においても適切な投資家保護を踏まえつつ，資金供給源の多様化を促進していくことが重要である。

(2) 人材面

新規事業における人材問題は大きく分けると，創業者そのものにかかる場合と，新規事業者にとっての人材確保の問題の2つがある。

創業者そのものにかかる問題については，新規事業にかかる様々な問題そのものの中で位置付けることが必要であり，より多角的な検討が不可欠である。

一方，創業・発展期にある企業にとっての人材確保に関しては，知名度の低さ，大企業と比較した場合の給与格差等により人材確保のツールが限定されており，優秀な人材の確保が困難な状況となっている。このため，人材確保のための手段の拡充，情報アクセス機会の拡大，大学等における研究者の活用など円滑な人材流動化のための環境整備を図ることが必要とされている。

(3) 社会環境面

社会環境面では，新規事業を展開するに際して経営環境における課題，経営支援体制に係る問題が存在する。

経営環境については，ベンチャー企業が取引先を開拓し販路を拡大する上で，企業経営の実績の乏しさに起因する社会的評価の低さが当該企業の提供する新製品の正当な評価の障害となっていることに加え，急成長を遂げた企業に対してもあまり高い評価が与えられない問題も指摘されており，成功者が正当に評価され企業努力が十分に報われるような社会となることが求められる。

また，企業の継続的な発展のためには，経営ノウハウ等の専門知識，マーケット情報をはじめとする様々な情報等を提供しつつ総合的な創業支援が提供される必要があり，その役割をベンチャーキャピタル等が十分に果たし得るよう機能強化が求められるとともに，企業側においても企業会計の整備に対する意識を高め，適正な情報開示を行える体制を創業期から行う努力が求められている。

3　ベンチャー企業の資金ニーズと金融機関の対応

このように，ベンチャー企業の創出を促進するための諸課題に対して，各々の解決策を講じることが必要とされるが，とりわけ資金面については，公的機関による補助金や融資の制度創設等，ベンチャー企業支援施策の充実が図られてきたものの，その支援には一定の限度があることから，抜本的には，民間資金の活用が期待されるところである。米国においては，民間資金であるエンジェルや年金基金がベンチャー企業の重要な資金源となっており，我が国において

II 通商産業政策上の意義と課題

図II-4 ベンチャー創出のために何をなすべきか～「3つのカベ」の克服～

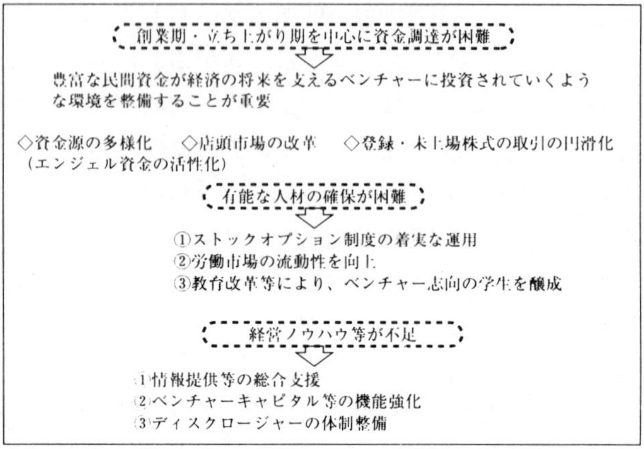

```
┌─────────────────────────────────────────────────────┐
│         ┄┄┄ 創業期・立ち上がり期を中心に資金調達が困難 ┄┄┄        │
│                                                     │
│         豊富な民間資金が経済の将来を支えるベンチャーに投資されていくよう │
│         な環境を整備することが重要                        │
│                                                     │
│  ◇資金源の多様化   ◇店頭市場の改革   ◇登録・未上場株式の取引の円滑化 │
│   （エンジェル資金の活性化）                                │
│                                                     │
│         ┄┄┄┄┄┄ 有能な人材の確保が困難 ┄┄┄┄┄┄              │
│                                                     │
│         ①ストックオプション制度の着実な運用                    │
│         ②労働市場の流動性を向上                           │
│         ③教育改革等により、ベンチャー志向の学生を醸成              │
│                                                     │
│         ┄┄┄┄┄┄ 経営ノウハウ等が不足 ┄┄┄┄┄┄              │
│                                                     │
│         1.情報提供等の総合支援                           │
│         2.ベンチャーキャピタル等の機能強化                    │
│         3.ディスクロージャーの体制整備                       │
└─────────────────────────────────────────────────────┘
```

も，これら資金が活発化されることが望まれるところである。

平成9年度から，エンジェルの投資リスクを軽減する「エンジェル税制」や規制緩和による年金基金の信託銀を通じたベンチャー企業に対する投資解禁が図られ，今後，これら資金が円滑に供給していくことが見込まれているが，その一方，ベンチャー企業の旺盛な資金需要に応えるためには，これら資金と併せ，現状の資金調達において大きなウェイトを占め，また，経営者が経営支配を維持する観点から外部資本を積極的に導入しにくい企業に対する有効な資金調達手段として，金融機関からの融資は重要な役割を担っているところである。

しかしながら，金融機関からの融資に際しては何らかの担保が必要とされるところ，いわゆるマンションベンダー等が多いベンチャー企業においては,往々にして不動産，動産及び有価証券等の有形担保が乏しいことが指摘されている。

このような状況を打破する対策の一つとして，当該ベンチャー企業が有する唯一の財産が知的財産権であり，かつ現実的に担保として活用することができるならば，ベンチャー企業に対して融資が行いやすくなると考えられ，金融機関からも知的財産権の担保化について大きな関心が寄せられている。

4　知的財産権担保価値評価手法研究会の設置

　知的財産権の担保化は，現在でも制度的には可能ではあるがあるにもかかわらず一部金融機関を除いてほとんど行われていないが，その制約要因の一つとして知的財産権の担保価値評価が困難であることが挙げられる。

　そこで，当省では，知的財産権の担保価値評価に関する議論を進展させ，知的財産権の担保化に寄与することを目的として，平成7年，(財)知的財産研究所への委託事業として「知的財産権担保価値評価手法研究会」を設け，知的財産権の担保価値の評価手法について検討し，考え方の雛形の提示を試みた。

　次章では，その検討結果の概略を紹介することとしよう。

第2章　知的財産権担保価値の評価手法

1　考え方

　前述したように，新規事業者には担保となる有形資産が乏しく，現状では金融機関から融資を受けにくい。そのため，新規事業者が有する知的財産権を担保として融資を受けられるようにすることが有用である。

　しかしながら，知的財産権の担保化に際しては，知的財産権の担保価値評価の困難さがネックとなる。そこで，通商産業省では(財)知的財産研究所への委託事業として「知的財産権担保価値評価手法研究会（主査：早稲田大学教授　鎌田薫）」を開催し，知的財産権の担保価値の評価について検討した。

　その結果，担保性のある知的財産権の担保価値評価にあたっては，一般的な譲受人を想定した上で，ディスカウント・キャッシュフロー法を用いることが合理的であるとの結論に達した。

　なお，本研究会では，評価の対象となる知的財産権として，主として，特許権，実用新案権，ソフトウェアーの著作権を想定している。

2　知的財産権担保の概要

　知的財産権は，それ自体では収益をあげることはできない（ロイヤルティ収入を除く）。そのため，知的財産権を担保にとる場合には，それが体化した製品に着目して，単にその知的財産権のみならず，当該製品に係る権利・ノウハウ等を一括して担保にとる必要がある。

II 通商産業政策上の意義と課題

すなわち，知的財産権の担保化は，その知的財産権が関与する製品に係る経済活動全体を一つの営業体（going concern）とみなし，その営業体を担保として捉えることに近いといえる。

3 具体的評価方法

知的財産権を担保にとる場合には，以下のように，その「担保性判定」及び「価値評価」を行う必要がある。

> 第1段階
>   当該知的財産権（特許権，実用新案権，ソフトウェアー著作権等）が担保となるにふさわしいものであるか。 担保性判定
>
> 第2段階
>   当該知的財産権を将来第3者が譲り受けた場合に，それによってどの程度のキャッシュフローを創出する事ができるか。 価値評価

(1) 担保性判定
① 権利としての確実性
　対象となる知的財産権が適法に成立しており，かつ債務不履行になった場合に移転可能であるか。
② 製品競争力に対する知的財産権の貢献性
対象となる知的財産権がその関与する製品の競争力の源泉となっているか。知的財産権が関与する技術・製品に新規性，優位持続性があるか。
③ 製品の市場性（収益性）
対象となる知的財産権の関与する製品が市場に送り出された場合に収益を上げることができるか。
(2) 価値評価　ディスカウント・キャッシュフロー法で実行
① 実施想定
　当該知的財産権の譲受人となりうる事業者の平均像を想定し，その譲受人が

実際に当該知的財産権を譲り受ける場合の行動を予測する。具体的には，売上高，原材料投入量，販売管理活動，減価償却，追加投資の規模等。

② キャッシュフロー想定

①の想定に基づき，譲受人が将来創出するキャッシュフローを推測する。具体的には，当該知的財産権が関与する製品について，以下のような計算を行う。

```
         売上高
        －売上原価
        －販売管理費
        ±事業関連損益
 (小計) 営業利益
        －実効税額
 (小計) 税引後営業利益
        ＋非現金費用（減価償却費等）
        －控除項目（増加運転資本，設備投資，その他）
      キャッシュフロー
```

③ 現在価値への割戻し

将来のキャッシュフローを現在価値に換算するときの割引率としては，通常，加重平均資本コスト（自己資本コストと他人資本コストの加重平均）が用いられる。そこで，譲受人の加重平均資本コストを算定し，これを用いて②のキャッシュフローを現在価値に割り戻す。

[参考] 加重平均資本コスト＝$k_e×E＋K_d×D＋$プレミア

k_e：自己資本コスト
k_d：税引後借入金コスト
E：自己資本比率（＝借入金／総資本）……市価ベース
D：借入金比率（＝借入金／総資本）……市価ベース
プレミア：各融資主体の判断で設定

II　通商産業政策上の意義と課題

④　現在価値の検証

③で求められた現在価値が常識的・感覚的に適当か否かを検証し，必要に応じて補正する。

第3章　知的財産権担保融資に対する取組み等

1　知的財産権担保融資の促進

通商産業省としては，平成7年度第2次補正予算によって，知的財産権を担保とする融資を促進するための措置として，産業基盤整備基金の債務保証に関して民間金融機関が新規事業法（特定新規事業実施円滑化臨時措置法）の認定事業者に対して知的財産権を担保として融資を行う場合の債務保証割合の引き上げを行った。

具体的には新規事業法による認定を受けた計画に係る特定新規事業を実施する者が，金融機関から所用の融資を受ける場合に，産業基盤整備基金がその債務の保証を行うことを規定しているが，その保証割合は通常，借入金の元本の70％とされている。

これに対して，今回の措置では知的財産権を担保とする借入金の部分について債務保証割合を80％とすることとしたのである。（ただし，保証限度額は3億円）。

さらに当省では，特許を活用した新規事業の創出を促すとともに，特許によるライセンス収入や譲渡収入を図るため，特許流通データベースの整備等の施策実施により国内における「特許市場」の活性化を促進することとしており，知的財産権を担保とする融資の促進にもつながることが期待される。

2　知的財産権の担保化の留意点

これまで知的財産権を担保とする融資について，その評価手法，促進策等について述べてきたが，知的財産権の担保化を議論するうえで留意すべき点もあり，いくつか指摘することとしよう。

まず，知的財産権を担保とする融資が重要というと，かえって知的財産権さえあれば融資が受けられるといった期待が生じかねないが，これは誤解である。なぜなら，担保はあくまで融資が返済されなかった時のいわば保険のようなも

のであり，金融機関としては融資額に利息を加えた金額が返済されるという見込みがあって初めて融資を行うのである。

よって，担保化しようとする知的財産権が十分な価値を有するものであったとしても，融資の対象となる事業自体が成功することが見込まれないのであれば，金融機関は融資に踏み切ることはないであろう。また，知的財産権といえども，担保となり得るものとそうでないものがあることは十分認識しなければならない。(例えば，特許について，ある製品の中核技術として当該製品の競争力あるいは市場性の根幹となるようなものでないと，価値はないであろう。)

さらに，前章では知的財産権の担保価値を評価する場合の考え方の一例を示したが，これは飽くまで一つの考え方に過ぎず，現実に金融機関が知的財産権を担保として融資を行う際にどのような評価を行うかは，基本的には当該金融機関の裁量に委ねられるべきであり，この考え方を出発点にして知的財産権の担保価値評価に関し，さらなる議論が深まることが期待される。

3 終わりに

我が国における知的財産権のみを担保とするベンチャー企業への融資は，いくつかの民間金融機関において実施されている。知的財産権の担保化に相当のコストとリスクが伴うことを考えると，このような融資制度が実施されるようになっただけでも大きな進展ではあるが，知的財産権を担保とする融資に対するベンチャー企業側のニーズからみれば，まだ不十分であると言わざるを得ない。

この背景には知的財産権の価値評価のみならず，万一担保実行せざるを得なくなった場合の対処，つまり知的財産権の十分な流通市場が存在しないという問題等があると思われるところ，通産省としてはこの問題を含め今後とも特許流通の環境整備等を行うことによって，知的財産権担保融資を積極的に推進していきたいと考えている。

金融機関におかれても，ベンチャー企業育成のため，さらには我が国経済のさらなる発展のため，知的財産権を担保とする融資へ積極的に取り組まれることを期待するものである。

III　担保法制の視点からみた知的財産担保の検討課題

小　林　久　起

1　はじめに

　知的財産は，その独創性，独自性に財産価値が認められる性質の財産である。たしかに，法律は，特許，実用新案，意匠，商標などの工業所有権や著作権などを類型化している。それにもかかわらず，知的財産の内容は，具体的な財産に着目すれば，極めて多様な性質を有するものであり，これを類型化，定型化して捉えることは困難である。一方で，これまでの担保法理論は，主要な担保物件である不動産の担保を主な目標として設定し，形成されてきた。そして，同じような視点から，権利の登記・登録等の制度が構築され，民事執行法など担保権実行を含めたその効力に関する法制も整備された。

　しかし，経済社会の要請に即応した資金供給を円滑に行うため，これまでも，金融担保法制がしばしば見直され，制度の新設・改正が繰り返されてきたことは，歴史の示すところである。

　抵当権制度の基盤となる登記制度は，登記法（1886（明治19）年8月11日法律第1号）による地所（土地），建物，船舶の登記制度が始まりである。現行の民法が制定される前は，抵当権の設定に相当する行為は，書入といわれた。

　知的財産権についても，不動産や船舶に並んで，早くから権利を登録してこれを担保化する制度が設けられている。特許，商標，意匠については，1888（明治21）年12月18日には，特許条例，商標条例，意匠条例が制定され，登録された特許，意匠専用権の書入（抵当権設定）の制度が創設されている。もっとも商標条例においては，営業と分離した商標権の譲渡が認められなかったため，担保設定に関する規定が設けられていない。

　現行の民法（1896（明治29）年4月27日法律第89号）が制定され，民法第369

条により抵当権制度が設けられた。1898（明治31）年7月16日から現行の民法が施行された。これに合わせて，土地と建物の登記制度を定めた現行の不動産登記法（1899（明治32）年2月24日法律第24号）が制定された。さらに，船舶については，現行の商法（1899（明治32）年3月9日法律第48号）第848条が，登記した船舶を抵当権の目的とすることを認めた。次いで，船舶登記規則（1899（明治32）年6月15日勅令第270号）が制定される。

　特許条例，意匠条例は，民法の施行と合わせて，1899（明治32）年3月1日に，特許法，意匠法にそれぞれ改められた。その際，特許権，意匠権の担保権設定の制度は，書入から質権に改められた。また，同じ1899（明治32）年3月4日に著作権法（法律第39号）が制定され，著作権についての質入の登録の制度が設けられた。しかし，登記法の規定からすると，民法施行前における質入あるいは書入の制度は，占有を債権者に移転してしまうために後順位の担保設定を制度上予定していないものが質入の制度とされ，登記・登録によって第三者に対抗することができるため，後順位の担保設定が制度上予定されているものが書入とする考え方に基づいて権利の分類がされていた。そのことからすると，登録された権利のように後順位の担保設定が可能なものは，その性質は抵当権設定と同様であると考えることができる。その意味で，民法施行前に，現行の抵当権に相当する書入による担保設定を，特許権等について認めていたことは，注目に値する。現在，知的財産権担保の方法として法が予定するものは，質権設定とされているが，後順位の質権設定が当然のこととして許されていることからすると，その権利の性質については，抵当権に関する規定を参考とすることが適当である。また，民法制定当初は，著作権，特許権，意匠権などの知的財産権についての質権設定の登録は，不動産登記についてと同じく第三者に対する対抗要件とされていた。特許権，意匠権，商標権，実用新案権などの工業所有権については，1959（昭和34）年4月13日の法改正（法律第121号＝特許法，法律第123号＝実用新案法，法律第125号＝意匠法，法律第127号＝商標法）によって，質権設定の登録は効力要件に改められたが（特許法第98条第1項第3号，実用新案法第25条第3項，意匠法第35条第3項，商標法第34条第3項），著作権については，1970（昭和45）年5月6日に制定された現行の著作権法（法律第48号）においても，著作権，出版権，著作隣接権については，なお，対抗要

件とされている（著作権法第77条第2号，第88条第1項第2号，第104条）。

　担保制度は，登録制度と密接な関連を持ちながら，発展，展開してきたものである。そして，民法第175条において物権法定主義がとられている理由として，権利を登録する制度の円滑な運営を図ることがあるように，登記・登録制度は，権利の公示の必要上，対象となる権利の性質によって，独自の制度的な企画が必要とされる。金融担保制度の発展は，対応する登記・登録制度を前提としてはじめて可能となってきた。その意味では，当初から登記・登録制度が設けられた不動産，船舶，特許権等については，抵当権又は質権の登録による担保化が可能であったが，一方で，登記・登録制度のない権利の担保化については，民法第342条の質権制度に依存しなければならなかった。しかし，質権は，占有を債権者に移転してしまうため，企業への資金供給には利用することができない。そこで，この制約を免れるため，様々な工夫がされてきた。その方策の第1は財団抵当権制度であり，第2は動産抵当権制度である。

　財団抵当制度の創設，拡張の歴史は，民法施行のわずか7年後にさかのぼる。1905（明治38）年には，紡績業などの製造業を主要な対象とする工場抵当法（明治38年3月13日法律第54号）が制定された。この法律によって工場財団抵当制度が創設された。これは，装置型産業における機械器具等の動産，あるいは工業所有権その他の権利を包括して構成される財団を抵当権の目的とする財団抵当制度を創設したものであり，他の財団抵当の先駆けとなる。同年に創設された鉱業財団，鉄道財団のほか，軌道財団，運河財団，漁業財団，自動車交通事業財団（現在は道路交通事業財団に統合されている。），港湾運送事業財団，道路交通事業財団，観光施設財団など多岐にわたる財団抵当権制度が設けられ，これに対応する登記制度も整備されてきた。

　一方で，企業の有する高価な動産も抵当権制度が必要とされた。昭和恐慌の時代の農業不況を救済するため，1933（昭和8）年には，農業動産信用法（昭和8年3月29日法律第30号）が制定される。この法律は，トラクター，コンバインから牛，馬，豚，羊，鶏，あひるに至るまでの農業用動産を登記して抵当権の目的とすることができることとした。特定産業に限定されてはいるものの，極めて幅広い動産抵当立法として注目される。もっとも，動産を個別に特定して登記する制度であるため（農業用動産抵当登記令第3条），登記制度が担保価値

に比較して繁雑にすぎ，小さな漁船等のほかは，現在ほとんど利用されていない。ほかにも，自動車，航空機，建設機械などの動産抵当権制度が設けられた。

知的財産担保制度も歴史的に発展をしてきた。工場抵当法の制定と同年の1905(明治38)年には，実用新案法が制定され，実用新案権に対する質権設定が認められた。そのほか，コンピュータ技術の進歩に対する知的財産制度の対応も行われた。半導体集積回路の回路配置利用権については，半導体集積回路の回路配置に関する法律(1985(昭和60)年5月31日法律第43号)により，登録制度が設けられ，回路配置利用権に対する質権について，登録が第三者に対する対抗要件として規定された(半導体集積回路の回路配置に関する法律第21条第1項第4号)。また，プログラムの著作物に係る登録の特例に関する法律(1986(昭和61)年5月23日法律第65号)により，財団法人ソフトウェア情報センター(SOFTIC)による登録制度が設けられた。

本稿では，登記・登録制度と金融担保制度との関連に着目しつつ，目的物の特性に応じた担保制度の類型化による分析をすること(2)，現行の知的財産担保に関する法制度を概観すること(3)，財団抵当制度と知的財産権との関係について概観すること(4)，知的財産担保の特殊性を踏まえて担保化手法の多様化についての検討課題を指摘すること(5)を主な目的としている。

2 目的物の特性から見た担保法制の現状

1 登記・登録制度との関係からみた目的物による担保法制の分類

金融担保法制は，登記・登録制度と不可分一体となって発展してきた。そして，登記・登録制度は，権利を公示・公証する制度の性質上，金融担保の必要性と対象となる権利などの目的物を反映しながら，制度が企画されてきた。したがって，目的物とこれに対応した登記・登録制度の観点から，これらの担保法の制度を分類することにより，担保権の性質を浮かび上がらせることができる。

この観点から，4つの類型に分類することができる。第1の類型は，不動産の抵当権制度，第2の類型は，動産の抵当権制度，第3の類型は，債権その他の財産権の担保制度，第4の類型は，財団抵当権制度である。知的財産権担保制度は，第3の類型に分類することができる。なお，知的財産権担保について

は 3 において，財団抵当権については 4 において，別項で述べる。

2　不動産の抵当権制度

　第 1 類型の不動産の抵当権制度は，土地，建物，立木の抵当権である。土地，建物については，現行の民法で抵当権の目的とされ，不動産登記法により登記所において登記がされる。立木は，立木ニ関スル法律（1910（明治 42）年 4 月 5 日法律第 22 号）第 2 条第 1 項により，不動産とみなされ，第 2 条第 2 項により抵当権の目的とすることが認められ，第 12 条により登記所において登記がされる。立木の抵当権の効力は，その樹木が土地から分離した後であっても，その樹木について及ぶが（立木ニ関スル法律第 4 条第 1 項），この場合でも，民法第 192 条から第 194 条までの即時取得の規定の適用は妨げない（立木ニ関スル法律第 4 条第 5 項）。

3　動産の担保制度

　第 2 類型の動産の抵当権制度は，登記制度を利用するものと他の動産登録制度を活用するものとにさらに区分することができる。登記制度が利用されているものは，船舶，農業用動産（農業動産信用法第 12 条）のほか，建設機械抵当法（1954（昭和 29）年 5 月 15 日法律第 97 号）第 5 条により抵当権の目的とすることが認められた登記された建設機械がある。

　船舶は，動産であるが，船舶所有者は登記をしなければならないとされており（商法第 686 条第 1 項），その所有権の移転についても，登記をし，かつ，船舶国籍証書にこれを記載しなければこれを第三者に対抗することができないとされている（商法第 687 条）。したがって，商法第 686 条第 2 項により，登記義務が課されない総トン数 20 トン未満の船舶については，即時取得の規定の適用があるが（最一小判昭和 41 年 6 月 9 日民集 20 巻 5 号 1011 頁），登記が義務づけられている船舶について，即時取得がされることはない。登記した船舶は抵当権の目的とすることができ（商法第 848 条第 1 項），船舶の抵当権には，不動産の抵当権の規定が準用される（商法第 848 条第 3 項）。したがって，抵当権の設定は，登記をしなければ第三者に対抗することができない（民法第 177 条）。一方で，登記した船舶は，動産担保の一般的な手段である質権の目的とすることができない（商

法第850条)。船舶について，特に重視されることは，その価値が高いことと製造過程に時間を要することとにかんがみ，製造中の船舶についても抵当権の設定の登記をすることが認められていることである（商法第851条)。

建設機械については，登記された建設機械について設定された抵当権は，抵当権の登記をしなければ第三者に対抗することができないとされる（建設機械抵当法第7条)。所有権の保存の登記は，所有者の任意に任せられ，登記が義務づけられていない(建設機械抵当法第3条参照)。もっとも，現に登記されている建設機械については，その所有権の取得は，登記をしなければ第三者に対抗することができないとされているため(建設機械抵当法第7条第1項)，これが即時取得されることはない。しかし，登記されていない建設機械は，即時取得の対象となる。また，登記されていない建設機械について既に質権が成立している場合は，その所有者が所有権保存の登記をしても，質権者に対してはその登記が効力を生じないため(建設機械抵当法第3条第2項)，質権は何らの影響を受けない。一方で，登記された建設機械は，動産でありながら，船舶と同様に，動産担保の常套手段である質権の目的とすることができない（建設機械抵当法第25条)。

農業用動産は，抵当権の目的とすることができる(農業動産信用法第12条第1項)。しかし，対象となる農業用動産の範囲は極めて広いため(農業動産信用法施行令第1条参照)，動産取引の安全の確保との調和を特に図る必要から，抵当権の登記がされない場合に対抗することができない第三者を，善意に第三者に限定し(農業用動産信用法第13条第1項)，抵当権の登記がされた場合であっても民法第192条から第194条までの即時取得の規定が適用される(農業動産信用法第13条第2項)。

担保権の登録に登記以外の登録制度が利用されているものは，自動車(軽自動車，小型特殊自動車及び二輪の小型自動車を除く。)と航空機である。道路運送車両法により登録を受けた自動車(自動車抵当法 (1951 (昭和26) 年6月1日法律第187号) 第3条) または航空機 (航空機抵当法 (1953 (昭和28) 年7月20日法律第66号) 第3条) は，抵当権の目的とすることができる。自動車または航空機の抵当権は，自動車登録ファイル(自動車抵当法第4条) または航空機登録原簿 (航空機抵当法第5条) に登録を受けなければ，第三者に対抗することができない。また，

自動車（自動車抵当法第20条）または航空機（航空機抵当法第23条）についても、船舶や建設機械と同様に、質権を設定することができないとされている。登録を受けた自動車（道路運送車両法第5条第1項）または航空機（航空法第3条の3）の所有権の得喪及び変更は、登録を受けなければ第三者に対抗することができない。したがって、登録された自動車または航空機は、即時取得の対象とはならない。

4 債権その他の財産権に関する担保権

　第3類型の債権その他の財産権に関する担保権制度についても、登記制度を利用するものとそれ以外のものとがあり、登記制度を利用しないもののうちに、主要なものとして知的財産権担保制度がある。動産担保制度は、抵当権の登録制度を設けるとともに質権の利用を禁止することに特徴がみられるが、債権その他の財産権の担保制度には、知的財産権に特徴的なように質権として構成されている。しかし、知的財産権については、占有があるものではないから、債権者が目的物を占有して権利を保全する質権の制度を適用する余地はほとんどなく、登録によって権利の公示がされる以上、法律上の位置づけが質権とはされていても、民法の不動産の抵当権と同様に取り扱うことが適当である。

　不動産に関する所有権以外の権利には、法律によって、抵当権の設定が認められる場合がある。民法の定める物権のうち、地上権、永小作権及び抵当権は、抵当権の対象とされる（地上権と永小作権につき民法第369条第2項、抵当権につき民法第375条第1項）。これらは、不動産登記簿に登記がされる。

　不動産に関するその他の権利についても、法律によって物権とみなされ、不動産に関する規定が準用される結果、抵当権の設定が認められているものがある。採石権、採掘権、漁業権、ダム使用権などである。

　1950（昭和25）年12月20日法律第291号の採石法は、採石権の制度を創設し、採石権を物権として、地上権に関する規定を準用している（採石法第4条第3項）。不動産登記法第1条第9号は、採石権を民法上の物権及び賃借権と並んで登記事項としている。

　また、古くは、1905（明治38）年法律第45号の鉱業法による鉱業権、1909（明治42）年法律第13号の砂鉱法により砂鉱権について認められた。これらは、鉱

業法（1950（昭和25）年12月20日法律第289号）により統合された。鉱業法第12条により，砂鉱権を含む鉱業権は物権とみなされて不動産に関する規定が準用される。鉱業権のうちの採掘権は，鉱業法第13条により，抵当権の目的となる。抵当権は，鉱業法第59条第1項第3号により鉱業原簿に登録する。鉱業権は，国から与えられる特権の賦与として性格がある（鉱業法第2条）。そこで，採掘権に対する抵当権の設定の登録は，第三者に対する対抗要件ではなく，登録をしなければ抵当権の設定の効力が生じない効力要件とされている（鉱業法第60条）。

漁業権は，1910（明治43）年法律第58号の漁業法により，抵当権の目的とされた。現行の漁業法（1949（昭和24）年法律第267号）においては，第23条によって漁業権は物権とみなされて土地に関する規定が準用される。したがって，漁業権は抵当権の目的とされる（民法第369条）。しかし，質権を設定することができない（漁業法第23条第2項）。漁業権を目的とする抵当権は，漁業法第50条により，免許漁業原簿に登録がされる。登録は，登記に代わるものであり（漁業法第50条第2項），登録をしなければ権利を第三者に対抗することができない（民法第177条）。

ダム使用権についても，特定多目的ダム法（1957（昭和32）年3月31日法律第35号）第20条により，物権とみなされ，不動産に関する規定が準用されるため，抵当権の対象とされている。ただし，不動産登記制度は利用されず，特定多目的ダム法第26条により，ダム使用権登録簿に抵当権の登録がされる。ダム使用権の登録も登記に代わるものとされ（特定多目的ダム法第26条第2項），登録をしなければ権利を第三者に対抗することができない（民法第177条）。

ほかに権利の担保制度としては，電話加入権質の制度と知的財産権の担保制度があげられる。電話加入権は，1989（昭和59）年12月25日法律第86号電気通信事業法附則第3条により廃止された公衆電気通信法（1953（昭和28）年法律第97号）の第31条第3号にいう「加入電話により公衆電気通信役務の提供を受ける権利」である。公衆電気通信法第38条第4項により，電話加入権は質権の目的とすることができないとされていた。しかし，実際には，加入料が高額であったために，電話加入権の担保取引が広く行われていた。そこで，電話加入権質に関する臨時特例法（1958（昭和33）年法律第138号）により質権の設定が認め

られ，その登録が電話取扱局においてされることになった。この手続は，日本電信電話株式会社に変わった後もなお残されている。

3 知的財産権担保制度の概要

1 知的財産権担保と民法との関係

知的財産権担保制度の対象としては，特許権，実用新案権，意匠権，商標権，回路配置利用権，著作権などがあげられる。

民法第362条は，質権は，財産権を目的とすることができると規定している。したがって，知的財産権も，法律に特別の規定がない限り，民法の一般原則により，質権の目的とすることができる。

2 特 許 法

特許法も，特許権に質権が設定されることを前提としている。また，質権の対象は，特許権に限らず，その専用実施権及び通常実施権も含まれる。ただし，専用実施権又は通常実施権については，特許権者から設定又は許諾を受けるものであるから，専用実施権又は通常実施権に質権を設定をするには，特許権者（専用実施権についての通常実施権にあっては，特許権者及び専用実施権者）の承諾を得なければならない（特許法第77条第4項，第94条第2項）。

特許権，専用実施権又は通常実施権を目的として質権を設定したときは，質権者は，契約で別段の定をした場合を除き，当該特許発明の実施をすることができない(特許法95条)。特許権に対する質権は，本来は，民法施行前の書入担保であり，その性質は，占有ではなく登録により第三者に対抗する抵当権と同質の権利であった。特約がない限り，担保権者に特許発明の実施権を与えないとする原則は，抵当権設定者に引き続き目的物を使用収益させることにより，債権の回収を容易にしようとする抵当権制度と同質のものである知的財産権担保の基本的な性質を示している。後順位担保権の設定については，知的財産権のように登記又は登録を効力発生要件または第三者に対する対抗要件とする権利質については，民法第362条第2項によって，不動産質権に関する民法第361条が準用されて抵当権に関する規定が準用され，抵当権の順位に関する民法373条が準用される結果，後順位の質権設定が可能であると解釈される。

III 担保法制の視点からみた知的財産担保の検討課題

特許権，専用実施権又は通常実施権を目的とする質権の設定，移転，変更，消滅又は処分の制限は，特許庁に備える特許原簿に登録がされる(特許法第27条第1項第3号)。質権の登録の効果は，特許権，専用実施権と通常実施権とでは，異なる扱いがされている。特許権又は専用実施権を目的とする質権の設定，移転(相続その他の一般承継によるものを除く。)，変更，消滅(混同又は担保する債権の消滅によるものを除く。)又は処分の制限は，登録しなければ，その効力を生じない(特許法第98条第1項第3号)。これに対して，通常実施権を目的とする質権の設定，移転，変更，消滅又は処分の制限は，登録しなければ第三者に対抗することができないが(特許法第99条第3項)，登録は，効力要件とはされていない。これは，特許権は設定の登録によって発生し(特許法第66条第1項)，専用実施権の設定も，登録によって効力が生ずるとされていることから(特許法第98条第1項第2号)，その質権についても，登録を効力要件としたものである。その意味で，特許権又は専用実施権は，法律の規定からは，性質上，第三者に効力を生ずる物権的な性質を前提としている。通常実施権は，その登録をしたときは，その特許権若しくは専用実施権又はその特許権についての専用実施権をその後に取得した者に対しても，その効力を生ずるとされている(特許法第99条第1項)。この規定は，通常実施権は，当然には第三者に対する効力を生じない債権的な権利として位置づけられていることを示している。こうした法律の考え方は，権利侵害に対する差止請求権についての規定の相違にも反映している。特許権者又は専用実施権者は，自己の特許権又は専用実施権を侵害する者又は侵害するおそれがある者に対し，その侵害の停止又は予防を請求することができる(特許法第100条)。しかし，通常実施権については，差止請求権を認める法律の規定はない。もっとも，登記・登録を効力要件とするかどうかは，第三者に対する関係での権利関係を明確にするところに意味があるから，質権設定の当事者間では，質権設定契約が成立している以上，質権者が，質権設定者に対して登録手続に協力することを裁判上求めるような債権的な効力を認めることになるため，効力要件であるか，対抗要件であるかが，権利関係にさほどの影響があるものとは考えられない。たとえば，半導体集積回路の回路配置に関する法律では，第10条第1項で設定登録を回路配置利用権の発生要件としながら，第21条では，登録を回路配置利用権の移転又は質権設定等の第三者対抗要

件としている。また，第三者に対する権利侵害の停止又は予防の請求権についても，物権的な請求権であるか，債権的な請求権であるかというような抽象的な性質決定により，一律に決すべきものではなく，権利の性質や権利の侵害の態様，これによって受ける権利者の不利益や差止めがされることによる侵害者の不利益，社会的・経済的な不利益等の事情を総合的に判断して，決定されるべき性質の問題である（小林久起「権利の侵害の排除を請求する権利とその限界」1996（平成8）民事法情報117号44頁参照）。

　質権が設定された場合には，特許権，専用実施権又は通常実施権の放棄が制限される。特許権につき質権者があるときは，その承諾を得た場合に限り，特許権の放棄をすることができ，専用実施権につき質権者があるときは，その承諾を得た場合に限り，専用実施権を放棄することができ，通常実施権につき質権者があるときは，その承諾を得た場合に限り，通常実施権を放棄することができる（特許法第97条）。

　いまだ特許権の設定の登録を受けていない特許を受ける権利については，これを譲渡することはできるとされているにもかかわらず，質権の目的とすることができない（特許法第33条第1項，第2項）。したがって，登録前の発明を担保化するためには，譲渡担保として，特許を受ける権利の譲渡を受けることになる。特許出願前における特許を受ける権利の承継は，その承継人が特許出願をしなければ，第三者に対抗することができない（特許法第34条第1項）。また，特許出願後における特許を受ける権利の承継は，相続その他の一般承継の場合を除き，特許庁長官に届け出なければ，その効力を生じない（特許法第34条第4項）。

　しかし，船舶については製造中の船舶について抵当権のみを登記する制度が認められている（商法第851条）。一方でとりわけ，特許出願中の権利は，これを特定して質権の設定の登録をすることは容易であると考えられる。また，特許権の存続期間は，特許出願の日を基準として，その日から20年間とされている一方で（特許法第67条第1項），その審査に時間を要することを考慮すると，その間の資金調達のために，出願中の特許を受ける権利を担保化する必要性は極めて高いものと考えられる。特許出願中の権利を質権の対象として登録する制度を創設するかどうかは，金融担保の必要性の程度によって，決められるべき

問題である。

　なお，共有に係る特許権については，民法の共有の原則である持分の処分の自由に対する重要な例外が規定されている。特許権が共有に係るときは，各共有者は，他の共有者の同意を得なければ，その持分を譲渡し，又はその持分を目的として質権を設定することができない（特許法第73条第1項）。共有の専用実施権又は通常実施権についても，同じ制限を受ける（特許法第77条第5項，第94条第6項）。このような制限は，特許権の担保化に当たっては，担保物の売却に当たっての共同買受けの申出が事実上困難になるなど，買受資金の調達に制限が生ずるため，知的財産権の担保価値を制約する可能性がある。民事執行においては，共同して入札をしようとする者は，あらかじめ，これらの者の関係及び持分を明らかにして執行官の許可を受けることにより，共同での買受けの申出をすることが認められている（民事執行規則第38条第5項，第50条第4項）。

　特許権に対する質権については，物上代位が認められている。特許権，専用実施権又は通常実施権を目的とする質権は，特許権，専用実施権若しくは通常実施権の対価又は特許発明の実施に対しその特許権者若しくは専用実施権者が受けるべき金銭その他の物に対しても，行うことができる（特許法第96条）。ただし，その払渡又は引渡前に差押をしなければならない（特許法第96条ただし書）。

3　実用新案法

　実用新案法も，実用新案権に質権が設定されることを前提としている。質権の対象は，実用新案権に限らず，その専用実施権及び通常実施権も含まれる。専用実施権又は通常実施権に質権を設定をするには，実用新案権者（専用実施権についての通常実施権にあっては，実用新案権者及び専用実施権者）の承諾を得なければならない（実用新案法第18条第3項，特許法第77条第4項，実用新案法第24条第2項）。

　実用新案権，専用実施権又は通常実施権を目的として質権を設定したときは，質権者は，契約で別段の定をした場合を除き，当該特許発明の実施をすることができない（実用新案法第25条第1項）。

3 知的財産権担保制度の概要

　実用新案権，専用実施権又は通常実施権を目的とする質権の設定，移転，変更，消滅又は処分の制限は，特許庁に備える実用新案原簿に登録がされる(実用新案法第49条第1項第3号)。質権の登録の効果は，実用新案権，専用実施権と通常実施権とでは，異なる。実用新案権又は専用実施権を目的とする質権の設定，移転(相続その他の一般承継によるものを除く。)，変更，消滅(混同又は担保する債権の消滅によるものを除く。)又は処分の制限は，登録しなければ，その効力を生じない(実用新案法第25条第3項，特許法第98条第1項第3号)。実用新案権は設定の登録によって発生し(実用新案法第14条第1項)，専用実施権の設定も，登録によって効力が生ずるからである(実用新案法第18条第3項，特許法第98条第1項第2号)。通常実施権を目的とする質権の設定，移転，変更，消滅又は処分の制限は，登録しなければ第三者に対抗することができない(実用新案法第25条第4項，特許法第99条第3項)。通常実施権は，その登録をしたときは，その実用新案権若しくは専用実施権又はその実用新案権についての専用実施権をその後に取得した者に対しても，その効力を生ずる(実用新案法第19条第3項，特許法第99条第1項)。

　実用新案権につき質権者があるときは，その承諾を得た場合に限り，実用新案権の放棄をすることができ，専用実施権につき質権者があるときは，その承諾を得た場合に限り，専用実施権を放棄することができ，通常実施権につき質権者があるときは，その承諾を得た場合に限り，通常実施権を放棄することができる(実用新案法第18条第3項，第19条第3項，第26条，特許法第97条)。

　設定の登録を受けていない実用新案登録を受ける権利は，これを質権の目的とすることができない(実用新案法第11条第2項，特許法第33条第2項)。一方で，実用新案権の存続期間は，実用新案出願の日を基準として，その日から6年間とされている(実用新案法第15条)。したがって，登録前の実用新案を担保化するためには，譲渡担保として，実用新案登録を受ける権利の譲渡を受けることになる。出願前における実用新案登録を受ける権利の承継は，その承継人が出願をしなければ，第三者に対抗することができない(実用新案法第11条第2項，特許法第34条第1項)。また，出願後における実用新案登録を受ける権利の承継は，相続その他の一般承継の場合を除き，特許庁長官に届け出なければ，その効力を生じない(実用新案法第11条第2項，特許法第34条第4項)。

実用新案権が共有に係るときは，各共有者は，他の共有者の同意を得なければ，その持分を譲渡し，又はその持分を目的として質権を設定することができない(実用新案法26条,特許法第73条第1項)。共有の専用実施権又は通常実施権についても，同じ制約を受ける（実用新案法第18条第3項，特許法第77条第5項，実用新案法第19条第3項，特許法第73条第1項)。

実用新案権，専用実施権又は通常実施権を目的とする質権は，実用新案権，専用実施権若しくは通常実施権の対価又は実用新案の実施に対しその実用新案権者若しくは専用実施権者が受けるべき金銭その他の物に対しても，行うことができる(実用新案法第25条第2項，特許法第96条)。ただし，その払渡又は引渡前に差押をしなければならない（実用新案法第25条第2項，特許法第96条ただし書)。

4 意 匠 法

意匠法も，意匠権に質権が設定されることを前提としている。質権の対象は，意匠権に限らず，その専用実施権及び通常実施権も含まれる。専用実施権又は通常実施権に質権を設定をするには，意匠権者(専用実施権についての通常実施権にあっては，意匠権者及び専用実施権者）の承諾を得なければならない（意匠法第27条第3項，特許法第77条第4項，意匠法第34条第2項)。

意匠権，専用実施権又は通常実施権を目的として質権を設定したときは，質権者は，契約で別段の定をした場合を除き，当該登録意匠又はこれに類似する意匠の実施をすることができない（意匠法第35条第1項)。

意匠権，専用実施権又は通常実施権を目的とする質権の設定，移転，変更，消滅又は処分の制限は,特許庁に備える意匠原簿に登録がされる(意匠法第61条第1項第3号)。意匠権又は専用実施権を目的とする質権の設定，移転(相続その他の一般承継によるものを除く。)，変更，消滅(混同又は担保する債権の消滅によるものを除く。)又は処分の制限は，登録しなければ，その効力を生じない(意匠法第35条第3項,特許法第98条第1項第3号)。意匠権は設定の登録によって発生し(意匠法第20条第1項)，専用実施権の設定も，登録によって効力が生ずるからである(意匠法第27条第3項，特許法第98条第1項第2号)。通常実施権を目的とする質権の設定，移転，変更，消滅又は処分の制限は，登録しなければ第三者に

対抗することができない(意匠法第35条第4項,特許法第99条第3項)。通常実施権は,その登録をしたときは,その意匠権若しくは専用実施権又はその意匠権についての専用実施権をその後に取得した者に対しても,その効力を生ずる(意匠法第28条第3項,特許法第99条第1項)。

意匠権につき質権者があるときは,その承諾を得た場合に限り,意匠権の放棄をすることができ,専用実施権につき質権者があるときは,その承諾を得た場合に限り,専用実施権を放棄することができ,通常実施権につき質権者があるときは,その承諾を得た場合に限り,通常実施権を放棄することができる(意匠法第27条第3項,第28条第3項,第36条,特許法第97条)。

設定の登録を受けていない意匠登録を受ける権利は,これを質権の目的とすることができない(意匠法第15条第2項,特許法第33条第2項)。意匠権の存続期間は,特許権や実用新案権とは異なり,出願の日ではなく,設定の登録の日を基準として,その日から15年間とされている(意匠法第21条)。したがって,登録前の意匠を担保化するためには,譲渡担保として,意匠登録を受ける権利の譲渡を受けることになる。出願前における意匠登録を受ける権利の承継は,その承継人が出願をしなければ,第三者に対抗することができない(意匠法第15条第2項,特許法第34条第1項)。また,出願後における意匠登録を受ける権利の承継は,相続その他の一般承継の場合を除き,特許庁長官に届け出なければ,その効力を生じない (意匠法第15条第2項,特許法第34条第4項)。

意匠権が共有に係るときは,各共有者は,他の共有者の同意を得なければ,その持分を譲渡し,又はその持分を目的として質権を設定することができない(意匠法第36条,特許法第73条第1項)。共有の専用実施権又は通常実施権についても,同じ制約を受ける (意匠法第27条第3項,特許法第77条第5項,意匠法第28条第3項,特許法第73条第1項)。

意匠権,専用実施権又は通常実施権を目的とする質権は,意匠権,専用実施権若しくは通常実施権の対価又は意匠の実施に対しその意匠権者若しくは専用実施権者が受けるべき金銭その他の物に対しても,行うことができる(意匠法第35条第2項,特許法第96条)。ただし,その払渡又は引渡前に差押をしなければならない (意匠法第35条第2項,特許法第96条ただし書)。

5 商標法

商標法は，立法当初は，その譲渡性が認められていなかったが，昭和34年の現行法の制定により譲渡が認められ，質権が設定されることを前提とする規定が設けられた。質権の対象は，商標権に限らず，その専用使用権及び通常使用権も含まれる。専用使用権又は通常使用権に質権を設定をするには，商標権者(専用使用権についての通常使用権にあっては，商標権者及び専用使用権者)の承諾を得なければならない(商標法第30条第4項，特許法第77条第4項，商標法第31条第4項，特許法第94条第2項)。

商標権，専用使用権又は通常使用権を目的として質権を設定したときは，質権者は，契約で別段の定をした場合を除き，当該指定商品又は指定役務について当該登録商標の使用をすることができない(商標法第34条第1項)。

商標権，専用使用権又は通常使用権を目的とする質権の設定，移転，変更，消滅又は処分の制限は，特許庁に備える商標原簿に登録がされる(商標法第71条第1項第4号)。商標権又は専用使用権を目的とする質権の設定，移転(相続その他の一般承継によるものを除く。)，変更，消滅(混同又は担保する債権の消滅によるものを除く。)又は処分の制限は，登録しなければ，その効力を生じない(商標法第34条第3項，特許法第98条第1項第3号)。商標権は設定の登録によって発生し(商標法第18条第1項)，専用使用権の設定も，登録によって効力が生ずるからである(商標法第30条第4項，特許法第98条第1項第2号)。通常使用権を目的とする質権の設定，移転，変更，消滅又は処分の制限は，登録しなければ第三者に対抗することができない(商標法第31条第4項，特許法第99条第3項)。通常使用権は，その登録をしたときは，その商標権若しくは専用使用権又はその商標権についての専用使用権をその後に取得した者に対しても，その効力を生ずる(商標法第31条第4項，特許法第99条第1項)。

商標権につき質権者があるときは，その承諾を得た場合に限り，商標権の放棄をすることができ，専用使用権につき質権者があるときは，その承諾を得た場合に限り，専用使用権を放棄することができ，通常使用権につき質権者があるときは，その承諾を得た場合に限り，通常使用権を放棄することができる(商標法第30条第4項，第31条第4項，第35条，特許法第97条)。

設定の登録を受けていない商標登録出願によって生じた権利は，これを質権

の目的とすることができない(商標法第13条第2項，特許法第33条第2項)。商標権の存続期間は，出願の日ではなく，設定の登録の日から10年間とされている(商標法第19条第1項)。ただし，商標権については，特許権，実用新案権又は意匠権とは異なり，更新登録の出願により更新することができる(商標法第19条第2項)。更新登録の出願は，商標権の存続期間の満了前6月から満了の日までの間にしなければならない(商標法第20条第2項)。商標登録出願によって生じた権利を担保化するためには，譲渡担保として，商標登録を受ける権利の譲渡を受けることになる。商標登録出願によって生じた権利の承継は，相続その他の一般承継の場合を除き，特許庁長官に届け出なければ，その効力を生じない(商標法第13条第2項，特許法第34条第4項)。

　商標権が共有に係るときは，各共有者は，他の共有者の同意を得なければ，その持分を譲渡し，又はその持分を目的として質権を設定することができない(商標法第35条，特許法第73条第1項)。共有の専用使用権又は通常使用権についても，同じ制約を受ける（商標法第30条第4項，特許法第77条第5項，商標法第31条第4項，特許法第73条第1項)。

　商標権，専用使用権又は通常使用権を目的とする質権は，商標権，専用使用権若しくは通常使用権の対価又は商標の使用に対しその商標権者若しくは専用使用権者が受けるべき金銭その他の物に対しても，行うことができる(商標法第34条第2項，特許法第96条)。ただし，その払渡又は引渡前に差押をしなければならない（商標法第34条第2項，特許法第96条ただし書)。

6　半導体集積回路の回路配置に関する法律

　半導体集積回路の回路配置利用権についても，登録が行われる。半導体集積回路の回路配置に関する法律は，回路配置利用権に質権が設定されることを前提としている。質権の対象は，回路配置利用権に限らず，その専用利用権及び通常利用権も含まれる。専用利用権又は通常利用権に質権を設定をするには，回路配置利用権者の承諾を得なければならない（半導体集積回路の回路配置に関する法律第16条第3項，第17条第4項)。

　回路配置利用権，専用利用権又は通常利用権を目的として質権を設定したときは，質権者は，契約で別段の定をした場合を除き，当該登録回路配置を利用

することができない（半導体集積回路の回路配置に関する法律第18条）。

　回路配置利用権，専用利用権又は通常利用権を目的とする質権の設定，移転（相続その他の一般承継によるものを除く。），変更，消滅（混同又は担保する債権の消滅によるものを除く。）又は処分の制限は，登録をしなければ，第三者に対抗することができない（半導体集積回路の回路配置に関する法律第21条第1項第4号）。登録は，指定登録機関(昭和60年12月18日通商産業大臣告示により財団法人工業所有権協力センターが指定されている。)が回路配置原簿に記載して行う（半導体集積回路の回路配置に関する法律第21条第3項，第28条）。回路配置利用権は設定の登録によって発生するが（半導体集積回路の回路配置に関する法律第10条第1項），専用利用権の設定については，特許権など他の工業所有権とは異なり，登録が第三者に対する対抗要件とされている。(半導体集積回路の回路配置に関する法律第21条第1項第2号)。通常利用権は，その登録をしたときは，その回路配置利用権若しくは専用利用権又はその回路配置利用権についての専用利用権をその後に取得した者に対しても，その効力を生ずる（半導体集積回路の回路配置に関する法律第21条第2項）。

　回路配置利用権につき質権者があるときは，その承諾を得た場合に限り，回路配置利用権の放棄をすることができ，専用利用権につき質権者があるときは，その承諾を得た場合に限り，専用利用権を放棄することができ，通常利用権につき質権者があるときは，その承諾を得た場合に限り，通常利用権を放棄することができる（半導体集積回路の回路配置に関する法律第20条）。

　回路配置利用権は，登録を受ける前であっても，その権利に質権を設定することは禁止されない。したがって，民法の規定により，権利質の目的とすることができる。しかし，質権を登録する方法はない。譲渡担保として，回路配置利用権の登録申請後にこの申請によって生じた権利の譲渡を受けた場合には，申請者の名義を変更することができ，この名義の変更は，指定登録機関に届け出なければ効力を生じない（半導体集積回路の回路配置に関する法律第4条，第28条）。回路配置利用権の存続期間は，設定登録の日から10年間である(半導体集積回路の回路配置に関する法律第10条第2項)。

　回路配置利用権が共有に係るときは，各共有者は，他の共有者の同意を得なければ，その持分を譲渡し，又はその持分を目的として質権を設定することが

できない(半導体集積回路の回路配置に関する法律第 14 条第 1 項)。共有の専用利用権又は通常利用権についても、同じ制約を受ける(半導体集積回路の回路配置に関する法律第 16 条第 4 項、第 17 条第 5 項、第 14 条第 1 項)。

回路配置利用権、専用利用権又は通常利用権を目的とする質権は、回路配置利用権、専用利用権若しくは通常利用権の対価又は当該登録回路配置の利用に対しその仮配置利用権者若しくは専用利用権者が受けるべき金銭その他の物に対しても、行うことができる(半導体集積回路の回路配置に関する法律第 19 条)。ただし、その払渡又は引渡前に差押をしなければならない(半導体集積回路の回路配置に関する法律第 19 条ただし書)。

7 著作権法

特許権、実用新案権、意匠権、商標権あるいは回路配置利用権などの工業所有権とは異なり、著作権においては、登録は、権利の発生の要件ではない。著作者は、当然に著作者人格権及び著作権を享有し、著作者人格権及び著作権の享有には、いかなる方式の履行をも要しない(著作権法第 17 条)。

著作者人格権は、公表権(著作権法第 18 条第 1 項)、氏名表示権(著作権法第 19 条第 1 項)及び同一性保持権(著作権法第 20 条第 1 項)である。著作者人格権は、著作者の一身に専属し、譲渡することができない(著作権法第 59 条)。

著作権は、複製権(著作権法第 21 条)、上演権及び演奏権(著作権法第 22 条)、放送権、有線送信権等(著作権法第 23 条)、口述権(著作権法第 24 条)、展示権(著作権法第 25 条)、上映権及び頒布権(著作権法第 26 条)、貸与権(著作権法第 26 条の 2)、翻訳権、翻案権等(著作権法第 27 条)、2 次的著作物の利用に関する原著作者の権利(著作権法第 28 条)である。著作権は、著作者人格権とは異なり、その全部又は一部を譲渡することができる(著作権法第 61 条第 1 項)。ただし、著作権を譲渡する契約において、翻訳権、翻案権等(著作権法第 27 条)又は 2 次的著作物の利用に関する原著作者の権利(著作権法第 28 条)が譲渡の目的として特掲されていないときは、これらの権利は、譲渡した者に留保したものと推定される(著作権法第 61 条第 2 項)。

著作権は、民法の規定により、権利質の目的とすることができる。ただし、共同著作物の著作権その他共有に係る著作権については、各共有者の同意を得

なければ，その持分を譲渡し，又は質権の目的とすることができない（著作権法第65条第1項）。

　著作権の移転（相続その他の一般承継によるものを除く。）又は処分の制限，著作権を目的とする質権の設定，移転，変更若しくは消滅（混同又は著作権若しくは担保する債権の消滅によるものを除く。）又は処分の制限については，登録しなければ第三者に対抗することができない（著作権法第77条）。この登録は，文化庁長官が著作権登録原簿に記載して行う（著作権法第78条第1項）。ただし，著作権法第78条の2に基づき制定されたプログラムの著作物に係る登録の特例に関する法律（1986（昭和61）年5月23日法律第65号）第5条により，プログラムの著作物に係る登録については，財団法人ソフトウェア情報センター（SOFTIC）が行うこととされている。

　著作権は，これを目的として質権を設定した場合においても，設定行為に別段の定めがない限り，著作権者が行使するものとされる（著作権法第66条第1項）。登録がされることも含めて，工業所有権に対する担保と同様に，抵当権と同じ性格の権利として捉えることができる。

　著作権を目的とする質権は，当該著作権の譲渡又は当該著作権に係る著作物の利用につき著作権者が受けるべき金銭その他の物（出版権の設定の対価を含む。）に対しても，行うことができる。ただし，これらの支払又は引渡し前に，これらを受ける権利を差し押さえることを必要とする（著作権法第66条第2項）。

　著作権の存続期間は，原則として，著作物の創作の時に始まり，著作者の死後50年を経過するまでの間存続する（著作権法第51条）。ただし，無名又は変名の著作物（著作権法第52条），法人その他の団体名義の著作物（著作権法第53条），映画（著作権法第54条）又は写真（著作権法第55条）については，著作権の存続期間を，著作物の公表後50年間とする特例が規定されている。

　著作権法は，出版権又は著作隣接権の質権設定についても規定している。出版権とは，著作物を複製する権利を有する者（複製権者）が，その著作物を文書又は図画として出版することを引き受ける者に対して，設定する権利である（著作権法第79条第1項，第80条第1項）。ただし，複製権者は，その複製権を目的とする質権が設定されているときは，当該質権を有する者の承諾を得た場合に

3 知的財産権担保制度の概要 43

限り，出版権を設定することができる（著作権法第79条第2項）。

　出版権は，複製権者の承諾を得た場合に限り，譲渡し，又は質権の目的とすることができる。出版権の移転（相続その他の一般承継によるものを除く。），変更若しくは消滅（混同又は複製権の消滅によるものを除く。）又は処分の制限，出版権を目的とする質権の設定，移転，変更若しくは消滅（混同又は出版権若しくは担保する債権の消滅によるものを除く。）又は処分の制限については，登録しなければ第三者に対抗することができない（著作権法第88条第1項）。この登録は，文化庁長官が出版権登録原簿に記載して行う（著作権法第88条第2項）。出版権を目的とする質権については，複製権者の承諾及び文化庁への登録を除いては，民法の権利質に対する特例となる規定は設けられていない。出版権の存続期間は，設定行為で定めるところにより，出版権は，その存続期間につき設定行為に定めがないときは，その設定後最初の出版があった日から3年を経過した日において消滅する（著作権法第83条）。

　著作隣接権は，実演家が享有する録音権及び録画権（著作権法第91条第1項），放送権及び有線送信権（著作権法第92条第1項）並びに商業用レコードの貸与権（著作権法第95条の2第1項），レコード製作者が享有する複製権（著作権法第96条）及び貸与権（著作権法第97条の2第1項），放送事業者のが有する複製権（著作権法第98条），再放送権及び有線放送権（著作権法第99条）並びにテレビジョン放送の伝達権（著作権法第100条），有線放送事業者が享有する複製権（著作権法第100条の2），放送権及び再有線放送権（著作権法第100条の3）並びに有線テレビジョン放送の伝達権（著作権法第100条の4）をいう（著作権法第89条第6項）。著作隣接権の享有には，著作権と同様に，いかなる方式の履行をも要しない（著作権法第89条第5項）。

　著作隣接権は，その全部又は一部を譲渡することができる（著作権法第103条，第61条第1項）。また，著作隣接権は，民法の規定により，権利質の目的とすることができる。ただし，共同著作物の著作隣接権その他共有に係る著作隣接権については，各共有者の同意を得なければ，その持分を譲渡し，又は質権の目的とすることができない（著作権法第103条，第65条第1項）。

　著作隣接権の移転（相続その他の一般承継によるものを除く。）又は処分の制限，著作権を目的とする質権の設定，移転，変更若しくは消滅（混同又は著作権若し

くは担保する債権の消滅によるものを除く。)又は処分の制限については，登録しなければ第三者に対抗することができない(著作権法第104条，第77条)。この登録は，文化庁長官が著作隣接権登録原簿に記載して行う(著作権法第104条，第78条第1項)。

　著作隣接権は，これを目的として質権を設定した場合においても，設定行為に別段の定めがない限り，著作隣接権者が行使するものとされる（著作権法第103条，第66条第1項)。

　著作隣接権を目的とする質権は，当該著作隣接権の譲渡又は当該著作隣接権に係る著作物の利用につき著作隣接権者が受けるべき金銭その他の物（出版権の設定の対価を含む。)に対しても，行うことができる。ただし，これらの支払又は引渡し前に，これらを受ける権利を差し押さえることを必要とする(著作権法第103条，第66条第2項)。

　著作隣接権の存続期間は，実演等を行った時に始まり，その日の属する年の翌年から起算して50年を経過した時をもって満了する（著作権法第101条)。

4　財団抵当権の現状と知的財産権担保との関係

1　財団抵当権の類型

　財団抵当権の制度は，財団に属する物を包括的に担保化することができる制度である。民法の一物一権主義に対する例外を定めたものである。一物一権主義の原則が，物権の適正な公示を担保することを目的とすることから，財団抵当権は，取引の安全と円滑を担保するために円滑を物権の適正な公示を担保しつつ，他方で，金融担保の目的となる資産の変動に対して機動的に対処しつつ包括的な資産担保を実現することへの経済社会の要請にどのように応えていくかという問題に直面する。このような視点から，財団抵当権には，財団を構成する個々の物の登記・登録制度との連携が制度上予定されているかどうかを基準として，2つの類型に区分することができる。

　なお，企業担保法（1958（昭和33）年4月30日法律第106号）により，株式会社の総財産を一体として担保する企業担保権の制度も創設されてはいるが，企業担保権は，社債の担保となるのみであって(企業担保法第1条)，効力の点においても，会社の財産に対する強制執行又は担保権の実行としての競売に当たっ

ては効力を有しないし(企業担保法第2条)，会社の財産の上に存する権利は，企業担保権の登記の後に対抗要件を備えたものでも，企業担保権者に対抗することができるのであって（企業担保法第66条），一般の先取特権，特別の先取特権，質権又は抵当権が，すべて企業担保権に優先するなど（企業担保法第7条）に，優先的効力が，破産の場合の配当において一般債権者に優先するのみに限定された担保権にすぎない。

2　鉄道財団型の財団抵当制度

　第1は，鉄道抵当法（1905（明治38）年3月13日法律第53号）による鉄道財団，軌道ノ抵当ニ関スル法律（1909（明治42）年4月13日法律第28号）による軌道財団，運河法（1913（大正2）年4月9日法律第16号）に基づく運河財団などの長物を目的物とする財団抵当権制度である。これらは，対象の範囲が比較的明確であることから，目的物を具体的に特定しないまま，たとえば鉄道の路線名などの抽象的な特定によって抵当権を登録・公示する。したがって，不動産が目的物に含まれるばあいであっても，不動産登記簿には，その旨の登記がされないまま，財団抵当権の登記をすることにより，抵当権の対抗力を認めているものである（鉄道抵当法第15条，軌道ノ抵当ニ関スル法律第1条，運河法第13条）。この場合には，鉄道財団が設定されたことが登記所に通知されると，その旨を登記所に掲示することとされているのみであって，不動産の登記簿には何らの記載もされない。その意味では，公示は不十分であるが，他方で，包括的な担保制度としては，極めて優れた制度であって，担保物件の具体的な特定が必要ではなく，また，担保物の変動があった場合でも当然に担保に組み入れられることができるために，集合物担保，流動資産担保制度としては，極めて柔軟な仕組みとなっている。もっとも，鉄道財団などを組成する物件には，知的財産権は含まれない（鉄道抵当法第3条，軌道ノ抵当ニ関スル法律第2条，運河法第14条）。

3　工場財団型の財団抵当制度

　第2の類型は，登記所において，財団の登記をすることを前提とする財団抵当権制度である。この類型は，財団に属する物について，登記・登録がされて

いる場合には，それらの登記・登録制度との連携を保ち，個々の組成物件の登記簿からも財団に組み入れられていることが明確になる公示制度を採用している。この類型に属する財団は，現在では，工場抵当法に基づく工場財団，鉱業抵当法（1905（明治38）年3月13日法律第55号）に基づく鉱業財団，漁業財団抵当法（1925（大正14）年3月28日法律第9号）による漁業財団，道路交通事業抵当法（1952（昭和27）年6月20日法律第204号）に基づく道路交通事業財団，港湾運送事業法（1951（昭和26）年5月29日法律第161号）に基づく港湾運送事業財団，観光施設財団抵当法（1968（昭和43）年6月3日法律第91号）に基づく観光施設財団などである。

　工場財団は，工場に属する土地及び工作物，機械，器具，電柱，電線，配置諸管，軌条その他の附属物，地上権，賃貸人の承諾があるときは物の賃借権，工業所有権及びダム使用権などの全部又は一部をもって組成する（工場抵当法第11条）。したがって，回路配置利用権や著作権は，工場財団を組成することができない。プログラムの著作物（著作権法第10条第1項第9号）やデータベースの著作物（著作権法第12条の2）に対する著作権が認められるなど著作権の現代の経済社会における重要性からみて，立法政策上，著作権を含めることは，大きな検討課題である。

　他人の権利の目的となっているもの又は差押え，仮差押え若しくは仮処分の目的となっているものは，工場財団に属させることができない（工場抵当法第13条第1項）。他方，工場財団に属するものは，これを譲渡し，又は所有権以外の権利，差押え，仮差押え若しくは仮処分の目的とすることができない（工場抵当法第13条第2項）。

　工場とは，営業のため物品の製造若しくは加工又は印刷若しくは撮影の目的に使用する場所をいい，営業のため電気若しくはガスの供給又は電気通信役務の提供の目的に使用する場所，あるいは営業のため放送法にいう放送又は有線テレビジョン放送法にいう有線テレビジョン放送の目的に使用する場所は，工場とみなされる（工場抵当法第1条）。

　工場財団の設定は，工場財団登記簿に所有権保存の登記をして行う（工場抵当法第9条）。工場財団は，1個の不動産とみなされる（工場抵当法第14条第1項）。しかし，工場財団は，所有権及び抵当権以外の権利の目的となることがで

きない（工場抵当法第14条第2項）。したがって，工場財団の所有権保存の登記は，その登記後6か月以内に抵当権設定の登記を受けないときは，その効力を失う（工場抵当法第10条）。

　工場財団につき所有権保存の登記を申請する場合には，工場財団を組成するものの表示を掲げた工場財団目録を提出しなければならない（工場抵当法第22条）。これは，工場財団を組成するものを個々に特定することを目的としている。したがって，不動産等の登記又は登録がされている権利を含む工場財団について，所有権保存の登記がされた場合には，不動産登記簿に工場財団に属した旨の記載がされるほか，工業所有権の登録等についても，その旨の公示をするために，工業所有権，自動車又はダム使用権が工場財団に属すべき場合には，登記所から，特許庁，運輸大臣又は建設大臣に通知が行われる（工場抵当法第34条，第23条第4項）。工場財団目録に掲げた事項に変更が生じたときは，所有者は遅滞なく工場財団目録の記載の変更の登記を申請しなければならない（工場抵当法第38条）。工場財団に属するものに変更を生じ，又は新たに他のものを財団に属させたことにより，変更の登記を申請するときは，変更したもの又は新たに属したものの表示を掲げた目録を提出しなければならない。

　工場抵当法の現代における問題点は，工場の定義が極めて限定的であるために，装置型産業に対する資金供給以外には，たとえば知的財産を擁する知識集約型の産業のような分野には，利用が困難である点と，不動産を必要的な構成要素としている登記実務の取扱いのために，不動産を有しない知的財産を主要資産とするベンチャー企業に対する金融には，利用することができないという大きな制約要因を有していることである。

　また，目録で組成物件を個別具体的に記載しなければならず，変動著しい工場の物件について，比較的財産価値の低いものまで具体的な目録の記載及びその変更登記の手続をすることがしばしば煩瑣にすぎることである。

　鉱業財団は，採掘権を基本として，同一採掘権者に属する鉱業権，土地及び工作物，地上権及び土地の使用権，賃貸人の承諾があるときは物の賃借権，機械，器具，車輛，船舶，牛馬その他の附属物並びに工業所有権の全部又は一部をもって，組成する（鉱業抵当法第2条）。

　鉱業財団の設定は，鉱業財団登記簿に所有権保存の登記をして行う（鉱業抵当

法第3条, 工場抵当法第9条)。鉱業財団は, 1個の不動産とみなされる（鉱業抵当法第3条, 工場抵当法第14条第1項)。しかし, 鉱業財団は, 所有権及び抵当権以外の権利の目的となることができない（鉱業抵当法第3条, 工場抵当法第14条第2項)。

鉱業財団につき所有権保存の登記を申請する場合には, 鉱業財団を組成するものの表示を掲げた鉱業財団目録を提出しなければならない（鉱業抵当法第3条, 工場抵当法第22条)。登記・登録がされているものを組成物件とする鉱業財団の所有権保存の登記がされた場合には, 不動産登記簿に鉱業財団に属した旨の記載がされるほか, 工業所有権の登録等についても, その旨の公示をするために, 工業所有権等が鉱業財団に属すべき場合には, 登記所から, 特許庁等に通知が行われる（鉱業抵当法第3条, 工場抵当法第34条, 第23条第4項)。鉱業財団目録に掲げた事項に変更が生じたときは, 所有者は遅滞なく鉱業財団目録の記載の変更の登記を申請しなければならない（鉱業抵当法第3条, 工場抵当法第38条)。

道路交通事業財団は, 道路運送法による一般旅客自動車運送事業, 貨物自動車運送事業法による一般貨物自動車運送事業, 道路運送法による自動車道事業, 自動車ターミナル法による自動車ターミナル事業又は貨物運送取扱事業法による第2種利用運送事業に関する土地及び工作物, 自動車及びその附属品, 地上権, 賃貸人の承諾があるときは物の賃借権及び土地の地役権, 機械及び器具並びに軽車両, はしけ, 牛馬その他の運搬具をもって組成する（道路交通事業抵当法第2条, 第4条)。道路交通事業財団には, 工場財団又は鉱業財団と異なり, 工業所有権は含まれない。道路交通事業財団の性質及び設定の手続は, 工場財団と同様である（道路交通事業抵当法第6条～第9条, 第13条, 第19条第1項)。

港湾運送事業財団は, 港湾運送事業に関する上屋, 荷役機械その他の荷さばき施設及びその敷地, はしけ及び引船その他の船舶, 事務所その他港湾運送事業のため必要な建物及びその敷地, 地上権, 登記した賃借権及び地役権, 港湾運送事業の経営のため必要な器具及び機械をもって組成する（港湾運送事業法第24条)。港湾運送事業財団には, 工業所有権は含まれない。財団の性質, 設定の手続については, 工場抵当法の規定が準用される（港湾運送事業法第26条)。

観光施設財団は, 観光施設に属する土地及び工作物, 機械, 器具及び備品,

動物，植物及び展示物，地上権及び賃貸人の承諾があるときは物の賃借権，船舶，車両及び航空機並びにこれらの附属品並びに温泉を利用する権利をもって組成する（観光施設財団抵当法第 4 条）。観光施設財団には，工業所有権は含まれない。財団の性質，設定の手続については，工場財団と同様である（観光施設財団抵当法第 7 条〜第 11 条）。

5 知的財産担保の特性と担保法制上の課題

1 知的財産権の多様性・非定型性

　担保物権法は，一物一権主義の原則からも伺われるように，とりわけ，占有を伴わない抵当権が産業金融の中心であることから，その基本原則には，いかに，権利を明確に公示するかという理念が背景にある。担保物権法は，不動産のように比較的定型化，類型化しやすい物を念頭に置いて，権利の類型化をも通じて対象を特定して明確な公示をすることを，これまで重要な原則として掲げてきた。

　これに対して，知的財産権は，独自性に財産価値が認められるため，とりわけ，特許権，実用新案権，著作権などは，権利の多様性・非定型性を特徴としている。しかも，その制度は，特許権，実用新案権，商標権，意匠権，著作権等，権利により様々な体系となり，登録機関も分かれている。しかし，知的財産権は，多くの場合において，これらの個別の財産権として利用されているのではなく，様々な知的財産権が，一定の企業目的に向けて総合的に組み合わされて活用されている場合が多い。

　さらには，ノウハウ等類型化されていない知的財産にも重要な価値がある。ところが，知的財産権は，既存の型を超えるところに価値があるために特定がむずかしい。あまり，登録制度の要請から，特定の必要性を強調すれば，財産権としての流動性ないし担保価値を損なうおそれもある。

2 知的財産権の集合性・流動性

　担保物権は，公示上の必要性からの一物一権主義が採用され，その例外は，各種財団抵当など，法律で定められている場合に限られている。しかし，一方では，動産担保においては，構成物の変動する集合物の流動動産譲渡担保が一

般的に利用されており，債権担保においても，包括的な将来債権を含む流動債権譲渡担保が一般的に利用され，これらが金融実務に果たしている役割が大きいことにも注目する必要がある。これらの場合には，金融実務上の要請が極めて強いために，公示上の要請は，必ずしも徹底していないといえよう。

ところで，知的財産権は，集合体となって経済的な効果を発揮する性格が強い財産である。また，侵害訴訟やバージョンアップ等の対応など，権利それ自体においても，法律上・事実上の変動がある。さらには，知的財産がその知的な価値を常に維持するには，最先端をゆく創造的活動が，担保化された既存の知的財産権に対しても加えられる必要があり，その意味で，個別の財産としても，総合的な経済的価値を有する知的財産権の集合体として捉えても，担保物の経済的価値を維持するためには目的物の流動的な担保化が必要とされる。

3 知的財産の特質をふまえた集合物担保制度の必要性

このような知的財産権の特質を踏まえると，その集合物担保制度の必要性を指摘することができる。共同担保制度の拡大や知的財産権を核とした財団抵当権の新設など，集合物担保（財団抵当）制度のソフト化を検討する必要がある。

その手法としては，第1に，共同担保登録の拡大により縦割りの登録制度による登録免許税の高額化を防ぐことを検討する必要があろう。このことは，実際上は，質権設定の登録免許税が債権額の1000分の4とされ，移転登録の登録免許税が定額であることに比べると一般的に高額となることから，質権設定の代わりに譲渡担保が利用される場合が実務上多いことからも，登録免許税の面での配慮の必要性が，実務上高いことは明らかである。知的財産権の質権設定は，一般の抵当権と同じ効力を持ち，債務者にとっては有利な制度であるにもかかわらず，金融実務上は譲渡担保が利用され，しかも，その場合には，登録の原因として，担保目的であることが記載されないという特許庁の登録実務から，債務者としては，登録面上は，本来の目的以上の負担を負い，他からの融資を受ける障害にもなりかねない状況にある。

また，工場財団には，工業所有権が含まれているから，これを利用することによって，また，場合によっては法改正によって，既存の財団の対象に著作権等の他の知的財産権を含めることも，知的財産担保の集合化に寄与するであろ

う。しかし，既存の工場財団は，装置産業的な「工場」を要件とし，不動産をその組成物件に含むことを前提として制度が構築されているため，ベンチャー企業の資産構成からすると，財団構成は困難になるとともに，工場とはいえない企業の資金調達には，そもそも利用することができない。

そこで，これまでの集合物担保の発展を踏まえれば，むしろ，知的財産中心の財団担保により集合性，流動性，目的物の抽象性に対応することを検討する必要があるのではないだろうか。この場合には，登録されている権利はともかくとして，他の付随的な知的財産については，鉄道抵当で用いられているような方法による抽象化した特定による担保化も検討する必要があろう。このように考えても，現状の動産担保において，抽象的な特定により，対抗力も占有改定による引渡しによって，流動動産譲渡担保が可能となっている現実を前提とすれば，取引の安全と円滑を不当に損なうとまではいえないとも考えられる。

4　知的財産担保の効力と実行をめぐる問題点

知的財産担保の手法としては，質権設定をする方法と譲渡担保とする方法が実務上用いられている。

質権設定をする場合に流質契約をしておくことがある。商行為の場合には，流質契約の効力が認められるが，仮登記担保契約に関する法律第20条，第2条により，清算義務を課されることになる。したがって，民事執行法による担保権実行の手続をとらない限り，担保権実行に当たって移転登録に債務者の協力が必要であることには変わりがない。ただし，担保権実行に当たっては，不動産のように流通市場が整備されている財産と同様の固定的な評価，売却手続をとることはできない。民事執行法第161条による譲渡命令，換価命令などにより，買受希望者に対して機動的かつ柔軟に売却することができる方法を活用する必要がある。

譲渡担保の場合には，担保権実行の際の清算等に関する契約の効力など法的性格は明確でない。そこで，処分に当たっての評価の方法など契約条項を具体的に規定し，紛争を予防する必要がある。しかし，実際上，客観的な市場価値を確定することが困難な知的財産については，清算をめぐる紛争を予防するために，清算の方法について具体的な規定を置くことは，実務上有用であり，当

事者があらかじめ合意した方法による清算を行った場合には，それが著しく不合理なものでない限り，その価格を超える価値があることは，これと異なることを主張する者において証明すべきことになるであろう。譲渡担保は，清算にまつわる紛争が生ずる点で，裁判所の責任において行う法的執行手続に比較すると，権利者としての対応は煩雑であるが，実行の際の第三者への処分及びその移転登録は容易になる。もっとも，担保目的であることの公示を受けられない債務者の利益についても配慮する必要がある。著作権においては譲渡担保を原因とする移転登録があるが特許権等にはない。将来の問題としては，登録の権利公証機能を充実させる観点からも，また，譲渡担保契約はその契約内容によって権利の内容が変わってくることも考えると，信託においては，信託原簿の登録ができることを参考に，譲渡担保契約も契約内容をファイル化して，登録することを検討してもよいように思われる。また，このような視点から，特許登録等の制度における権利公証機能に改めて注目し，登録原因の記載や登録原因証書のファイル化による登録など権利の公証機能の充実について幅広く検討することも有用であると考える。

　さらには，出願中の特許を担保に取る場合には，質権は設定できないため，譲渡担保によるのが現状である。しかし，製造中の船舶には，抵当権の設定が認められているように，金融実務上の必要があれば，出願中の特許権の質権を検討する価値もあると考える。

Ⅳ 知的財産の特質と担保

眞壽田 順啓

1 はじめに

㈶知的財産研究所は，平成7年度に「知的財産権担保価値評価手法研究報告書」[1]を，また，情報処理振興事業協会は「ソフトウェア担保融資研究会報告書」[2]をまとめた。前者は，ベンチャー企業が有する知的財産権を担保として活用することにより，ベンチャー企業の育成を図り，このことにより経済フロンティアを拡大し，わが国の経済構造の改革に寄与していくとの目的の下に，その際に必要となる知的財産権の担保としての価値評価を行うための手法を提供している。また，後者は，特にソフトウェアに焦点を当て，これに関する担保融資を積極的に推進することが必要であると結論つけている。

この二つの報告書はともに，質権設定契約及び譲渡担保契約の際に参考となる契約書の例を示しているが（**巻末資料1及び2**)，その契約書例中には，「改良条項」及び「バージョンアップ等に関する条項」が含まれている。これらの特許権等の改良及びソフトウェアのバージョンアップ等は，いずれも知的財産権の本質に由来するものであり，知的財産権の価値の評価に密接に関係している。

この為，本稿では，これら技術の「改良」及びソフトウェアの「バージョンアップ」等を含む知的創作行為とその結果得られる知的財産権の経済的価値との関係に関する幾つかの要素を取り上げ，知的財産権の担保価値評価という側面を考慮しながら，マクロ的ないしは個別的な観点から検討してみたい。

2 知的財産の価値に関する最近の動向

まず，最初に，改良特許とこれに対応する基本特許を対比しながら，知的財産権の価値について，マクロ的な観点からみてみたい。

54　Ⅳ　知的財産の特質と担保

(1) 技術開発の形態と知的財産権の価値

　現在，①わが国の企業はアジアを含めた諸外国に生産拠点を設けて広く海外進出をしており，この様な諸国との貿易量が増大していること，②一つの製品を開発するための研究開発費が増大していること，及び③米国のプロパテント政策により損害賠償額及びロイヤリティーが高騰していること等から，知的財産権の価値は，企業活動において，極めて重要な経営資源となっている。

　そこで知的財産権の価値を，知的財産権が権利譲渡，実施許諾という形で国際的に取引された結果である，技術貿易収支の観点からみると，米国の技術輸出額は，1994年において224億ドルであるのに対して，わが国は52億ドル(日銀統計による)と4分の1以下にすぎない。一方，技術輸入額をみると，わが国は，83億ドル(同様)であるのに対して，米国は57億ドルであり，全体収支は米国が大きく出超となっており，このことから，米国の技術的優位は明らかであろう。一般的に，技術開発は基本的，独創的研究開発と，それを応用し，改

表Ⅳ-1　アメリカにおける特許侵害訴訟判決

	事件名	認定損害額	年
1	ポラロイド対コダック	$ 873,158,971	1991
2	スミス対ヒューズ	$ 204,810,349	1986
3	スリーエム対ジョンソン・アンド・ジョンソン	$ 107,272,696	1991
4	ハネウエル対ミノルタ	$ 96,350,000	1992 後に和解
5	レメルソン対マッテル	$ 71,256,690	1990
6	ファイザー対インターナショナル・レクティファイア	$ 55,805,855	1983
7	シヤイリー対ベントレー	$ 44,248,137	1986
8	ステュディエンゲゼルシャフト対ダート	$ 43,756,784	1988
9	シンテックス対パラゴン・オプティカル	$ 36,105,678	1987
10	コイル対セガ	$ 33,000,000	1992 後に和解

良する技術開発に分類されるが，基本的研究に力を入れてきたと言われる米国の研究成果である知的財産権は，改良技術を中心に研究を行ってきたと言われるわが国の知的財産権に比較して，現在，極めて大きな価値を持っていることが判る[3]。

特に，近年，日米の企業間の訴訟において高額の損害賠償を命じられるケースが見られるが（表Ⅳ-1），この理由の一つとして技術開発のあり方が指摘されている。改良又は応用技術に関する発明が全て容易であると言うわけではないが，やはり基本的，独創的な技術開発の方が困難である。そして，改良及び応用技術の開発により得られる特許については，その権利範囲は必然的に狭いものとならざるを得ない。これに対して，基本的，独創的な発明は，広範囲に特許のライセンシング料を請求できる。この様な特許の質，すなわち権利の範囲の広いまたは狭いということが，日米の企業間の訴訟において，わが国企業を受け身にさせている一の原因になっていると思われ，より経済的価値の大きい基本的，独創的技術の必要性が強く指摘される一因となっている。

(2) フロンティア型の技術開発

特許法は，発明を公開させ，それを土台にして他の者により良い発明を行わしめる事を目的としている。この事は，例えば特許法第69条第1項の規定からも理解できる。同項は，「特許権の効力は，試験又は研究のためにする特許発明の実施には，及ばない。」と規定している。すなわち，試験又は研究のためにする特許の実施を特許権の範囲内とすると，技術の進歩が阻害されるおそれがあり，特許法の目的に反することになる。このため，我が国特許法は，試験又は研究のためにする実施を特許権の効力の範囲外として，改良発明を促してきたと言われている[4]。

従来のわが国の技術開発は，欧米から導入した基本技術を普及させるために，改良発明を重視するキャッチアップ型の技術開発であった。実際，これらの改良発明がわが国の経済発展に果たした役割は極めて大きく，その意味で，知的財産法，殊に特許法の所期の目的は達成されてきたといえよう。

しかしながら，上述したとおり，①米国の技術重視，それに伴う技術導入の困難化，及び②わが国の技術レベルの高まりによる導入技術の減少及び③開発

56　IV　知的財産の特質と担保

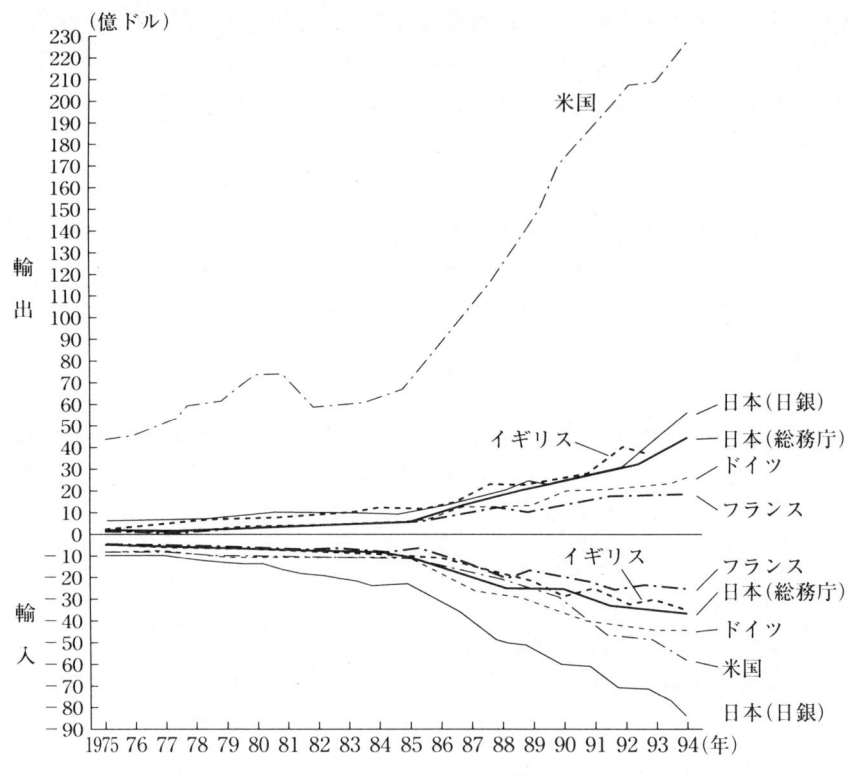

図IV-1　主要国の技術貿易額の推移

途上国の追い上げ等により，従来のキャッチアップ型の産業発展のパターンから，基本的，独創的な発明を重視し，創造性の高い技術開発が要求されるフロンティア型の成長パターンへの移行が必要になってきている。この点に関して，今後わが国が米国のように，知的財産権の保護を強化すべきかという質問に対して，アンケートに答えた大企業の51％が，「産業競争力を強化する必要性」，「技術立国の志向」及び「米国に対する対抗」，「国際的なバランス」等の理由を挙げて，知的財産権の保護を強化すべきであると答えている[5]。一方，知的財産権の保護を弱めるべきであるとする考えは，わずか1％であり，この事から，知的財産権の保護強化による知的財産権の価値の増大の必要性は着実に認識されてきているといえよう。

3 知的財産権の特質

知的財産権は、目に見えない技術等を対象とするものであり、かかる特徴から生ずる幾つかの特質があるが、ここでは、知的財産権の担保化という側面を念頭において、その特質を具体的に述べてみたい。

(1) 知的財産権の価値と事業活動

特許情報は、学術雑誌における論文のように情報それ自体で、他人が研究や技術開発を行う上で役立つものであり、情報自体としても価値を有するものである。しかしながら、一般には、特許等の知的財産権は、製品（物）に化体して、即ち事業において使用されて初めて価値を有すると言える。即ち、事業活動の対象となる製品として、又、製品の製造方法において使用されることにより、始めて価値を生ずる。勿論、特許は、自己の事業に他人が侵入するのを防止して自らの事業活動の範囲を確保し、防衛するための目的で、又は、他人から攻撃に晒された際にクロスライセンスに持ち込むことにより自己を防御するための目的として保有される場合がある。即ち、特許を製品に直接に利用する以外の目的でこれを取得し、保持することもあるが[6]、このような場合であっても、間接的に事業活動を補佐し、円滑に実施していくことを保証するものであって、広い意味では事業活動に関連して使用され、事業活動において価値を生じているものと考えることができる。特許権等が事業において使用されて始めて価値を有することは、製造活動を行わない企業がライセンシングを目的として知的財産権を保持する場合であっても同様であろう。即ち、ライセンシーは、事業活動においてその知的財産権を使用するために、相応のライセンス料を支払い、その際、ライセンス料は最終的には事業活動を考慮して決まるからである。言い換えれば、事業において使用されない知的所有権に対してかなりの額の対価を支払うものは誰もおらず、その結果、この様な契約は成立しないであろう。このことからも、最終的には、知的財産権は事業活動において使用されて初めて、価値を有することになると言える。

(2) 知的財産権の集合体としての価値

58　Ⅳ　知的財産の特質と担保

　ある製品（物）については，例えば，その物自体に関する「物質特許」，その物を製造するための「製造方法の特許」，その物を特定の用途目的で使用する，たとえば医薬等として使用するための「用途特許」といったカテゴリーの異なる複数の特許，また，同じカテゴリーに属する複数の特許，及びそれらに付随するノウハウ等が関係していることが多い。さらには，その商品を販売する際には商標が付され，意匠権が設定される事もある。また，設計書類，試験プラントやカタログ等も関係する。このように，各種の知的財産権は互いに重層的に，又は並存して使用される，即ち，権利の「集合化」により製品の価値が高められている。この為，知的財産権の担保価値を考える場合には，事業活動全体を行うのに必要となる，製造から販売までのそれぞれの段階で存在する工業所有権又は著作権，及び操作並びに製造用マニュアル，開発データ及び顧客リスト等のあらゆる知的財産権について，評価の対象に含まれる権利等と含まれない権利等に分け(対象知的財産権の明確化)，対象となる権利等については，すべて担保化のために必要な措置を取ることが必要である。

(3)　周辺特許の取扱の明確化

　評価の対象となる特許等の工業所有権の周辺には，通常，複数の関連する工業所有権が存在している。例えば，特許を例に挙げると，ある技術的課題を達成するために，様々な技術的手段及び方法を採用することが可能であり，異なる技術的手段に対して，各々別個の特許が付与されることが考えられる。かかる別個の特許については，発明の課題を解決するための手段及び方法が異なっており，発明の構成及び発明が奏する効果という点においては多少の差はあるにしても，いずれの方法及び手段もほぼ同一の目的を達成できるという点で十分価値を有する特許を構成する場合であることが多い。これらの技術は中心となる当初の特許からみて，その周辺に位置するから「周辺特許」と呼ばれるが，担保権を設定する際には，これらの特許の存在を確認することが必要であり，存在する場合には，可能な限り，これを担保化しなければならない。

(4)　知的財産権の権利範囲の明確化

　評価の対象となる知的財産権は，基本的，独創的な技術である場合と，改良

又は応用的な技術である場合があること，及び，基本的，独創的な技術である場合には，その権利範囲を広く請求しうることは，既に述べた通りである。そして，基本的，独創的な発明の場合には，その権利範囲を請求の範囲の文言にとらわれずに，拡張解釈することも可能になるケースが生ずるであろう。従来から，特許等の技術的範囲を拡張解釈するために，均等論[7]，設計変更，迂回方法，及び不完全利用（不完全実施）等の考え方が用いられてきているが，今後，特に均等論の適用について考慮する必要がある。

一方，一連の製品や方法を改善するために，次から次に連続してなされる改良又は応用発明については，個々の発明の特許権を他の特許権と区別するために，必然的にその権利範囲は狭いものとならざるを得ないであろう。いずれの場合も，個々の担保の対象となる知的財産権の権利範囲を明確にする必要があり，その際には，担保としての価値が十分に得られるよう，可能な限り広く解釈できるように取り決めておく必要がある。

(5) 知的財産権の陳腐化リスク

企業間の競争が熾烈であり，技術革新の速度が極めて速い今日，特に特許権やコンピュータ・プログラムについては，法律で定められた保護期間が満了する以前に，更には担保価値を評価する際に想定した，例えば，インカムアプローチにおけるキャッシュフローの見積もりを行った期間の満了前に，陳腐化するリスクが存在する。

一般に，特許権が，どの程度の期間維持されるかということについては，㈶日本テクノマートの調査がある[8]。これによれば，出願公告後のある一定時期における，特許権の存続割合，即ち，特許権の残存率は，11年目に50％以下となり，最終年の15年目には，17.2％に減少しており，特に出願公告の後，4，7，10及び13年目に急減する傾向がみられる。この出願公告という特許庁による決定は，特許出願の後，審査請求及び実体審査を経た後になされるものであり（現在，この出願公告制度は廃止されている），出願公告される迄にある程度の期間が必要であることを考慮すると，出願公告後，11年もの期間，約50％の権利が存続しているという事実は，特許権の存続期間は，一般には，必ずしも短くはないと考えることも可能であろう。しかしながら，これはあくまで，平均の

残存期間であり，個々の技術については，新技術や新ソフトウエアの出現により陳腐化するリスクは常に大きな問題であって，長期に亘る担保価値の存在を前提として評価を行う際には，特に注意すべきである。

(6) 権利の不確実性

我が国における特許の出願件数は，1995年には約37万件弱であり（図Ⅳ-2），世界知的所有権機関（WIPO）の統計によれば，全世界での特許出願件数は118万件を超えている。毎年，ほぼ同数の出願がされていると思われるが，国内出願については約半数の出願について審査請求がされている（日本においては，出願されたもの全てが審査されるのではなく，審査請求がなされたものについてのみ，審査が行われる）。そして，特許となってわが国で存続しているものは，平成7年度末では68万件ある。現在，特許の審査期間の短縮化が強く指摘されているが，この様に大量の出願がされている状況下においては，瑕疵の無い完璧な権利を常に取得することは困難であろう。また，特許権及び実用新案権等は目に見えないものであることが多く，そのことが，その有効性の判断を一層困難なものとしている。このため，特許権等の知的財産権は，権利付与後の異議申立により，又は，無効審判により権利が無くなる恐れもあるので，担保化に際しては，自らが先行技術調査を十分に行い，その有効性について十分な確信を得ておくことが必要であろう。

(7) 登録の確実な実行

質権設定をする場合，将来の処分を考慮して，当該特許が共有になっているかどうかを確認し，共有となっている場合には担保権設定の承諾書，及び担保権実行時に共有者の持ち分を譲渡人に移転することに関する同意の確認等をしておくことが必要である。さらに，特許権は特許料の未納により消滅するから，登録料の支払いが確実になされているか否かを確認しておく必要がある。特に登録料は，一定の期間内に支払う必要があるところ，期間内に登録料を支払うことを忘れたため，重大な権利が失われたことは現実に見られたことであり，料金の支払いについては厳重に管理する必要がある。

3 知的財産権の特質 61

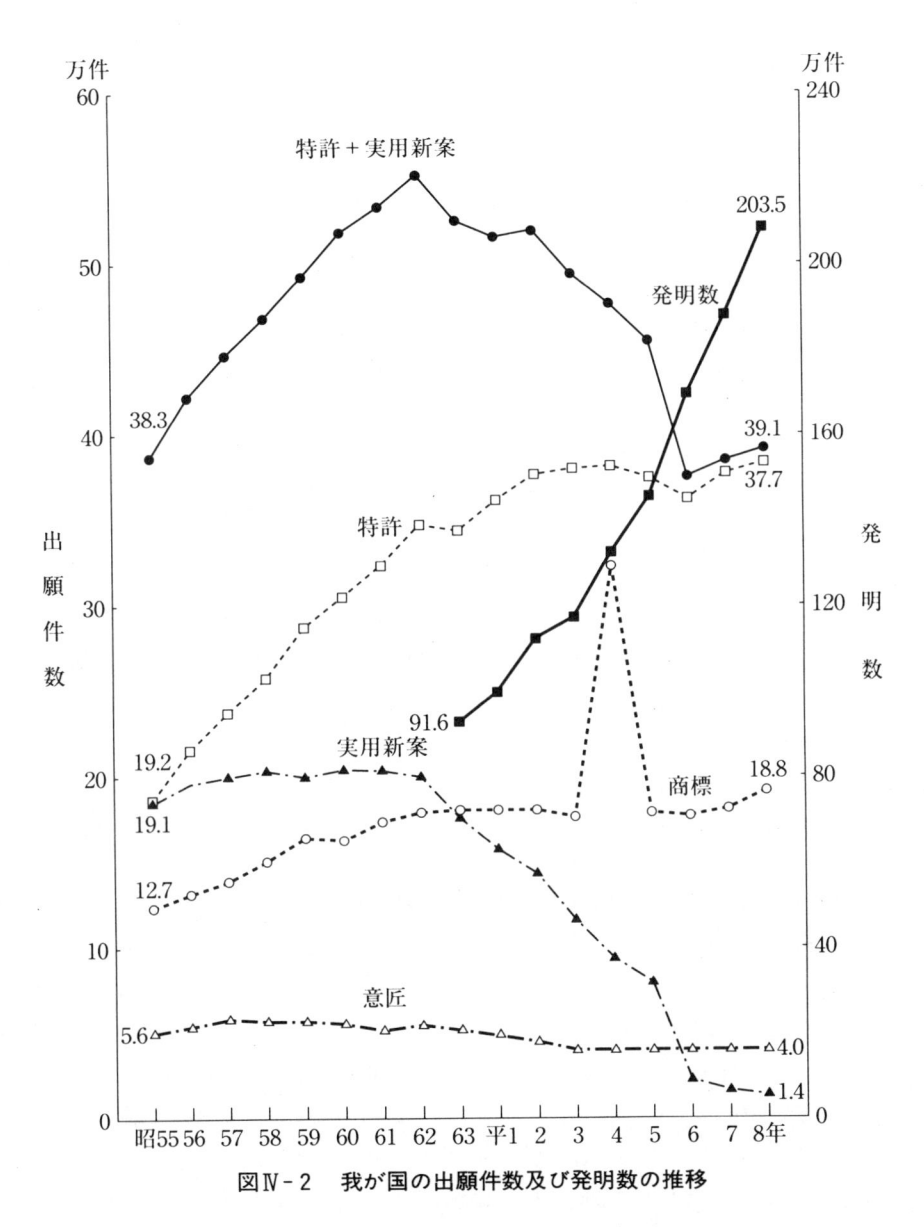

図Ⅳ-2 我が国の出願件数及び発明数の推移

（資料：平成8年特許庁データ）

(8) 知的財産権の処分の困難性

現在，政府，関係団体，企業等が知的財産権の流通，活用に向けて様々な活動を行っているが，担保権実行時の知的財産権の売買等を含め，知的財産権の処分を広く行うことのできる市場は未だ存在しない。このため，担保化された知的財産権を処分することは容易でない。近い将来，これらの市場が整備されることが望まれるが，とりわけ，担保化される知的財産権については，早期に処分することが必要であり，次の要件が満足される市場の出現が望まれる。

① 知的財産権の買い手の側からは，「どこにいかなる技術があるのかを容易に知り得る」市場であること。
② 知的財産権の内容は理解しにくい場合があり，「どの技術をどのように利用したら，どの様な事業利益が得られるのか」という，経営面の情報をも併せて提供しうるような市場であること。
③ 買い手側の将来の事業活動が不利にならないように，買い手側に関する情報が秘密に維持しうる市場であること。

ところで，この様な要件を備えた市場が整備されていないため，実務においては，ソフトウェアを開発した企業のノウハウを取り入れ，この企業と銀行が共同して担保価値評価を行い，担保権実行時にはこの企業が担保となった知的財産権を引き取ることを予め決めておくといったことも行われていたようである。しかしながら，この様な方法では技術の持つ価値が限定された状況においてしか評価されないこととなり，技術の将来における可能な使用領域が限定される恐れもあり，次善の態様として検討されるべきであろう。

いずれにしても，知的財産権及び技術に精通し，売り手と買い手の微妙な要請を考慮してライセンシング交渉のできる機関を育成することが望まれる。

(9) 外国特許の価値

外国において，しかもそれが多数の国で特許を取得しているという事実は，その技術が重要なものであることの傍証となり，担保評価の際に考慮しうるであろう。しかしながら，世界の特許制度は，未だ統一されたものでないから，外国特許の存在を評価する場合には慎重に行うことが要求される。即ち，外国で得られた特許については，制度の違いによりその特許権が無効になることも

考えられるし，更に，特許権が得られた場合でも権利の範囲が各国ごとに異なるケースが大いにあり得る。特に，米国では，例えば，先発明主義の採用，異なるグレースピリオドの期間（我が国特許法第30条の「発明の新規性の喪失の例外」規定に相当する），先行技術の開示義務等，我が国を含む世界の主要国とは異なる制度を有するので，十分注意すべきであろう。

また，発展途上国での特許は，その審査体制の脆弱さを考慮する必要があろう。

4 知的財産権の担保価値評価の際の問題点

知的財産権は，上述のような特質を有しており，その担保価値の評価等に際しては，これらの特質を十分に考慮して行う必要がある。一般的に，担保物件の評価手段として，コストアプローチ，インカムアプローチ及びマーケットアプローチの3つの方法が考えられる。これらの方法については，それぞれ幾つかの問題点が指摘されている。例えば，コストアプローチは，知的財産権を提供する側の立場が一方的に反映されており，場合によっては最低限の価値しか現していないという批判がある（勿論，開発に必要とされたコストさえもカバーできない場合も多いであろう）。また，マーケットアプローチについては，同様な技術が同様な経済的環境で取引されたケースが少なく，比較の対象を見出だすことが難しい点が指摘されている。そこで，上述の㈶知的財産研究所の報告書は，担保化される知的財産権の価値評価においては，一般にインカムアプローチ，即ち，事業キャッシュフローをベースにした収益還元法が一般的であると述べている。この考え方には，多くの関係者が興味を示しており，個人的にもかかる考え方を基に評価を行うことが適当なケースが多いと考える。この方法においては，(i)事業の売上高を予測して，キャッシュフローを算出する，(ii)割引率を設定し，ディスカウントキャッシュフローを算定する，そして(iii)担保価値を算定することになるが，実際には不確定要素も多く，例えば割引率算出のためのβ値をどのように設定するかといった問題もあり，この方法が容易かつ的確になされるようにするためには，今後も実務の積み重ねが必要であろう。

以下においては，知的財産権の価値評価に関連する事項を，幾つか取り上げてみたい。

IV 知的財産の特質と担保

(1) 知的財産権の質に基づく評価手法について

インカムアプローチは，知的財産権が関連する事業がどれだけのキャッシュフローを生み出すかという点の検討を行うため，知的財産権を事業との関連において評価する事になる。この様な評価手法については，「従来から銀行が行っている事業評価と同じものになってしまうが，かかる事業評価は必要であるとしても，知的財産権の担保という以上，知的財産権の質に応じた評価が必要であり，かかる質の評価が無ければ，事業評価による融資と変わらない」との趣旨の意見が出されている[9]。そして，この意見においては，知的財産権の質に応じた評価を行うために，知的財産権をパイオニア発明と改良発明という質的に異なるグループに分けて，それぞれの場合における知的財産権担保融資とそれ以外の融資との関係を，次のようにまとめている。

① 事業者がパイオニア発明，改良発明を共に所有しない場合

この場合は，当然の事として，知的財産権担保融資は行われないが，融資の可能な場合は存在する。

② 事業者がパイオニア発明は有していないが，改良発明を所有している場合

融資は行われるが，本格的な知的財産権担保融資は行われない。担保権が，実行される場合には，当該知的財産権が移転される可能性があるが，改良発明は事業と切り離しても意味がなく，結局単なる事業に対する融資と考えられる。

③ 事業者がパイオニア発明を有さず，また，改良発明も部分的にしか所有していない場合

現実的に最も多いケースであるとした上で，②と同様に融資は行われるものの，知的財産権担保融資は行われない。

④ 事業者がパイオニア発明を有し，改良発明を所有していない場合

この場合は，融資が行われ，知的財産権担保融資も可能である。担保権が実行されて，知的財産権が事業と切り離されて移転されたとき，当該知的財産権を譲り受けた者は，行われている事業と別の方法で新たな事業を行うことができるため，この場合において，知的財産権は本来的な財産である。

4 知的財産権の担保価値評価の際の問題点　65

⑤　事業者がパイオニア発明および改良発明を共に有している場合
　　理想的な状態であり，融資も知的財産権担保融資も可能である。
⑥　他の事業者がパイオニア発明または改良発明を所有している場合
　　知的財産権担保融資を含めて，融資は行われるべきでなく，この場合には，むしろ，先行技術調査の重要性が指摘される。
　この様にカテゴリー毎に区分けして，知的財産権担保融資とそれ以外の融資の実施の可能性を比較する考え方は単純化されてわかりやすく，個人的には知的財産の質を加味した評価方法を検討する考え方には興味がある。しかしなが

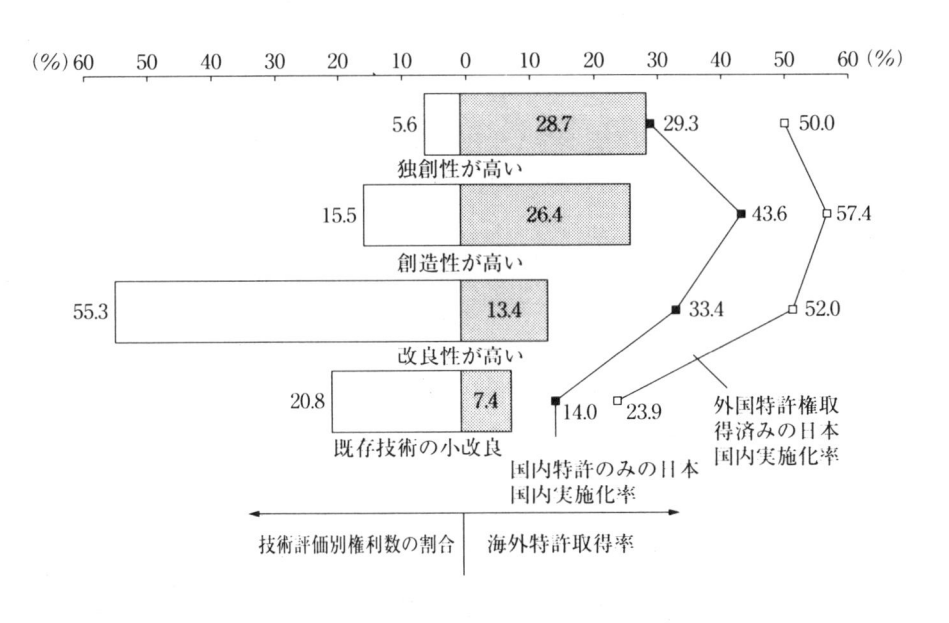

図Ⅳ-3

ら，この様な質を加味した知的財産権の評価を行うためには，パイオニア発明とは何かという点を明確にする必要があるし，又，パイオニア発明と呼びうる発明であるとしても，個々の発明の価値は発明毎に異なるものであって，個々の発明の価値評価をどの様に実施し得るのかということが問題になろう。
　ところで，技術の高度性とその技術の実施化の程度（これは技術の価値を評価

するための一つの要素となりうるであろう。)に関する報告が、(財)テクノマートの報告書[10]に示されているので、これを検討してみたい（図Ⅳ-3）。

同報告書では、技術の高度性を、特許の技術的な観点から、①独創性の高いもの（従来全くなく、独創性が極めて高いもの）、②創造性の高いもの（既存技術を根本的に変革して創造性が高いもの）、③改良性の高いもの（既存技術の改良技術で改良性の高いもの）、及び④既存技術の小改良という群に分類している。この分類は、その特許を保有する企業自身によりなされたものであるが、我が国でのみ特許を取得した群と、外国でも権利を取得した群との二つのグループにわけて分析している。そこで、カテゴリー別に実施割合をみると、わが国でのみ特許権を取得した群に属する特許については、それぞれ、①については、29.3％、②については、43.6％、③については、33.4％、④については、14.0％となっており、他方、外国で特許を取得した技術については、①については、50.0％、②については、57.4％、③については、52.0％、④については、23.9％となっている。

一般に、外国に出願するには、多額の費用を必要とするから、外国で特許を得た技術は経済的価値が大きいものと考えられるところ、外国でも特許を得た群は、国内でのみ特許を得た群に比較して、いずれの群も実施化率が高い事実は、このことを一般的に裏付けている。さらに、技術内容的に高度のものの実施化率が高いという事実は、これら技術的に高度のものは価値が大きいことを示していると言える。

しかし、国内でのみ特許が取得されているものについて見てみると、「創造性の高い」特許の実施化率は約44％と高いが、逆に「独創性が高い」特許では約29％と、「創造性の高い」特許に比べてその実施化率はかなり低く、技術の高度性と実施化率は必ずしも比例していない。パイオニア技術をどの範囲迄含めるのかという問題もあるが、最も技術的レベルの高い「独創性の高い」技術よりも、次のランクに位置する「創造性の高い」技術の方が、実施化率が高いということ、即ち、価値が大きいということは、技術的に高度のもの、即ち、質の高いものが常に、価値が最大であるとは限らないことをマクロ的にも示していると言えよう。このことは、外国でも特許を取得した技術についても同様である。

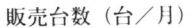

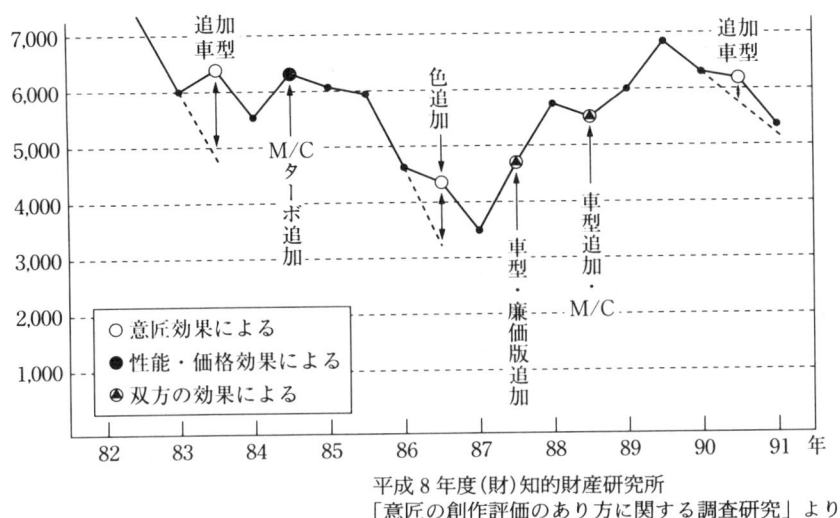

4 知的財産権の担保価値評価の際の問題点   67

図Ⅳ-4　自動車の販売実績の推移

(平成8年度(財)知的財産研究所「意匠の創作評価のあり方に関する調査研究」より)

　以上の事実から理解できるように，発明の質とその価値の関係については，ある程度の相関関係があって，一般的には，質の高いものは価値が大きいといえる。しかしながら，上述の通り，技術的な性格を質のランクによりグループ分けして，全体として把握した場合においてさえも，この様な考え方は必ずしもあてはまらない。この事実を，担保化という側面で考えると，発明の質は，発明の化体した製品の売り上げの見込みを検討する際の一つの要素ではあっても，個々の事例における担保価値は，やはり知的財産権が関与する製品について，これを事業化した際に得られるキャッシュフローを基に考えなければならないと言えるであろう。

(2) 知的財産権の価値の把握
　特許，実用新案，意匠および商標は，狭義の工業所有権に属するものであるが，これらの権利はいずれも価値を有することは明らかであろう。ここでは，このうちの意匠権に関して，一つの製品においてどの程度の価値を有している

について実証的に見てみたい。

この事例は(図Ⅳ-4)、自動車販売実績に関するものであり、自動車を購入した際に、購入者が重視した点及びそれらの重視した点の相対的な重要度をコンジョイントアナリシス[11]と言われる方法を使用して、意匠権の貢献度を算出した結果である。簡略化のために意匠の貢献度を最大値にした場合が示されている。

この図において、10年間に、ターボ等の性能上の仕様追加や、値下げによる販売台数の増加等の試みに加えて、複数回の外板色の追加や車型追加等の外観上の意匠変更がなされている。即ち、83年には車型追加のみが、又、86年には色の追加がなされている。それぞれの追加時において、本来であれば点線にしたがって、販売台数が減少していくことが想定されるところ、83年には販売台数が増加しており、86年には販売台数の減少が緩やかになっている。このように、意匠権は製品の購買意欲を高めて、販売台数の増加に寄与しうるものであり、担保としても価値を有するものであることが理解できよう。

なお、一般に、意匠権の陳腐化リスクは低いと言われているが、この図からも明らかのように、意匠権も年月の経過と共に陳腐化しており、製品によっては、陳腐化リスクに十分注意する必要があろう。

5 担保契約における「改良条項」及び「バージョンアップ条項」

(1) 改良及びバージョンアップの役割

前述した㈶日本テクノマートの報告書[10]では、さらに、「従来全くなく、独創性の高い特許」と「既存技術で改良性が高い特許」について、その価値を量る一つの要素として実施されている割合から次のことも判る。即ち、外国で特許を取得しているものについて、日本国内での実施化の割合を比較すると、独創性の高い特許の実施化率は50.0%であるのに対して、改良性の高い特許は52.0%である。一方、日本国内でのみ特許を取得したものについては、独創性の高い特許の実施化率は29.3%であるのに対して、改良性の高い特許のそれは33.4%である。この事から、外国で特許を取得するような重要な特許についても、又、わが国でのみ特許を取得するようなものについても、いずれの場合もその改良技術は、実施化の割合が高く、独創性のある技術と同様に重要なもの

5 担保契約における「改良条項」及び「バージョンアップ条項」　69

であり、この様な改良技術は実際の企業活動においては、利用される割合が高く、その経済的な価値も大きいように思われる。この事は、ある技術を担保化する際には、基本となる技術については勿論のこと、その基本技術を改良する技術も併せて担保化する必要があり、そうしないと、担保としての意義が失われることを示していると言えよう。

　一方、コンピュータ・ソフトウエアについては、市場競争が激しく、陳腐化のためにその価値が常に下落する危険に晒されていることは、良く知られている。このため、ソフトウエアの開発会社は、定期的にバージョンアップやアップグレードを行っているが、かかるバージョンアップやアップグレードされたものについては、一層価値が高まっており、これらも担保価値の維持のために担保の対象として追加しておくことが必要である。

(2)　改良条項及びバージョンアップ条項
　次に、上記2報告書に記載されている改良条項及びバージョンアップ条項について、具体的要素について検討する。
　①　知的財産権担保価値評価手法研究会報告書の質権設定契約の雛形の第6条(**巻末資料1**)では、「本契約締結後に、乙が、本件特許権等を改良し新たに特許権等を取得したとき及び本件特許権等に関連する特許権等を新たに取得したときは、乙は、改良された特許権等が、本契約に基づく質権の目的に加えられることに同意する。」と規定されている。この規定は、将来、機能の改良及び追加、品質及び生産能力等の特性の向上等がなされたとき、又は担保の対象となる知的財産権の周辺の知的財産権の開発がなされたときは、それらについても担保の目的として継承される必要があることを述べるものである。
　更に、ソフトウエア担保融資研究会報告書の質権設定契約証書第9条には、「本件契約締結後、乙が、本件著作物に関し、バージョンアップその他の変更を行い、新たに著作権等(二次的著作物に関する著作権及び新規著作権も含む。以下、「追加著作権」という。)を取得した場合には、甲及び乙は、追加著作権等も本件質権の目的となることに同意する。」(**巻末資料2**)と規定されている。これは、ソフトウエアは、メンテナンス、バージョンアップ等により絶えずその内容が変化するので、これに対応して変更後のソフトウエアを追加担保として取り、

登録手続きを行う必要があることを述べるものである。

そこで，これらの条文で取り上げられている事項について考えてみたい。

② 先ず，「改良された特許権等」に関連して，特許の技術的な性格を表す用語としては，基本特許，改良特許（応用特許），周辺特許，利用発明等の用語が挙げられる。そこで，これらの用語の意味及びその特徴について述べる。

基本特許：新しい原理や発見に基づく最初の特許をいい，別名，パイオニア特許，又はマスターパテントともいわれる。この様な特許は，先行技術がないため，発明者は広い範囲の権利を取得することができ，一方，第三者にとっては，かかる基本特許に抵触することなく，同目的の特許を開発することは困難なことが多い。特に，この様な基本発明が，化学物質に関するものである場合には，この基本特許に代わる特許を見出だすことは困難な場合が多く，極めて強力な権利となる。

改良特許：この用語は，基本特許に対比して使用され，応用特許とも言われることがあるが，改良特許は何かということについて確立した定義はない。ライセンス契約等においては，例えば基本特許に関する有益な技術的変更を行った場合と考えることがあるが[12]，この様な考え方によっても実際には，その範囲を決定することは困難である。したがって，担保化に際しては，担保の対象となる発明の範囲を明確にするため，及び，担保としての価値を積極的に維持しうるようにするため，改良特許という用語の定義を広範囲なものとしておくことが望まれる。

周辺特許：周辺特許という用語についても，明確な定義はない。3 (3) で述べた様に，中心となる特許を想定した場合に，この中心となる特許の周辺に存在する特許といった程度のものである。一般に，特許の対象である発明は，解決すべき課題である"発明の目的"，その目的を達成するための技術手段である"発明の構成"及びこの構成により得られる"発明の効果"に分けて考えることが多いが，上記3 (3) で述べたように，或る目的を達成するために，複数の技術手段が考えられる。このため，構成，即ち技術手段は異なるが，同一の目的を達成し，ほぼ同様な効果を得ることのできる特許が存在する場合がある。かかる特許は，中心となる特許とは発明の構成が異なるため，中心となる特許の権利範囲には含まれないものであるが[13]，かかる特許についても，担保ない

5 担保契約における「改良条項」及び「バージョンアップ条項」 71

しは追加担保とする等により，担保の価値を積極的に維持する必要がある。さらに，特許製品の一部品に係る特許又はその部品を製造するための特許等も存在するが，これらについても同様に追加担保とする等の手当てが必要である。

利用発明：特許法第72条に規定されているように，後行の特許発明が先行の特許発明を利用する関係にあるとき，後行の発明を利用発明という。例えば，学習机（先行）に対して，蛍光灯付き学習机（後行）は，学習机を利用しなければ，蛍光灯付きの学習机を実施（製造）できないので，この様な場合に利用関係があるというが，この利用発明については幾つかの考え方がある[14]。

利用関係にある2つの特許については，後行の権利者は自由に実施できないので，後行の特許のために，担保となっている先行の特許の価値が一方的に減少する危険は少ないであろう。しかしながら，この場合であっても，かかる発明を積極的に利用するために，債務者（担保権設定者）が利用発明をした場合には，これも担保の目的として継承することを明記しておくことが必要である。

以上で述べた特許はいずれも，担保の特許の価値と密接な関係を有するものであり，担保価値の維持を図るために，常にその取り扱いに注意しなければならない。

③ 次に，ソフトウェアの「バージョンアップその他の変更」等に関連する事項について説明する。

バージョンアップ：バージョンアップという用語は一定した定義がなく，メーカー及びソフト会社によって異なる意味で使用されている。バージョンアップには，(a)担保化した現著作物の範囲内にあるもの，(b)現著作物の二次的著作物になるもの，及び(c)バージョンアップ前のプログラムとバージョンアップ後のプログラムの間で，もはや同一性がない程度にまで改変された場合のものがある[15]。(c)のような場合には，やはり，担保として積極的に利用していくために，バージョンアップ後のプログラムを追加担保とし得るように手当てしておかなければならない。このようなバージョンアップ，及びそれ程は大きくはない改変は，常時これを行うことにより，ソフトウェアの陳腐化を防止している。

著作物に関する変更及び改変：ソフトウェア等の著作物の改変については，上述の様に3種類のカテゴリーが考えられる[16]。第一のグループは，改変が量

的にも，質的にも小さい場合であり，この場合には，創作性がないので，元のソフトウェアと改変後のソフトウェアは同じソフトウェアである。この場合，改変後のソフトウェアに，新しい権利が発生するとは考えられないので，改変後のソフトウェアにも，従前の質権等の効力が及ぶものと解される。

　第二のグループは，改変が量的にも質的にも大きく，改変という行為に創作性がある場合である。これは，翻訳や翻案に相当するものであり，もとのソフトウェアの二次的著作物になる。例えば，既存のソフトウエアを利用し，これに創作性を加えて，他のハードで使用可能にすることや既存のソフトウエアに新しい機能を付け加えてより性能の優れたソフトウェアを作成すること等が挙げられる[17]。二次的著作物については，二次的著作物の著作者自身が当該二次的著作物を複製しようとする場合にも原著作物の著作者の許諾を必要とし，無断で複製すると原著作物の著作権を侵害するものとなる。一方，原著作物の著作権者も二次的著作物を複製できない。したがって，この改変されたソフトウエアについては，原著作者と改変した者の両方の権利が及んでおり，二次的著作物の著作権者は自由には実施できない。債務者である原著作者と二次的著作物の著作権者が同一人である場合，将来の担保の積極的な活用を行うためにも，改変後のソフトウェアも追加担保とすることを明記しておくことが必要である。

　第三のグループは，改変が質的にも，量的にも極めて大規模で元のソフトウエアと異なるソフトウエアになると認められるときである。この場合は，元のソフトウエアと同一のものでもなく，又，二次的著作物でもない。このような場合には，元のソフトウェアの著作者は元のソフトウエアの著作者以外の者が改変を行った結果作成された新しいソフトウエアに対しては何等の権利も有しない。元の著作者自身がこのような改変を行った場合については，契約書雛形によれば，この新規著作権については追加担保として差し入れ，同時に著作権登録を行う義務を負うと解される。このように，担保価値を積極的に維持するための手当が必要であろう。

　以上，報告書の契約書雛形中の幾つかの用語について説明したが，契約書雛形については，状況に応じて適宜手当をしておく必要がある。

6 ま と め

　知的財産権は，今や，企業戦略において欠くことの出来ない極めて重要な財産である。電気分野で代表的に見られるように，年間数千件の特許出願を行う大企業もあれば，一方では，極めて少数の特許に企業の存亡を賭けている中小企業もある。多数の出願を行っている企業にとっては，取得した特許の利用度を如何に高めていくかが問題であり，また，少数の特許に依存している企業にとっては，その特許を最大限利用していくことが重要であろう。いずれの場合も，今後の経済発展のために知的財産権の一層の利用が課題となっているわけであり，担保化の問題もその一の態様と言えよう。

　今後，知的財産権の担保化がどのように進展していくかは予測し得ないが，本稿では，担保という事項の多面的な検討に資するように，可能な限り，実証的なデータを加えながら，担保化を含めた知的財産権の価値について説明した積もりである。今後，知的財産権の担保化が円滑に実施出来るようになることを期待したい。

（参考文献）
1　田代泰久「知的財産権担保融資の理論と実務」清文社，1996年
2　㈶知的財産研究所訳「知的財産と無形資産の価値評価」中央経済社平成8年
3　中山信弘「ソフトウェアの法的保護」有斐閣，1990年

　注
(1)　「知的財産権担保価値評価手法研究会　報告書」平成7年10月
(2)　「ソフトウェア担保融資研究会　報告書」平成8年3月
(3)　科学技術庁・科学技術白書（平成8年版）136〜140頁
(4)　中山信弘「工業所有権法　上」（弘文堂，平成5年）229〜300頁
(5)　「今後の産業発展における知的財産政策のあり方に関する調査研究報告書」（平成7年3月，知的財産研究所）10頁
(6)　「今後の産業発展における知的財産政策のあり方に関する調査研究報告書」（平成7年3月，知的財産研究所）84頁
(7)　中山信弘・前掲書347〜354頁

(8) ㈶日本テクノマート「未利用特許情報実態調査報告書」平成8年3月，40〜41頁
(9) 久保浩三「知的財産権担保融資の現状と課題」パテント49頁，第7号2〜6頁
(10) ㈶日本テクノマート・前掲書8頁
(11) コンジョイントアナリシスは，ユーザーが商品を購入する際に重視する要素とその重要度を各要素間のトレードオフの形で求めるものである。即ち，ユーザーの各商品の属性に対する選考度を効用値関数として求めるものである。購入時に重視する各項目の重要度を単にユーザーに聞く場合に比べて，トレードオフになっているために，より実現に近くなる。このアナリシスでは，意匠創作の5要素である審美性，独創性，機能性，経済性，信頼性を商品属性の要素として盛り込むことが可能であり，また，コンテンツ，ブランドイメージ等のソフトウエアや感覚的な要素をハードウエアと同時に取り扱うことが可能となる。
(12) 竹田和彦「特許の知識―― その理論と実際 ――」(ダイヤモンド社，昭和63年)449頁
(13) しかしながら，「先行の特許発明と本来その技術思想を同じくするものでありながら，その特許保護の範囲より免脱せんとして，特許発明に無用の物質，工程を加え，いたずらに迂回の途をとるだけで，結局発明として同一に帰すべき関係にあるもの」は迂回方法と呼ばれ，かかる場合には，他の発明の権利侵害となる。
(14) 利用発明が何かという点については，㈜先行特許発明の特許の要旨を全部含み，これを利用したものであるという説（そっくり説），㈹後行特許発明の実施が必然的に他人の先行特許を侵害する場合であるとする説（侵害不可避説），及び㈦後行の特許発明の実施が，必然的に他人の先行特許発明の実施となる場合とする説（実施不可避説）等がある。
(15) 高石義一監修「知的所有権担保」(銀行研修社，平成9年) 220頁
(16) 社団法人情報サービス産業協会「ソフトウエア取引と契約に関する調査研究報告書」(昭和62年) 22〜24頁
(17) 植松宏嘉「コンピュータプログラム著作権　Q＆A」(社団法人金融財政事情研究会，1989年) 124〜126頁

V 知的財産権の価値評価手法
―― 知的財産権担保と企業内無形資産の価値評価に関するケース・スタディ ――

石 井 康 之

1 はじめに

(1) 資産評価と収益還元法

資産評価の手法としては，原価法，取引事例比較法，収益還元法など，各種の方法が提示されているが，米国をはじめとする海外では各資産について，基本的に収益還元による評価が行われている。その点，国際的に見れば各資産の評価手法としては，収益還元法が標準的な位置づけを有していると考えて差し支えないであろう。

以下には，株式，債権，そして土地についての収益還元法による評価式が示してあるが，こうした評価法が定着している諸外国では，各資産に対応した割引率（もしくは収益率）が実務の中で算出され，かつ利用されてきた実績がある。その点だけでも，わが国と較べて収益還元法による資産評価の実務が行われやすい環境にある。

現在，会計実務の世界でも資産評価については時価評価の方向に進みつつあり，従来，主に原価法がとられてきたわが国の会計処理でも，今後は収益還元法を中心とした時価評価による実務が徐々に定着してくるものと考えられる。

① 株　価

$$= \frac{Pt_1}{(1+r)^1} + \frac{Pt_2}{(1+r)^2} \cdots + \frac{Pt_n}{(1+r)^n} \cdots +\cdots$$

一年目の配当が Pt_1，2年目の配当が Pt_2，n年目の配当が Pt_n
r ＝ 利回り（金利）

② 債権の価格（国債，社債など）

76　V　知的財産権の価値評価手法

$$= \frac{P}{(1+r)^1} + \frac{P}{(1+r)^2} \cdots + \frac{額面金額+P}{(1+r)^n}$$

　　P＝クーポン，r＝利回り（金利），なお，rについてはキャッシュフローの達成する日に対応した割引金利（$r_1, r_2, r_3, \cdots r_n$）が推定計算されており，これを「スポット・イールド」という。

③　土地の価格

$$= \frac{(\triangle P + R)}{i - g} \quad \{左記を単純化して表すと\frac{R}{i}となる。\}$$

　　R＝純利益（賃貸料），△P＝地価の上昇予想，i＝利子率，
　　g＝インフレ率
　　Rは，テナント賃貸料などの収入からコストを差し引いた純利益。
　　iについては，多くの取引事例に関するデータを基に，地域別，ランク別の「i」が算出される。

　本稿では，知的財産権担保にかかわる評価を中心に，その具体的な算出方法を確認する。知的財産権をはじめとする無形資産についても，その価値算定手法としては，評価の局面によって原価法，取引事例比較法，そして収益還元法といった3つの方法が提起されてきた。しかし，知的財産権の担保価値評価については，事業キャッシュフローをベースにした収益還元法が一般的とされ，その他の方法は実用には耐え難いと考えられている[1]。以下においては，キャッシュフローをベースとする収益還元法に基づいて，その具体的な算出方法と手順を確認する。
　なお，最近は知的財産権の価値を評価し，その経営的意義を確認したいとする企業の要請が高まっている。これも，知的財産権担保など知的資産の重要性を意識する方向にある社会的現象の現れの一つであろう。以下では，各企業が保有する資産の一部として，知的財産権を含む無形資産の評価額がどのように把握されるかについて，その算出方法も併せて確認をしておきたい。
　ただ，あらかじめ念頭に置いておく必要があるのは，どのような資産であれその最終的な評価は，評価する者やその資産の取引に携わる者の主観的な判断に頼らざるを得ない部分があり，これを完全に捨象することはできないという

ことである。例えば，あるパッケージ・ソフトウェアの市場価格が2万円であった場合，その価格と総販売個数の積によってそのソフトウェアの売上高が導き出され，それに基づいて価値評価が行われる。しかし，その2万円という価格自体，何らかの客観的・絶対的な誘因によって導き出されたものではなく，主には販売する側の主観的判断による。そして，その2万円という価格に対応して販売個数が将来において定まってくるが，この個数を決定する絶対的な理論も存在しない。将来の販売個数の予測も，いわば評価する時点における評価者の判断によらざるを得ない。

このように，評価額が決定されるまでにはさまざまな局面で，主観的な判断に頼らざるを得ない部分が多々存在する。客観的なデータによって把握できるぎりぎりの地点から最終的な価値評価の決定までの間には，いわば隔絶した深淵が横たわっており，その部分は主観的な判断によってジャンプせざるを得ない。このジャンプを適切に，あるいは思い切って行ってはじめて，なにがしかの評価額に到達することができる。

さらに留意しておく必要があるのは，こうした努力の下になされた評価であっても，将来の実際の価額がその評価通りに推移するという保証はまったくないということである。これは，将来の株式価格や為替相場が予測通りには推移しないことに類似している。

実際の知的財産権担保融資の実務においては，評価が困難であることと，評価についてこうした問題点が存在することのために，割り切って担保評価を行わずに融資を行っているケースも多く存在する。それはそれで，一つの融資のパターンとして実務的に事足りているのも事実である。ただ，こうしたパターンだけでは本来の担保の機能を完全に充足させることはできない。

また，何らかの形で評価がなされない限りは，知的財産権の価値は算定不可能なものであり続け，担保に限らずその経済的な取引の領域は限られたものとなる。それでは，知的財産権の実際上の経済的・経営的意義が大きく高まりつつあることとは裏腹の状況がもたらされることになってしまう。

いくつかの大きな課題を孕みつつも，知的財産権に関する評価が問題とされるのは，それなりにその必要性が存在するためである。評価について試行を繰り返すことで，そのノウハウが蓄積されることになり，またそうすることでよ

り正確な評価の行われる環境が整うことにもなってくる。

2 収益還元法による担保価値評価の手法

(1) 知的財産権担保の評価の特徴
① 知的財産権の評価と事業価値

知的財産権は，通常はそれだけで収益を生み出すものではない。知的財産権は，それがなんらかの事業に活用されてはじめて収益を生み出すことに貢献する。そして，その事業の成功の程度によって，知的財産権の価値も影響を受けることになる[2]。

そのため，知的財産権の経済的な価値を測定する上では，事業の見通しに関する分析が必要となる。

なお，知的財産権がライセンスされる場合は，ロイヤルティが知的財産権の実施に対する対価として支払われるため，ライセンサーにとっては知的財産権自体が一般の商品と同じような意味合いを有することになる。この場合，ライセンサーにとってはロイヤルティだけが知的財産権の生み出す収益（キャッシュフロー）となる。しかしこの場合も，権利を保有する企業に代わってライセンシー企業で知的財産権を活用した事業が営まれ，その収益が知的財産権を含んだ事業全体の経済的な価値を最終的に決定づけ，またロイヤルティの額に影響を及ぼすことにもなる。

また，融資に際して共される担保の価値としては，①債務不履行の際に，担保を競売することによって実現される価額（清算価値）と，②当該事業が継続して営まれることを想定した場合の価額（事業価値）の2通りの考え方がある。

現状，知的財産権は転々と市場で取引きされ移転するという実情にないため，知的財産権が担保に供される場合は，ほとんどすべての場合，後者の事業価値としての意味合いが込められているのが実態と考えられる。つまり，知的財産権を活用する事業そのものの将来性に対して与信がなされ，万一融資を受けた企業が別の事業に失敗するなどによって返済が不能になった場合，知的財産権を活用する当該事業を別の第三者に譲渡して，第三者によって事業的が継続して営まれていくことが前提とされている[3]。このような趣旨に即して見ても，知的財産権の評価を考える上では，それが活用される事業自体を分析することが

必要になる。

　中には，他の有形資産担保と併せて，知的財産権を添え担保的な意味合いで徴求する場合もある。この場合は，知的財産権の価値を厳密に評価するという実務はとられず，むしろ知的財産権を担保として拘束しておくことによって，債務者の弁済する意思を刺激するということに実体的な意義が見出されている。こうした目的で徴される担保は，どちらかというと消極的な意味合いを持つことになる。

　しかし，積極的な意味合いが込められて知的財産権担保が徴される場合，その担保価値評価に際しては，事業化による収益をベースとした評価が行われることになる。このように，知的財産権の評価は事業価値の評価と切っても切れない関係にある。

　この点が，知的財産権を担保とする場合の一つの大きな特徴と考えられる。ここに，他の資産担保とは異なる知的財産権担保特有の性質が存在し，そのことが後の評価に対する考え方に影響を及ぼすことにもなって来る。

　②　事業体としての担保化

　上で見たように，知的財産権は事業と一体化されてはじめて価値を有することになる。そのため，実際の担保取得に際しては，知的財産権単独ではなく，事業を遂行する上で必要とされる資産を総体として担保取得することが必要となる。担保とされた事業は，債務者に継続できない事情が生じた場合は，他の第三者に移転されて，第三者が継続することが前提とされている。その場合の担保とは，いわば事業担保と称するものにより近い実体を有する。

　そのため，知的財産権担保の価値評価を行うにしても，知的財産権だけの価値を事業全体の価値から抽出するという作業は，基本的に必要とならない。具体的には，事業全体の価値を評価し，そこからその事業を第三者に移転させるために必要となる諸々のコストを差し引くことで，知的財産権を含めた担保の総体としての価値が求められる。

　③　一般的譲受人の想定

　担保に供された知的財産権が最終的にその価値を実現するのは，その担保が競売などによって第三者に移転されて，その代金が支払われる時である。第三者への譲渡価額は譲受人がいくらで買い取るかにかかっている。そしてその価

額の決定に際しては、理論上は、譲受人自身がその知的財産権を使うことで生み出され得る経済的な便益がベースにおかれる。その意味から、知的財産権（正確には、知的財産権の用いられた事業体）の担保価値は、担保提供者が享受している便益ではなく、譲受人となる第三者が享受できる便益を念頭において算定されるべきということになる。

そのため、前掲知的財産権担保価値評価手法研究会の「報告書」では、第三者として一般的な譲受人を想定して、その譲受人が展開する事業をベースにキャッシュフローを算出すべきとしている。そして、事業を構成する知的財産権や各種の資産が第三者に移転されて、第三者が新たに事業を立ち上げるために必要となるコストを控除すべきとしている[4]。

ただ、知的財産権を用いて実際に事業を展開している担保提供者が営む事業についてならまだしも、一般論として第三者が将来どの程度のキャッシュフローを生みだし得るかを予測するのは、現実問題として非常に困難である。そのため、実際の知的財産権担保の実務においては、担保提供者によって営まれる事業のキャッシュフロー見込額などをベースにして算定を行い、その上で担保提供者側における事業の特殊性を加味して、評価額の修正を行うという方法をとらざるを得ないものと考えられる。

(2) 評価の手順

知的財産権担保価値の評価は、次の手順で進めていく。

　①事業の売上高の予測→②キャッシュフローの算出→③割引率の設定→④ディスカウント・キャッシュフローの算定→⑤担保価値の算定

以下では、この評価手順の内の主な点について解説を行うことにする。

① 売上高の予測

キャッシュフローを予測する上で、もっとも困難でかつ重要な作業が売上高の予測である。売上高は、既に販売実績がある場合はその実績を参考にしたり、あるいは販売会社や業界の関係者のコメントを参考にして推測することができる。併せて、次のような考え方で売上高を推定していく方法も一つの例として挙げられる。

1）業界におけるシェア予測を行う方法

この算定方法では，次のような計算手法が用いられる。

予測売上高＝市場全体の見込み販売数量（既存市場や類似製品市場の実態から予測）×単価×シェア予測

なお，市場全体の見込み販売数量は，将来の全体的な市場規模を示すものであるが，これについては過去の実績が参考になる。市場規模の実績を示すデータは，各種の政府統計もしくは業界統計の中に参考になるものが多く存在する[5]。例えば一例ではあるが，後掲の**別添表Ⅴ-1**と**別添表Ⅴ-2**には，通信関連機器と環境関連装置の市場規模を類推するうえで参考になるデータが示されている。

2）パッケージ・ソフトウェアの売り上げ予測の例

パッケージソフトウェアのうち，例えば改良型CADについての売上げ予測を立てる場合，以下ように新規ユーザー，既存ユーザーの買い換え分，そしてメンテナンス等のサポート事業による収益などを加算する方法が例として考えられる。

　　　　　従来のCADの既存ユーザーへの販売見込み数量×単価
＋）　新規ユーザーへの販売見込み数量×単価
＋）　操作指導・データ更新などのサポート業務売上げ
　　　　　改良型CADの予想売上高

しかし，いずれにしてもまったく新規に開始する事業について，将来のキャッシュフローを算定するのは容易ではない。予測したとしても，諸々の要因によってその予測は現実と大きくずれる可能性もある。そのため実際の担保融資が行われるのは，通常は

(a) 信用力のある他社に対して知的財産権がライセンスされ，他社で事業化されている場合，

(b) 既に自社で事業化がなされ，ある程度の実績が生み出されている場合，

(c) OEM契約などによって一定量の製造・販売が確定している場合，

などに限定されている。さらに，融資する側にとってのリスクはやや高まるが，

(d) 事業化計画の段階ではあっても，その事業化のための具体的な製造や販売ルートが契約などによって確保され，事業の成功ががかなり高い確率で見通せる場合

も対象にしうると考えられる[6]。

　売上高予測は，評価時点までの当該事業の実績や，もしくは販売を担当する企業のコメントなどを参考にすることで，ある程度の正確さをもって立てることができる。もちろん，(c)や(d)の場合の販売を担当する企業については，相当程度信用に値する販売実績を過去に有していることが必要になる。その意味では，事実上こうした販売会社などの信用力が，大きな意味を持つことになる。

② キャッシュフローの予測

　知的財産権の担保価値評価は，一定期間において知的財産権が生み出すキャッシュフローの現在価値の総和による。しかし先にも述べたように，通常は知的財産権は事業活動に利用されることによってキャッシュフローを生み出すことになるため，事業そのものと密接不可分で，実際の評価においては事業活動全体から生み出されるキャッシュフローをベースに求めることになる。

　キャッシュフローの計算は，下記の算式で行われる。要点は，純利益の額に減価償却費などの非資金費用を加算し，増加運転資本と資本支出を差し引くことにある。会計上の利益計算においては，各種の会計原則に基づいた処理がなされるために，これらの科目は実際の資金の動きに即した計上処理がなされない。そのため，それを現実の収入流列に合わせるためにそれぞれ加算と減算を行って調整する必要がある。

　　税引き後純（事業）利益額＝売上高－（売上原価＋販売費・一般管理費）－実効税額
　　キャッシュフロー＝税引き後純（事業）利益額＋非資金費用（Ex.減価償却費など）
　　　　　　　　　　－（資本的支出＋運転資本への投資）
　　　　　　　　　　＋〔税引き後金利負担額，つまり　金利×（1－税率）〕

　減価償却費は，利益額の計算からは控除されるが，実際の資金支出を伴わない費用である。そのため，キャッシュフローの算定では減価償却費を加算する。

非資金費用としては，減価償却費以外にも各種の引当金や積立金が存在するが，どの科目についてキャッシュフローに加算するかは一考すべきところである。ただ，担保価値評価のような場合は，通常，融資する側で保守的に評価することが求められることから，減価償却費以外の科目を加算することは，実務としてはあまりなされていないものと推測される。

増加運転資本とは，流動資産が増加(棚卸し資産を購入したり，売掛金を計上するなど)したり，流動負債が減少(買掛金を支払決済するなど)するため，損益計算では処理されない実際の現金の流出(もしくは損益計算で計上した収入が入金されない事態)が生じる。土地や建物などの資本購入のための支出についても，資金の流出があったにも拘わらず，その時点では資産計上することで費用化されないため，それを補正するための処理が必要となる。

なお，資本活動によって生じる金利負担は，費用として控除され利益額からは除かれるものの，実際の事業活動そのものとは関係のない費用である。そのため，キャッシュフロー計算においてはこの金利負担による影響を取り除く必要があり，その分の額を加算する。その際，支払い金利額相当については所得控除がなされ，それに税率を乗じた額だけ税額が少なくて済むことになる。そのため，このキャッシュフロー計算で加算する支払い税額は，金利の額から税額が少なくて済んだ部分を除いた額（つまり，金利×（1－税率））となる。金利負担という束縛から自由になったという意味で，こうして求められたキャッシュフローはフリー・キャッシュフローといわれる。ただ金利負担が，事業活動を遂行する上で必ず必要とされる資本調達に由来するものであった場合，この金利額をキャッシュフローに加算すべきかしないでおくべきかについては，評価する者の判断が求められる可能性もある。

③　製品寿命とキャッシュフローの計算期間

キャッシュフローは，当該知的財産権や事業のライフサイクルを念頭において，その算定期間を決める必要がある。キャッシュフローの算定期間は，基本的には当該知的財産権が事業上有効性を持ちうる期間，つまりは知的財産権の利用された事業の対象とする製品の寿命の範囲内に限定される必要がある。ただ，当然に知的財産権の権利の有効期間を超えることは原則として認められない[7]。

製品寿命の予測期間は，製品の種類や業種などによってまちまちであるが，具体的な期間としては3～5年程度が例示されることが多い[8]。また海外でも，予測期間は概ね1年から5年程度と考えられることが多く，ただ中には医薬品のような特殊な製品について比較的永い期間が設定されることもある[9]。

しかし，場合によっては非常に永い期間にわたって製品の寿命が維持される場合もあり得る。例えば，ある製品に関してある特定のスタイルによる最初の寿命は短期間であったとしても，それに改良を加えてスタイルを変更することで製品の寿命を延ばすことが可能となる。日本語ワープロソフトや特殊なゲームソフトについては，バージョンを変えることによって永い期間にわたって製品として流通しているものがある。このような場合，事業担保という考え方に立ち，そして新しく改良される技術に関わる権利などを追加担保として徴求していくとすれば，キャッシュフローの算定期間を相当長期にすることも考えられる。また，買収に伴う企業評価などでは最終残価が価値に加えられるが，こうした最終残価を評価額に加えるべきかどうかについても，考え方を整理しておく必要がある[10]。

ただ融資を行う立場からは，将来の不確定な要素に対しては特別の理由がない限り保守的な対応を行うのが通常であり，その意味からも実際の担保融資実務においては，一定の限られた期間が価値算定の対象にされているものと考えられる。

④ 割引率と現在価値の算定

1) 割引率とは

将来の各年度毎に予測されたキャッシュフローは，評価を行う時点の価額に換算する必要がある。将来のキャッシュフローの価値は，インフレ，利子率，さらに現実にキャッシュフローとして実現できるかどうかについてのリスクなどを勘案して修正する必要がある。そのため，ある割引率をもって割り引き換算が行われる。こうして割り引かれたものが，ディスカウント・キャッシュフローである。問題は，割引率をいくらにすればよいかという点である。

割引率には，①インフレによる将来価値の目減り，②投資機会の逸失，③現実にキャッシュフローが得られるかどうかが確実ではないことに対するリスク（ビジネス・リスク，市場リスク）などが，その意味合いとして込められている。

「投資機会の逸失」とは，次のような意味である。例えば，現時点で100万円を持っていたとして，5％の利子率で資金運用のできる投資機会が存在するとすれば，1年後には105万円の資金を手にすることができる。つまり，別の投資でこの100万円の資金を運用する場合，この投資機会による収益（1年間で5万円に相当する）を失うことになる。そのため，この逸失部分については実際の投資活動から獲得できるように補償されることが必要となる。

割引率には，通常，当該事業を営む上で調達された各資本（調達資本には，自己資本と負債がある）の加重平均コスト（加重平均資本コスト：WACC＝Waited Average Cost of Capital）の値，もしくはこのWACCに当該事業に固有のリスクをリスク・プレミアとして加算した値が用いられる。WACCを求める計算式は，次の通りである。

WACC＝負債利子率×（1－税率）×負債比率＋自己資本コスト×自己資本比率
　　（ただし，負債比率＋自己資本比率＝1となる。このウエイトは，各調達資本の時価額でもって算出する）

加重平均資本コスト（WACC）の算定に際しては，自己資本コストと負債コストを求め，それぞれの調達資本の時価額によって加重平均する。そのため，まず自己資本の収益率，負債の利子率，さらにそれぞれの資本の額のウエイトについて数値を設定する必要がある。

負債の利子率については，短期にしろ，長期にしろ金融機関などの融資金利を参考にすることができる。通常，当該事業に関わる負債の種類によって，短期プライムレート，もしくは長期プライムレートが参考にされる。なお，金利負担についてはその分，課税所得が少なくなり，実質的に金利負担の軽減効果がもたらされる。そのため，ここでの利子率は実質負担金利に相当する率が用いられ，上の式で示したように軽減された税額分を控除したもの（負債利子率×（1－税率））が，実質的な負債コストになる。

また資本構成については，当該事業に関わる資本調達の実績を参考にしながら，将来の計画に基づいてウエイトを設定すればよいので，比較的数値を設定するのが容易である。自己資本コストは，その算出方法が複雑であることから，

後ほど詳しく解説する。

　ところで，投資家や金融機関などは，投資や融資を行う当該事業のリスクレベルに対応した収益率を期待するものである。WACC には，上で示した3つのリスクがすべて加味されているはずと考えることもできる。そのため理論的には，WACC そのものを割引率とすれば足りることになり，実際，企業の合併・買収(M&A)の際の企業評価においては，WACC が割引率として採用されている[11]。しかし，WACC にすべてのリスクが加味されているといえるためには，資本市場が完全であること（つまり，各投資家がリスクと収益を対応させながら純粋に効率的に投資活動を行うという市場が形成されていること）や，融資側の与信判断に間違いのないことが前提とされる。しかしわが国の場合，必ずしもこうした条件が整っているとはいえない。少なくとも株式市場を見ても，単なる投資目的だけで市場取引が行われているとはいえない状況がある。そのため，実際のリスクよりも収益率が低くなっているという可能性を孕んでいる。また，知的財産権担保融資を受ける企業は，ベンチャー企業など主に小さな企業が多いことから，こうした企業については株式が公開されておらず，資本コストを市場データから直接的に算出することができない。そのため，資本コストの算出可能な公開大企業の資本コストを一つの参考としつつ，それにベンチャー企業としてのリスクを付加するというのが，唯一現実的にとりうる方法となってくる。さらに，一つの企業に対する割引率が設定できても，それが常に当該事業の割引率と同じであるという保証は全くない。例えば，一つの企業における他の事業には安定性があったとしても，知的財産権担保の対象となる事業については，成功の見通しがより不安定という場合が時に存在する。

　こうした要素を十分に加味するためには，WACC の他に固有のリスクに応じたリスク・プレミアを加算することが必要となる。

　割引率の算出方法としては，上で示したような加重平均資本コストによる方法の他，「積み上げ方式」，「ベンチャー・キャピタル方式」などが算出方法の例として挙げられている。「積み上げ方式」とは，例えばリスク・フリー・レートとして3％，インフレリスクとして3％，利子率リスクとして1％，ビジネス・リスクとして6％，そして合計で14％といったように，リスクを構成する各要素毎に割引率を求めて加算するという方法をいう。また「ベンチャー・キャピ

タル方式」とは，ベンチャー・キャピタルがベンチャー企業への投資に際して，一般に採用している割引率を適用する方法をいう[12]。

　金融機関の実務としては，必ずしも，常に細かいデータを基にWACCを求めることで，割引率を設定しているわけではない。むしろ，WACCに相当する率を経験的な判断で，例えば7～8％程度とみなしたり，諸々の事情を参考にしつついわば直感によって設定するといったケースが多々あると考えられる。いずれの方法を用いるにしても，最終的には評価を行う者の判断によらざるを得ず，計算によって自動的に算出されるという性格のものではない。そのため，割引率をより実態に即した値で適切に設定できるよう，さまざまな算出方法によって得られた値や，各国で適用されている値など，複数のデータを参考にして決めて行くのがよいと考えられる[13]。

　2）　自己資本コストの算定

　WACCを算出するためには，負債コストと自己資本コストを求める必要がある。特に，自己資本コストは各企業や事業に固有の値を算出するうえでは，実際上多くの難しさを及んでいる。先にも述べたが，知的財産権担保融資の対象企業は株式を公開していない企業がほとんどであることから，直接的に自己資本コストを求めることができない。そのためWACCの計算をするにしても，企業規模の大きな公開企業のデータを参考にして，そこから当該企業の資本コストを類推せざるを得ない。そのため，どこまで信憑性ある結果が得られるか懸念がないでもないが，知的財産権担保の価値評価の方法に関する各種レポートでも，このWACCを用いる方法が紹介されている。しかし，いずれの報告書においてもその計算のための具体的なデータの紹介まではなされていない。そのため，本稿では後でわが国の具体的なデータを用いて概略の計算を行い，WACCに関する一般的な相場観をつかんでおきたい。こうしたデータが，間接的ながら非公開企業や個別事業の割引率を決定する上で，一つの参考資料になり得るものと期待される。

　自己資本コストについては，裁定価格モデル（Arbitrage Pricing Model）や資本資産価格モデル（CAPM＝Capital Asset Pricing Model）といったいくつかの算出方法が存在するが，通常は，資本資産価格モデルがより現実的な方法として紹介されている[14]。

CAPM では，資本コストが個別企業や事業毎の β 値という，一つの要素によって決まると考えられている。CAPM による資本コストの計算式は，下のように表わされる。

$k = f + \beta(m - f)$

ただし，k：自己資本コスト，
　　　　f：リスクフリー証券の収益率（リスクフリー・レート）
　　　　β：当該事業の属する業種もしくは類似企業のベータ値（係数）
　　　　m：市場ポートフォリオの期待収益率

なお，「f」（リスクフリー・レート）については，通常，長期国債の利回りが用いられている。また，「β」（当該事業の属する業種もしくは類似企業のベータ値）は，資本市場の平均的な収益率の変動に対する当該企業の株式の収益率の変化の度合を示している。この個別企業毎の β 値は，公開企業については証券会社の作成するレポートなどに紹介されている[15]。

個々の企業の株式の値動きなど当該資産固有のリスクは，その銘柄固有のリスク要因による部分と，市場全体に共通するリスク要因による部分とに分けられる。市場全体に共通する要因が例えば TOPIX 指数として表され，各銘柄固有のリスク部分は TOPIX の変動に対する反応度（β 値）として表される。市場全体（TOPIX）の一般的な収益率の変動幅を1として，その時の個別銘柄の変動率を指数として表したものが β 値である。市場一般の収益率と同じだけの変動率を示す場合 β 値は1となり，それが，企業によっては例えば2になったり，0.5になったりする。β 値が2ということは TOPIX の動きに対して2倍変動するということを示している。また，0.5であればその半分ということになる。さらに「m」（市場ポートフォリオの期待収益率）は，通常，東証一部上場株式の時価総額に関する利回りが用いられている。この「m」は，株式配当とキャピタルゲインを合計して求められる。

⑤　担保価値の算定と確認

知的財産権担保においては，ディスカウント・キャッシュフローの合計額から，事業を第三者に移転するためのコストを差し引いて，その担保としての評

価額が求められる。知的財産権だけを担保とする場合であれば、この評価額から知的財産権だけに相当する評価額を改めて抽出する必要があるが、先にも述べたように、知的財産権担保の実体は事業担保融資であり、知的財産権だけの価値を抽出する必要性は生じない。また実際、知的財産権だけの価値を抽出するという作業は評価する者の直感に頼る以外、何らの合理的な方法は存在しない。

　事業担保の場合、債務者が債務不履行に陥った場合に第三者が事業を引き継ぐことができるように、知的財産権以外にも事業を営む上で必要となる各種の資産を、一括して担保として確保しておくことが必要となる。その意味からは、事業に関係する土地、建物、設備などの有形資産、さらにノウハウなどまで含めた広い範囲の資産を、担保として確保しておくことが求められる。ノウハウについては、第三者への技術移転がスムーズに行われるように、移転の際に債務者からノウハウ指導の協力が得られるよう確約を得たり、技術に関する解説書や設計図の写しなども徴求しておくことが望まれる。ただ、担保保全などのための対応は、念を入れればきりがないところもあり、どこまでの範囲のものを確保しておくかという点では、実際の実務上の労力や経費との兼ね合いを考慮することが必要である。

　第三者が事業を引継ぐために要するコストの費目としては、注(4)で示したとおり、事業を継続させるのに必要な有形・無形の資産を債務者企業から第三者の譲受企業に移すために要するコストが挙げられる。さらに、新規に必要となる設備（ハードウェア、製造機械など）、従業員の教育費、その他備品・資材関係の調達費用なども併せて考慮する必要がある。どのような費目が必要となり、それぞれがどれほどの額に昇るかということは、各領域の専門家の意見を参考にしながら、これまた最終的には評価する者の判断による。こうして、いわゆる知的財産権担保の価値評価が完了する。

　こうして求められた値は、一見、合理的な計算に基づいた信頼性ある額と考えられるかも知れないが、実際は多くの仮定と推測を行った結果として導き出されたものである。また算出のための各要素を、ミクロ的な視点で判断した結果の積み重ねでもある。こうした積み重ねが、大まかにマクロ的に見た場合の相場観と必ずしも一致するとは限らない。そのため、最終的な担保価値を決定

する上では，求められた額について業界関係者のコメントを得ることが肝要である。

担保としての安全性を高めるために，融資案件によっては，信頼しうる第三者企業による知的財産権および事業の買い取り保証，もしくはそれに近い保証を得ることが，実務の上で行われたこともある。例えば，大手金融機関からパッケージ・ソフトウェアを担保として中堅のソフトウェアハウスに融資が行われたケースにおいては，万一弁済不能になった場合は第三者企業である大手ソフトウェア販売会社からそのソフトウェアの販売協力に関する確約が取り付けられていたことがある。しかし，こうした確約が得られるためには，最低限ソフトウェアの内容が魅力的なものでなければならない。また，一般的にこうした買い取り保証的な安全策の講じられるケースは，ほとんど希である。

こうした安全策が得られなくとも，評価額の最終的な決定を下すうえでは，少なくとも当該事業についての専門的な立場の者の，コメントやアドバイスを参考にすることが求められる。

(3) 知的財産権担保評価の実例

以下では，貸借対照表や損益計算書をはじめとする，各種の具体的データをベースに用いながら，知的財産権担保の評価に関する事例を見ていくことにする。以下では，既に当該知的財産権を活用した事業が営まれて，その事業に関わる既存の財務諸表を利用できる場合が想定されている。しかし，新しく事業を開始する場合は，こうした資料が存在しないため企業の事業計画書などを基に，業界の専門家の意見や各種統計資料などを参考にして，キャッシュフロー等を算出できるようにデータの作成（事業計画の作成）からはじめることが必要となる。

① キャッシュフローの予測

次の**表V-1**の左から3列目（93年～95年度実績欄）までには，ある架空の企業（A社）の過去の経営成績と財政状態の実績が示されている。その実績を参考として，以降5期分の売上高等の予測を行い，キャッシュフローを推測している[16]。なお，ここでのキャッシュフローの算定においては，データが不足して

2 収益還元法による担保価値評価の手法　91

表V-1　A社のキャッシュフローの予測計算（単位：万円）

	93年度実績	94年度実績	95年度実績	I期目予測	II期目予測	III期目予測	IV期目予測	V期目予測
売　上　高	36,269	36,198	35,768	36,500	37,200	37,900	38,700	39,500
売　上　原　価	27,203	27,068	26,694	27,375	27,900	28,425	29,025	29,625
売 上 総 利 益	9,066	9,130	9,075	9,125	9,300	9,475	9,675	9,875
販　管　費	7,779	7,957	7,946	8,030	8,184	8,338	8,514	8,690
税引前利益	1,287	1,173	1,129	1,095	1,116	1,137	1,161	1,185
税　金（45％）	579	528	508	493	502	512	523	533
税引後利益	708	645	621	602	614	625	639	652
減価償却費	713	716	703	700	735	772	810	851
流　動　資　産	14,304	14,541	14,567					
流　動　負　債	11,337	11,372	11,391					
正味運転資本	2,967	3,170	3,176					
増加運転資本	274	203	7	100	100	200	100	100
固　定　資　産	7,741	8,162	8,064					
資本投資（注）	1,294	1,137	605	636	667	701	736	773
キャッシュフロー	-148	21	712	567	581	496	613	630

（注）　93～95年度の資本投資は，当年度の固定資産額から前年度の分を差し引いて，当年度減価償却費を加算した。
　　予測期間の各科目の予測値は，次の仮定の下に算出した。
　①売上高は，予測I期以降は対前年比2％の伸び率で伸びていく。
　②売上原価は，毎年売上高の75％の状態で推移する。つまり，売り上げ総利益は25％になる。
　③販売費・一般管理費は，売上高の22％のままで推移する。
　④減価償却費は，予測第I期を700万円とみなし，以後は5％ずつ伸びていく。
　⑤増加運転資本は，各期の事情によって100万円もしくは200万円で推移すると考えた。
　⑥資本投資は，予測I期以降は対前年度比5％の伸び率で伸びていくとした。

いることもあり，税引後金利負担額はキャッシュフローの額に参入済みのものとして計算を行った。

　ここでは，予測期間の各科目を下に示している通り比較的単純な根拠を基に予測した。しかし実際の，各科目の推定はより実態に即した形で行われる必要がある。例えば，新規に事業を立ち上げる場合は，売上高はもっと急速な伸びを示すケースが多くなるものと考えられる。反面，初期の資本投資が多額に昇り，初期段階におけるキャッシュフローは場合によってはマイナスに，それほどでなくとも小さい額に止まる可能性が高くなる。運転資本の増加と資本投資の見通しについては，もし具体的な事業計画が立てられていれば，そこで示されている数値を参考にすることができるが，最終的には評価する側の判断によって適当に修正を加えることが必要になる。

　キャッシュフローを算定する上では，通常，売上高予測がもっとも難しいところである。将来の売上高をいくらと見るかについては，個々の事業によってそれぞれ事情が異なることから，個別に判断して行かざるを得ない。より確実な予測を行うためには，可能な範囲で先に述べた製品のライフサイクル，市場規模とシェアなどについてできるだけ多くの情報を把握することが求められる。その他，成長見込み，競合企業から代替新製品が出現する可能性など，売上に影響を及ぼす可能性のある情報は，適宜参考にする必要がある。そのためには，業界の事情に長けた人材から情報収集をすることが重要となる。

　なお，ここでは最終残価は加算せずに評価することとした。

　② 割引率とディスカウント・キャッシュフローの算定

　以下では，割引率算出のための参考に資することを意図して，わが国のここ20年間程の利子率データなどを用いて，試行的に WACC を算出してみた。個々の企業や個別事業の WACC を求めるには，それに対応した β 値を設定することが必要である。ここでは，β 値は所与のものとして仮定値を用いた。

　後掲の**別添表V-3**には，1970年から1995年までの過去25年間にわたる，TOPIX（東証株価指数），東証1部の加重平均利回り（配当利回り），10年長期国債最長期もの利回り，短期および長期プライムレートの四半期毎の推移が掲載されている[17]。なお，すべてのデータが入手できたのは72年第4四半期以降についてである。これらのデータを用いて，自己資本コストと負債コストのおお

よその平均を求めたのが，表Ⅴ-2である。

　まず自己資本コストを求めるために，TOPIX キャピタル・ゲイン利回り，TOPIX 配当利回り（TOPIX 利回・加重（東証一部）），さらにリスクフリー・レートを算出している。TOPIX キャピタル・ゲイン利回りは，算術平均と幾何平均の両方で平均値を求めている。算術平均については，各四半期毎に対前期比伸び率を求め，それを年率に換算して平均を出した。また，幾何平均については，計算期間末期の TOPIX 指数を計算期間第一期の指数で割り，その値の期数乗の平方根を求めてそれを年率に換算した[18]。算術平均と幾何平均を比較すると，概して幾何平均の方が値が小さく出る傾向にある。また，表Ⅴ-2では3種類の算定期間（70—95年，80—95年，90—95年）について計算してみたが，それぞれで値がかなり異なる。特に，1990年から1995年までの間については，株価が低迷したためにキャピタル・ゲイン利回りがマイナスになってしまった。利回りの算定は，算定期間における特殊要因を捨象するためにも，できるだけ長期間のデータを参考にするのが望ましい。以下の計算では，70—95年の間の平均利回りを採用した。配当利回り（TOPIX 加重平均利回り）をキャピタルゲイン利回りに加算して，TOPIX 合計利回りが求められる。これが，市場ポートフォリオの期待収益率，つまり市場全体の一般的な収益率となる。

　さらに，リスクフリー・レートとして，10 年長期国債の最終・最長期ものの利回りを用いた。算定期間によって利回りに違いが見られるが，95 年までの 20 年間は，概ね 5〜7％の範囲内で推移してきたことが分かる。しかし，長期国債利回りが 3％を切るような最近の超低金利水準が継続されれば，この利回りももっと低くなる。

　市場ポートフォリオの期待収益率からリスクフリー・レートを差し引いて，マーケット・リターン・プレミアが求められる。マーケット・リターン・プレミアは，上で示した自己資本コスト算出式（「$k = f + \beta(m - f)$」）の中の「$(m - f)$」部分に相当する。

　また，表Ⅴ-3には負債コストの例として，短期プライム・レートと長期プライム・レートの各期間別の平均を算出しておいた。いずれも，各四半期末現在のレートの平均値である。プライム・レートに関して，長期と短期のいずれのレートを用いるべきかについても一考されるべきところであるが，ここでは安

表V-2 資本コストの算出（単位：％）

	キャピタル・ゲインの利回り	TOPIX利回・加重（東証一部）	TOPIX合計利回り	長期国債最終・最長期利回り(注1)	マーケット・リターンプレミア（注2）
70—95算術平均	9.84	1.64	11.48	6.66	4.82
70—95幾何平均	8.09	1.64	9.73	6.66	3.07
80—95算術平均	8.42	1.02	9.44	6.14	3.3
80—95幾何平均	6.96	1.02	7.98	6.14	1.84
90—95算術平均	−10.42	0.80	−9.62	5.13	−14.75
90—95幾何平均	−11.03	0.80	−10.23	5.13	−15.36

（注1） リスクフリー・レートを意味する。70—95年の欄は72年4四半期以降の数値を使用。

（注2） マーケット・リターン・プレミアとは，TOPIX合計利回りからリスクフリー・レートを差し引いたものである。

全性を考慮して，70—95年間（実際は，72年第2四半期から95年末まで）の長期プライム・レートを用いることにした。

　WACCを求めるためには，さらに負債と自己資本の資本構成比を設定する。このウエイトは，企業が資本調達をどのように行うかという計画や目標を持っている場合は，基本的にその値を参考にすればよい。ただ，その割合が実態とかけ離れていないかどうかについて，検証を行うことは必要である。表V-4には，黒字中小企業の平均的な資本構成が示されている[19]。ここでは，この表からかけ離れない範囲で，負債比率が55％，自己資本比率が45％という資本構成を有すると仮定して計算を進めることにする。

　また，税率は当該企業に適用される限界税率が用いられるが，ここでは便宜的に45％と仮定する。さらに，β値については変動リスクがやや大きいと考えて1.5と仮定する。

2 収益還元法による担保価値評価の手法 95

表V-3 負債コストの算出

	短期プライムレート(注3)	長期プライムレート(注4)
70—95年	5.57	7.29
80—95年	5.24	6.73
90—95年	4.97	5.74

(注3) 70—95年の欄は72年第4四半期以降の数値を使用。
(注4) 70—95年の欄は72年第2四半期以降の数値を使用。

表V-4 黒字中小企業の平均的な調達資本構成割合 (単位:%)

平成5年度		平成6年度		平成7年度	
固定負債	57.9	固定負債	58.0	固定負債	56.9
資　　本	42.1	資　　本	42.0	資　　本	43.1
合　　計	100	合　　計	100	合　　計	100

「TKC経営指標 平成8年指標版」TKC全国会システム委員会編集P.2より

以上のわが国の各種データに基づいて，次の算式によってWACCが求められる。

> WACC＝負債利子率×(1−税率)×負債比率
> 　　　＋自己資本コスト×自己資本比率
> 　　＝7.29％×(1−45％)×55％
> 　　　＋〔6.66％＋1.5×(11.48％−6.66％)〕×45％
> 　　＝8.46％
> 　なお，負債利子率（長期プライム・レート）を7.29％，税率を45％，負債比率対自己資本比率を55％：45％，β値を1.5，リスク・フリー証券（長期国債）の利回りを6.66％，一般市場（東証一部平均）利回りを11.48％とした。

96　V　知的財産権の価値評価手法

　上では β 値を 1.5 と仮定して計算したが，ちなみに β 値を東証一部上場企業の平均レベルと考えて 1.0 として計算すると，WACC は 7.37％になる。これは，上場企業が 55％：45％（負債比率：自己資本比率）という資本構成を有する場合の平均的な WACC となる。

　ここで求められた 8.46％や 7.37％といった WACC の値は，いずれも事業が比較的安定して推移する企業が念頭に置かれている。しかし，知的財産権担保融資の対象になる企業や事業は，当該事業が新規で将来的な見通しが比較的不安定なケースが多いと考えられる。その場合，上記の WACC に事業固有のリスクに相当するプレミアを付加することが必要になる。このリスクプレミアについては，指標となる特別のデータや情報があまり存在せず，そのためリスクプレミアの設定も評価する者の判断によらざるを得ない。

　ただ，先にも見たように米国ではベンチャー企業投資における期待収益率として，企業の成長ステージに応じて 25〜50％程度の収益率が紹介されており，こうしたものが一つの情報として参考になる。それに対して，一般に知的財産権担保融資は，ベンチャー企業投資よりはリスクがやや小さくなるものと考えられ，こうした一連の事情を勘案すればリスクプレミアをある程度の範囲で捕捉することができる。

　その他，無形資産に対する割引率として，米国では 20〜50％程度が用いられているという報告がある。さらにスペインでは長期国債利回り（リスク・フリー・レート）が 10.5％程度，マーケット・リスク・プレミアが 20 年間の株式市場（全株価に対する収益率）のリターンを用いて 4.5％程度と考えられており，それにリスク・プレミアの 3％程度加算して，合計で 18％程度の割引率が適用されてい

表V-5　A社のディスカウント・キャッシュフローの算定　（単位：万円）

	I期目予測	II期目予測	III期目予測	IV期目予測	V期目予測
キャッシュフロー（CF）	567	581	496	613	630
15％割引率	0.92326	0.79542	0.68525	0.59036	0.5086
ディスカウントCF	523	463	340	362	320

合計 DCF：2,008万円

るという調査結果が示されている[20]。こうした情報も一つの参考にすることができる。ただ、海外で利用されている収益率を参考にする場合、わが国と諸外国における利子率の差を念頭において調整を行う必要がある。

ここでは、ちなみにリスクプレミアが6.54%である見なし、WACCの8.46%に加算すると、割引率が15.0%として求められる。この割引率を用いて、キャッシュフローを現在価値に換算したものが表V-5である[21]。こうして、予測5期分のディスカウント・キャッシュフロー（DCF）の合計額、2,008万円が求められる。

(3) 担保価値の算出

このディスカウント・キャッシュフローの合計額から、第三者への事業の引き継ぎに要する各種のコストを控除して担保価値が求められる。

もし、新たな工場設備の新設など、事業引き継ぎのために多大な初期投資を行わなければならないとすれば、この2,000万円あまりの事業価値から担保としての価値を残すのはほとんど不可能となる。そのため、このケースでは債務者企業が当該事業に用いる有形資産はもちろんのこと、当該企業が営んでいる事業資産を基本的にそのまま踏襲することを前提とすることが必要になる。それは、ほとんど事業そのものを担保として取得することと同じ意味になる。ただ、引き継ぎコストをゼロに抑えることは通常不可能であり、いくらかの費目と金額を設定することは必要になると考えられる。

仮りに、引き継ぎコストが508万円であったとすると、最終的な担保価値は1,500万円となる。

3 個別企業における無形資産の評価

最近、知的財産権を数多く保有する企業において、知的財産権の価値をどのように評価すればよいかといったことがしばしば問題とされている。それは一つには知的財産権など研究開発活動から生み出される成果を評価することで、研究開発の経営的な意義を数値的に把握することの必要性が感じられているためと考えられる。さらに、知的財産権の管理を行うために要する諸々のコストへの負担感が意識されていることから、知的財産権の価値に見合ったコスト負

担の範囲を確認したいという意図に由来しているとも思われる。

　しかし実際，知的財産権だけの価値を評価する方法として，客観性があり信頼できる程に論理性に富んだものはほとんど存在しないというのが実情である。ただ，これまでも諸外国で会計処理上の必要性などさまざまな用途に応じて，無形資産の価値の算出やそれを細分化して個別の知的財産権の価値を抽出する作業が，その方法の客観性の有無は別にしても，実務としては行われてきた[22]。そして少なくとも，無形資産の全体的な価値の規模が測定できれば，それによって知的財産権の価値がどの範囲におさまっているかを確認することはできる。それをベースに，知的財産権の価値を類推することもあながち不可能ではなくなる。

　以下では，米国の実務家から示された方法に基づいて，主に知的財産権を数多く保有している大企業を想定して，その具体的な財務諸表を用いた無形資産の評価方法を示しておきたい[23]。そして，知的財産権の価値を算出する上で参考となるいくつかの留意点を示しておきたい。ただ，この考え方も一つの有力な便法ではあるものの，絶対的なものではない。評価の方法や評価結果は，評価を行う目的や評価する者の立場によっても違いが生じてくるものと考えられる。その意味からも，各企業におかれてはここで示した例を参考にして，より相応しい評価方法を検討して行かれるよう願いたい。また，以下で示した具体例では，評価手順を簡便化するために，さまざまな要素について見なし数値を置いたり，仮定値を設定したりしている。そのため，ここでの事例はあくまで評価方法に関する一つの参考に止めていただき，実際に個々の企業で評価を実施される際には，可能な範囲で利用できるデータを多く収集していただくよう望みたい。

(1) 無形資産の価値の算定法

　企業の価値は，それぞれ金融資産，固定資産（有形資産，その他の固定資産），そして無形資産の合計として表わされる。これをさらに細かく分けると，企業価値は次のように表すことができる。なお，下記の各科目はすべて時価額で表示されたものである[24]。

3 個別企業における無形資産の評価   99

 企業価値＝運用資産（時価ベース）
　　　　＝金融資産＋有形資産＋（その他の固定資産）＋無形資産（含：知的財産）
　　　　＝調達資本（時価ベース）
　　　　＝長期借入金＋株主持分（自己資本）………………①
　　　　＝ネット・キャッシュフローの現在価値の総和…………②

　つまり，上の定義に従えば企業の価値は，調達資本の時価額を算出することによる方法（上の①式）と，事業活動によって生み出されるキャッシュフローの現在価値によって算出する方法（上の②式）の2通りの方法によって求めることができる。資本市場での株式の売買が完全に効率的に行われるなど十分な条件が整えば，それぞれの方法で求めた値は理論的に同じになると考えられている。しかしほとんどの場合，両社の間には開きがあるのが実態である。以下のケーススタディでは，この二つの方法によって企業価値を算出し，そこから無形資産以外の価値を控除して無形資産の価値を求める手順を示すこととする。こうした複数の方法を用いて，それぞれの結果を比較検討し調整することで，より信憑性の高い評価額を得ることができる。

(2) キャッシュフローによる企業評価法
① キャッシュフローの予測

　ここでは，精密機械工業に属するある架空の上場企業（ここでは，仮にB社とする）の財務諸表を例にとって評価の過程を見ていくこととする。

　次の表V-6に，B社の最近5期分の実績と，将来の5期分についての予測が示されている。

　B社は，営業利益率が15％と経営内容が非常に優良な企業であり，これほどに高い利益率の企業は実際はほとんど存在しない。また，ここでは単純化のために，キャッシュフローがかなり安定的に増加していくといった，シンプルな仮定をおいたが，実際の大手上場企業の場合，このように安定的に上昇傾向が継続していくことも比較的少ないと考えられる。そのため，もし過去の売上高がB社に類似する企業が存在したとしても，キャッシュフローをベースに算出する実際の企業価値は，通常は，もっと低いものになると考えられる。

表V-6　B社のキャッシュフローの実績と将来の予測（単位：百万円）

	平成4年	平成5年	平成6年	平成7年	平成8年	予測I期	予測II期	予測III期	予測IV期	予測V期
売　上　高	744,467	725,857	754,907	861,483	977,283	996,829	1,016,766	1,037,101	1,057,843	1,079,000
売　上　原　価	483,903	471,807	490,689	572,191	617,775	647,939	660,898	674,116	687,598	701,350
販　管　費	148,893	145,171	150,981	171,732	205,800	199,366	203,353	207,420	211,569	215,800
営　業　利　益	111,671	108,879	113,237	117,560	153,708	149,524	152,515	155,565	158,676	161,850
法人税等（45%）	50,252	48,995	50,956	52,902	69,169	67,286	68,632	70,004	71,404	72,832
税引後利益額	61,419	59,883	62,280	64,658	84,540	82,238	83,883	85,561	87,272	89,017
減価償却費	22,927	23,915	24,945	26,020	27,141	27,684	28,238	28,803	29,379	29,967
増加運転資本	7,000	7,280	7,571	7,874	8,189	7,000	7,140	7,283	7,429	7,578
資本投資額	40,782	42,413	44,109	45,873	47,708	40,000	40,800	41,616	42,448	43,297
キャッシュフロー	36,564	34,105	35,545	36,931	55,784	62,922	64,181	65,465	66,774	68,109

予測期間の各科目の予測値は，次の仮定の下に算出した。
① 売上高は，予測I期以降は対前年度比2%の伸び率で伸びていく。
② 売上原価は，毎年売上高の65%で推移する。つまり，売り上げ総利益は35%となる。
③ 販売費・一般管理費は，売上高の20%で推移する。
④ 減価償却費は，予測第I期以降において，平成8年度の額から2%ずつ増加していく。
⑤ 増加運転資本は，予測第I期目標を7,000百万円として，以後2%ずつ増加していく。
⑥ 資本投資は，予測第I期目標を40,000百万円として，以後2%ずつ増加していく。

　企業価値を求めるためには，この表で求めたキャッシュフローをB社のリスクに応じた割引率で割り引いて，ディスカウント・キャッシュフローに直さなければならない。
　また，企業価値を求める際は，担保評価の場合と異なり企業自体が継続的に存続していくこと（継続企業）が前提とされる。そのため企業価値は，予測期間分のキャッシュフローと併せて，その後のキャッシュフローを最終残価として求めて，両者を加算することが必要になる。そして，その最終残価を求める上でも，割引率を用いることが必要となる。
② 割引率の算定
　企業のリスクに見合った割引率としては，企業が調達する資本に関する加重平均資本コスト（WACC）が用いられる。上の知的財産権担保の評価に際して

3 個別企業における無形資産の評価 101

は、当該事業固有のリスクを加味する必要から、WACC にリスクプレミアを付加した。しかし、企業全体のリスクは WACC によって反映されているため、ここではこうしたリスクプレミアは付加しないことにする。

割引率の算定では、先に示したわが国の各種データを用いるが、当該企業固有の資本構成比、β値、そして税率としては、下記の数値を用いることにする。かかる要素に関する数値は、各企業の財務諸表や経営計画書、さらに「TOPIX データ集」などの各資料から求められる。

```
資本の構成比・・  負債比率：自己資本比率＝20：80
β値    ・・・  0.7
税率    ・・・  45％
```

これらデータから、この企業の WACC が 8.83％ と算出された。その計算式は、次の通りである。

```
    WACC＝負債利子率×(1－税率)×負債比率
         ＋自己資本コスト×自己資本比率
        ＝7.29％×(1－45％)×20％
         ＋〔6.66％＋0.7×(11.48％－6.66％)〕×80％
        ＝8.83％
  なお、負債利子率（長期プライム・レート）を7.29％、税率を45％、
 負債比率対自己資本比率を20％：80％、β値を0.7、リスク・フリー証券
 （長期国債）の利回りを6.66％、一般市場（東証一部平均＝YOPIX）利
 回りを11.48％とした。
```

③ ディスカウント・キャッシュフローと最終残価

この割引率を用いて、5期分のディスカウント・キャッシュフロー（DCF）と、第Ⅴ期以降のキャッシュフローの現在価値の総計（最終残価）を算出する。

まず、5期分の DCF を求めると、表Ⅴ-7のようになる。この5期分の DCF の合計が、157,570百万円となった。

さらに、予測最終年度である第Ⅴ期から後（第Ⅵ期以降）のキャッシュフロー流列の合計を、第Ⅴ期時点の現在価値で求め、それを評価時点（つまり平成9年

度)の現在価値に換算する。算出方法は,注(10)に示した通りであるが,ここでは以下の前提をおいて算出する。

①第Ⅵ期以降は,キャッシュフローが2％の伸び率で伸びていく。
②割引率として,当該企業のWACCである8.83％を用いる。

こうして,平成9年時点における最終残価の現在価値が,以下の通り682,333百万円になった。

最終残価
$$= キャッシュフロー \times \frac{(1+伸び率)}{(割引率-伸び率)} \times \frac{1}{(1+割引率)^5}$$
$$= \{68,109 \times (1+0.02) \div (0.0883-0.02)\} \times 0.67083$$
$$= 682,333 百万円$$

先の5期分のDCFと,この最終残価とを加算して,

　　　企業の価値＝157,570百万円＋682,333百万円＝839,903百万円

となり,約8,400億円という企業価値が導き出された。

表Ⅴ-7　B社の5期分のディスカウント・キャッシュフロー (単位：百万円)

	予測Ⅰ期	予測Ⅱ期	予測Ⅲ期	予測Ⅳ期	予測Ⅴ期
キャッシュフロー	62,922	64,181	65,465	66,774	68,109
8.83％割引係数	0.95377	0.87345	0.79989	0.73252	0.67083
ディスカウント・キャッシュフロー	34874	29789	28432	27053	37422

(3) 資本の時価額による企業評価法

企業価値を求めるもう一つの方法は,企業の調達資本の時価額をもって算出するという方法である。貸借が釣り合うためには,調達資本は企業によって資本投下された状態にある資産の合計額に等しくなければならず,つまりは資産の合計額が企業の価値となる。この方法では,自己資本の時価額を市場で示さ

れた株式の時価額によって求める。その点で，一種のマーケット・アプローチ的な評価の色彩を有している。

下の表V-8は，簿価で示されたB社の貸借対照表を示している。

表V-8　B社の貸借対照表（単位：百万円）

流　動　負　債	321,376	流　動　負　債	194,815
		固　定　負　債	47,969
有形固定資産	151,541		
無形固定資産	439	自　己　資　本	389,859
その他固定資産	159,280		
資　産　合　計	632,644	負債・資本合計	632,644

上の表には，時価額ではなく基本的に取得原価をベースに算出された負債，資本，そして資産の額が示されている。これらを以下に示したような手順で時価額に評価し直すことで，B社の資産の実際の価値を求めることができる。なお，以下で示す時価額への換算においては，次のようないくつかの単純な仮定が設定されている。実際の評価に際しては，それぞれの企業の実情に合った仮定のおき方をしていただきたい。

① 流動資産，流動負債，固定負債
　　表示額がそのまま時価額と同額であると見なす。
② 有形資産
　　有形資産については減価消却の実態とインフレ傾向などを勘案して，減価償却累計額（B社の場合は220,000百万円となる）の半額を控除した額を時価額と見なす[25]。
③ その他の固定資産
　　B社の場合，その他の固定資産はほとんどが投資有価証券や関連会社株式などで占められている。これら資産についても，ここでは購入時以降の株価等の変動がなかったものとして，表示された簿価がそのまま時価額と

同額であるとする。

④ 自己資本

上で示された簿価に代えて、ここでは株式の時価総額をもって自己資本の時価額と考える。なお、上場企業の株式時価総額は各種の資料から確認できるが、ここでは架空の企業を想定しているためこうした資料をもって当該企業の時価額を直接確認することができない。そのため、自己資本の簿価に株価純資産倍率(PBR)を乗じることによって時価額を算出することにする。ここではB社の属する精密機械工業の平均的なPBRである2.4倍を、自己資本の簿価に乗じた値が時価額に相当すると見なす[26]。

こうして、貸借対照表を上の前提で求めた時価額で書き直すと下のようになる。

表V-9　時価で表示したB社の貸借対照表（単位：百万円）

金融資産	126,561	固定負債	23,985
有形固定資産	162,541		
無形資産	511,257	自己資本	935,662
その他固定資産	159,288		
資産合計	959,647	負債・資本合計	959,647

なお、先に見た企業を構成する資産の内訳式に基づいて、流動資産と流動負債は相殺して、その差額を金融資産として表示している。そうすることで、企業の価値が、金融資産＋有形資産＋無形資産＋その他の固定資産の合計として表される。

自己資本の時価額が増加した分、無形資産（無形固定資産を含む）の額が大きくなった。ここでいう無形資産は、金融資産、有形資産、その他の固定資産などの個別資産として把握できないもの全てを包含した概念として位置づけられている。この中には、知的財産権、各種ノウハウ、さらに会計上の営業権など、その他のあらゆる資産が含まれている。無形資産は、無形固定資産をも含んだ

より広い概念になる。

ところで，先ほどのキャッシュフローに基づいた企業評価では，企業の価値が約8,400億円と計算された。上の貸借対照表で求められた約9,600億円とはやや値が異なるが，それぞれの方法によって求められた企業の価値がここに出そろった。これら2つの方法によって求められた値を基に，それぞれの計算で使用したデータの信憑性などを勘案して，最終的に企業の評価額を決定する。ここでも，最終的には評価する者の判断によることになる。

(4) 無形資産の価値とその配分

以上の評価を通して，企業の評価額と企業を構成する各種の資産の時価額が求められた。上のキャッシュフローをベースに算定した企業評価額と，調達資本の時価評価をベースとした評価額がさほど大きく異ならなかったことから，ここでは便宜的に前者の額（839,903百万円）を企業価値の評価額と仮定する。そうすると，無形資産の時価額は391,513百万円になる。それでは，この無形資産にはどのような個別の資産が含まれているのであろうか。

例えば，スミス＝パール前掲書によると，無形資産の内訳として，次ような例が示されている[27]。当然に，知的財産権もこうした無形資産の中に含まれることになり，その意味では無形資産の価値を把握することで，知的財産権の価値の外縁についてある程度のイメージを持つことができる。

無形資産　＝熟練労働力＋実務マニュアル＋エンジニアリング仕様書
　　　　　＋各種契約＋販売力＋顧客の愛顧＋「知的財産」など
「知的財産」＝特許＋商標＋著作権＋営業秘密など
　なお各種契約とは，例えば商品やサービスを有利な条件で受け取れることになっている仕入れ契約，フランチャイズ契約，継続的な販売契約などをいう。

知的財産権の価値を特定するためには，ここから無形資産に含まれるその他の資産の価値を控除していかなければならない。しかし，この無形資産の中に含まれる資産を特定することすら，厳密に考えると大変に困難な作業となる。上で例示された資産項目もそれぞれが広い概念を持つものであり，実際に評価

額を求めるためには，それをより具体的な項目にまで掘り下げていくことが必要となる。例えば，「営業秘密」に関するより具体的な資産項目としては，各種の「技術的ノウハウ」，「製造に関する記録や図面」などが挙げられる。さらには，上で示された資産以外にも，企業が保有して現実に事業活動に活用されている資産は多く存在し，その内訳は列挙していけばほとんど限りがなくなる。例えば，「企業の組織体系」，さらには「経営者の能力」といったものまで挙げることができる。無形資産の例については，スミス=パール前掲書に詳しいので参照にされたいが，そこで述べられている例も到底すべてを網羅するものではなく，実際は現実に存在するものの内の一部分にすぎない。

さらに，無形資産に含まれる個別資産を特定した上で，その個別資産それぞれに見合った価値を個々に算定していくことが必要で，この作業にはもっと大きな困難が伴う。

こうした困難を伴う作業であっても，いろいろ工夫したり，割り切った見なし算定法を用いるなどすれば，ある程度実務に耐えられる方法を導き出すことができないでもない。例えば，企業の中で重要と考えられている無形資産をいくつか限定的に列挙して，それらを感覚的に相対比較することでウエイトを配分していくという簡便法も考えられる。スミス=パールは，それぞれに原価法，取引事例比較法，収益還元法のいずれか適用しやすい手法を用いれば，個別の資産について比較的正確な評価を行うことができると述べている[28]。

しかし，こうした作業はいずれにせよ感覚的で，かつ恣意的にならざるを得ない部分を有している。要は，それが許される範囲であって一応の納得感が得られるかどうかにある。こうした感覚的もしくし恣意的な方法に対しては，合理性に欠けるという批判が出るかも知れないが，もともとこれまでの過程で求められた企業価値の算出自体にも，さまざまな形で感覚的な判断による仮定の設定や推測がなされてきた。かつて，知的財産権のライセンスに際して，ロイヤルティの設定方法として「利益三分法」や「ルール・オブ・サム」などが，簡便な考え方として採用されてきたが，これについても特別に厳密な根拠が存在するわけではなかった[29]。むしろ，過去の取引がこうしたものをベースに行われてきたという安心感が存在し，そしてその算出方法が容易であったがために広く採用されてきたものである。

3 個別企業における無形資産の評価　107

　企業の資産の一つとしての知的財産権の価値を確認することに対するニーズは，当面は企業の経営的な関心から生じることが多いものと思われる。その意味では，企業の中である程度のコンセンサスが得られればとりあえずは事足りる。それによって，経営的な判断を行う上でのなにがしかのヒントを得ることができればよいのではないかと思われる。その点，評価の方法をあまりに複雑化させるよりも，各企業で工夫をこらしできるだけ単純化して行く方が，実用的で経営的な理解も得やすくなるのではないだろうか。そして，重要なことは評価の実務が各企業で頻繁に行われ，それに慣れていただくことによって，いわゆる価値の相場観というものが形成されることにあると考えられる。

別添表V-1　通信関連機器の生産高の推移

年　月	ボタン電話装置		ファクシミリ		電子交換機	陸上移動通信装置	
	生産		生産		生産	生産	
	数量(台)	金額(百万円)	数量(台)	金額(百万円)	金額(百万円)	数量(台)	金額(百万円)
平成7年計	4,092,373	91,604	5,746,932	294,109	437,386	24,390,027	665,015
8年計	3,968,918	93,077	5,794,199	289,664	531,397	37,143,804	1,137,104
平成8年2月	296,332	7,640	485,302	25,748	36,280	1,929,736	71,017
3	304,971	8,274	568,439	30,693	61,601	2,322,971	82,751
4	309,849	6,667	478,576	26,723	42,722	2,647,434	84,982
5	351,032	8,002	454,331	23,175	37,496	3,031,747	94,460
6	379,092	9,117	473,036	23,126	43,426	3,272,949	101,031
7	385,502	8,808	528,218	25,598	44,583	3,885,756	112,557
8	363,671	7,996	379,746	18,822	36,664	3,417,008	98,057
9	333,925	8,224	524,382	24,244	50,281	3,659,538	102,589
10	311,734	7,195	476,483	24,261	54,342	3,597,317	103,064
11	364,560	8,058	497,665	23,898	46,360	3,843,225	115,313
12	288,663	6,621	499,952	22,826	48,222	3,575,070	106,591
9年1月	314,251	7,025	433,359	19,413	49,344	3,016,139	88,261
2	340,515	6,628	510,920	23,192	58,221	2,718,439	78,913
前年同月比	114.9	86.8	*99.0	*86.7	160.5	140.9	111.1

注：平成4年以前の数値は車両用通信装置と携帯用通信装置の合計です。

「機械統計月報」平成9年2月通商産業大臣官房調査統計部 P.42より
なお，調査対象事業所は通産省生産動態統計調査の対象企業の内，常用従業者数が500人以上のものとされている（同月報 P.3）。

108　V　知的財産権の価値評価手法

別添表V-2　環境装置受注の推移（1〜12月）

上段　金額単位：百万円
下段　前年比，前年同期比％　　　　　　　　　　　　　　　　　　㈳日本産業機械工業会調

期間	装置	大気汚染防止装置	水質汚濁防止装置	ごみ処理装置	騒音振動防止装置	民間需要 製造業	民間需要 非製造業	民間需要 小計	官公需要	外需	合計
平成4年		154,758	328,206	556,590	9,468	79,661	106,673	186,334	827,304	35,384	1,049,022
		(86.5)	(112.4)	(109.1)	(97.1)	(78.4)	(89.8)	(84.6)	(113.5)	(85.2)	(105.9)
平成5年		193,285	433,302	486,051	8,917	76,159	114,849	191,008	892,024	38,523	1,121,555
		(124.9)	(132.0)	(87.3)	(94.2)	(95.6)	(107.7)	(102.5)	(107.8)	(108.9)	(106.9)
平成6年		291,228	528,513	642,119	7,917	138,156	170,789	308,945	1,108,230	52,602	1,469,777
		(150.7)	(122.0)	(132.1)	(88.8)	(181.4)	(148.7)	(161.7)	(124.2)	(136.5)	(131.0)
平成7年		233,397	545,758	546,257	7,177	91,823	193,332	285,155	1,008,397	39,037	1,332,589
		(80.1)	(103.3)	(85.1)	(90.7)	(66.5)	(113.2)	(92.3)	(91.0)	(74.2)	(90.7)
平成8年	1−3月	(208.5)	(147.3)	(74.6)	(143.9)	(131.6)	(202.4)	(180.2)	(108.1)	(137.8)	(131.0)
	4−6	(30.5)	(145.3)	(42.6)	(119.1)	(62.6)	(27.5)	(39.6)	(82.0)	(34.4)	(68.2)
	7−9	(67.3)	(106.0)	(87.8)	(96.9)	(133.8)	(51.4)	(75.1)	(94.3)	(148.4)	(92.6)
	10−12	(167.9)	(90.2)	(108.0)	(37.2)	(108.3)	(177.9)	(153.6)	(93.6)	(206.2)	(105.7)
平成8年		261,237	622,180	420,057	7,145	98,427	213,322	311,749	950,974	47,896	1,310,619
		(111.9)	(114.0)	(76.9)	(99.6)	(107.2)	(110.3)	(109.3)	(94.3)	(122.7)	(98.4)

「産業機械」1997年3月　㈳日本産業機械工業会　P.79より

3 個別企業における無形資産の評価

別添表V-3　わが国のTOPIX, 国債利回り, プライムレート

年度四半期	TOPIX	利回・加重 （東証一部）	国債利回り 10年・最長期	短期プライ ムレート	長期プライ ムレート
70：1	178.04	4.30			
70：2	165.39	4.30			
70：3	158.31	4.30			
70：4	152.17	4.30			
71：1	161.59	4.01			
71：2	185.48	4.01			
71：3	190.60	4.01			
71：4	180.79	4.01			
72：1	216.67	2.42			
72：2	257.50	2.42			8.0
72：3	305.21	2.42			7.7
72：4	350.28	2.42	6.71	4.50	7.7
73：1	394.26	2.01	6.75	5.75	7.7
73：2	361.48	2.01	7.05	5.75	8.0
73：3	367.58	2.01	7.44	7.25	8.3
73：4	326.51	2.01	8.19	7.25	8.6
74：1	230.13	2.55	8.22	9.25	9.4
74：2	331.96	2.55	8.05	9.25	9.4
74：3	304.44	2.55	8.41	9.25	9.4
74：4	272.31	2.55	8.42	9.25	9.9
75：1	296.47	2.54	8.43	9.25	9.9
75：2	325.99	2.54	8.44	8.25	9.9
75：3	310.78	2.54	8.44	7.75	9.7
75：4	313.42	2.54	8.53	6.75	9.2
76：1	338.61	2.27	8.57	6.75	9.2
76：2	342.71	2.27	8.58	6.75	9.2
76：3	353.80	2.27	8.59	6.75	9.2
76：4	354.46	2.27	8.61	6.75	9.2
77：1	379.00	2.16	8.49	6.25	9.2
77：2	376.50	2.16	7.46	5.25	8.2
77：3	381.23	2.16	6.91	4.50	7.6
77：4	370.29	2.16	6.40	4.50	7.6
78：1	385.26	2.00	6.29	3.75	7.1
78：2	410.74	2.00	6.35	3.75	7.1
78：3	423.47	2.00	6.56	3.75	7.1
78：4	441.12	2.00	6.40	3.75	7.1
79：1	453.33	1.87	7.68	3.75	7.1
79：2	447.55	1.87	8.81	4.50	7.7
79：3	449.34	1.87	8.51	5.50	8.2
79：4	449.85	1.87	9.15	6.50	8.2
80：1	463.12	1.79	9.97	9.25	8.8
80：2	465.25	1.79	8.25	9.25	9.5
80：3	475.36	1.79	8.74	8.50	9.5
80：4	492.72	1.79	8.86	7.50	8.8
81：1	509.11	1.65	7.85	6.75	8.8
81：2	556.55	1.65	8.00	6.75	8.5
81：3	583.77	1.65	8.71	6.75	8.5
81：4	556.41	1.65	8.12	6.00	8.6
82：1	560.13	1.79	7.75	6.00	8.4
82：2	543.75	1.79	8.52	6.00	8.4
82：3	528.71	1.79	8.49	6.00	8.9
82：4	563.52	1.79	7.67	6.00	8.6

V 知的財産権の価値評価手法

年度四半期	TOPIX	利回・加重 (東証一部)	国債利回り 10年・最長期	短期プライ ムレート	長期プライ ムレート
83：1	591.93	1.55	7.79	6.00	8.4
83：2	632.03	1.55	7.69	6.00	8.4
83：3	671.97	1.55	7.74	6.00	8.4
83：4	692.70	1.55	7.37	5.50	8.2
84：1	781.84	1.24	7.20	5.50	7.9
84：2	821.71	1.24	7.51	5.50	7.9
84：3	798.38	1.24	7.21	5.50	7.9
84：3	861.56	1.24	6.65	5.50	7.6
85：1	954.30	1.05	6.91	5.50	7.4
85：2	989.07	1.05	6.52	5.50	7.5
85：3	1020.86	1.05	5.78	5.50	7.0
85：4	1022.07	1.05	5.89	5.50	7.2
86：1	1087.90	0.83	4.55	4.50	6.4
86：2	1276.02	0.83	4.78	4.125	6.4
86：3	1465.03	0.83	5.72	4.125	6.4
86：4	1466.79	0.83	5.42	3.75	6.2
87：1	1747.46	0.56	4.37	3.375	5.2
87：2	2120.81	0.56	4.61	3.375	4.9
87：3	2061.05	0.56	6.73	3.375	5.2
87：4	1901.36	0.56	5.07	3.375	5.7
88：1	1974.38	0.52	4.73	3.375	5.5
88：2	2173.05	0.52	5.54	3.375	5.5
88：3	2165.86	0.52	5.15	3.375	5.7
88：4	2214.35	0.52	5.59	3.375	5.7
89：1	2441.79	0.46	5.17	4.25	5.7
89：2	2487.11	0.46	5.37	4.875	5.7
89：3	2594.71	0.46	5.03	4.875	6.0
89：4	2751.17	0.46	5.75	5.75	6.5
90：1	2613.57	0.61	7.11	7.125	7.0
90：2	2303.05	0.61	6.70	7.125	7.6
90：3	2059.83	0.61	8.28	8.00	8.5
90：4	1746.25	0.61	6.42	8.25	8.1
91：1	1849.38	0.73	6.54	8.25	7.5
91：2	1947.84	0.73	6.82	7.875	7.7
91：3	1783.41	0.73	5.98	7.375	7.5
91：4	1788.36	0.73	5.51	6.625	6.9
92：1	1558.39	0.99	5.52	5.875	6.0
92：2	1323.32	0.99	5.53	5.25	6.3
92：3	1276.93	0.99	4.96	4.75	5.7
92：4	1298.12	0.99	4.78	4.50	5.5
93：1	1311.21	0.86	4.59	4.00	4.9
93：2	1596.98	0.86	4.70	4.00	5.4
93：3	1649.69	0.86	3.92	3.375	4.8
93：4	1537.26	0.86	3.33	3.00	3.5
94：1	1577.03	0.77	4.25	3.00	4.4
94：2	1644.74	0.77	4.40	3.00	4.4
94：3	1630.22	0.77	4.65	3.00	4.9
94：4	1544.46	0.77	4.57	3.00	4.9
95：1	1401.56	0.88	3.68	3.00	4.5
95：2	1276.19	0.88	2.85	2.375	3.1
95：3	1373.91	0.88	2.86	1.625	3.0

3　個別企業における無形資産の評価　111

(1) 「知的財産権担保価値評価手法研究会　報告書」(同研究会，平成7年10月) 11頁，「ソフトウェア担保融資研究会　報告書」(同研究会，平成8年3月) 37～38頁，田代泰久著「知的財産権担保融資の理論と実務」(清文社，1996年9月) 66頁他参照。

(2) 例えば，今世紀初頭の1907年に発明されたプラスチックは，当時，価格が高騰した樟脳の代用品を開発するための研究の中で発明された。しかし，開発後は電信・電話，各種電機部品材料，レコード，ボタン，歯車，ベアリングなど，広範な用途に用いられることになった。というのも，従来から用いられてきたセルロイドが熱に弱かったことから，その問題を解決する素材としてプラスチックは開発当初から広く関心を集めたためである。このプラスチック製造に関する技術の価値は，こうした用途の広さと密接な関係を有している。その結果，特許を取得してプラスチック（当時はベークライトと呼ばれた）の製造販売を事業化したレオ・ヘンドリック・ベークランドは巨万の富を築き，アメリカ化学業界を代表する経営者になった。プラスチックを，樟脳の代用品として事業化することに成功していたなら，ベークランドの当初の目的は達せられることにはなったが，その価値はもっと低いものに止まっていたはずである。今日，技術などの経済的な重要性が問われる場合，必ずこうした広範な分野での実用化の有無が大きく関係している。

　　ジョン・ジュークス他著，星野芳郎他訳「発明の源泉」(岩波書店，昭和43年)参照。

(3) 本書・富井聡「Ⅷ 金融機関からみた知的財産担保」参照。

(4) このコストには，例えば，譲受した企業の従業員がノウハウを修得するための研修費，プラント設備の移設費など，譲受人が事業を開始するときに必要になる費用項目が対象とされる。
　　知的財産権担保価値評価手法研究会・前掲報告書15頁参照。

(5) 各種統計一覧の紹介については，知的財産権担保価値評価手法研究会・前掲報告書28～61頁，および「知的財産権の価値評価に関する調査研究　報告書」(平成8年3月，㈶知的財産研究所) 28～61頁を参照。

(6) 実際，天然高分子物質を人工皮膚に応用開発した事業や，卓上型自動臨床検査装置の製造販売事業について，それら事業が計画段階で未だ売上げが計上されていないものについて，その関連特許などを担保とした融資が金融機関からなされたという例もある。

112　Ⅴ　知的財産権の価値評価手法

(7)　「工業所有権担保に関する検討」(1997年3月，日本開発銀行新規事業支援室) 12頁参照。
(8)　本書同前富井，知的財産権担保価値評価手法研究会，前掲報告書17頁，田代・前掲書68頁，他参照。
(9)　㈶知的財産研究所，前掲報告書143頁以下参照。
(10)　最終残価とは，キャッシュフローを予測した期間以降に生み出されるキャッシュフローの現在価値を合計したものをいう。事業が継続的に営まれると仮定すれば，キャッシュフローは永続的に続くことになる。しかし，遠い将来のキャッシュフローを，延々と個別に予測して行くのはかえって現実から乖離することになりかねず，通常は，一定の仮定の下にキャッシュフローの総和を予測最終年度を基準にした現在価値として求める方法が採られている。例えば，通常は次のような計算方法が採られている。

〈予測最終年度のキャッシュフローがそのまま永続するとした場合〉

$$最終残価 = \frac{CF}{d} \quad CF\cdots予測期間の最終年度のキャッシュフロー$$
$$d\cdots割引率$$

〈予測最終年度のキャッシュフローが一定率で伸び続けるとした場合〉

$$最終残価 = CF \times \frac{1+r}{d-r} \quad CF\cdots同上$$
$$d\cdots同上$$
$$r\cdotsキャッシュフローの伸び率$$

　なお，いずれの場合とも最終残価は，キャッシュフロー予測最終年度時点の現在価値で表示されている。そのため，価値評価を行う時点の現在価値に換算するために，$1/(1+d)^n$を乗じる。ただし，nは価値評価を行う時点からキャッシュフローの予測最終年度までの期間を示す。
(11)　例えば，トム・コープランド他著　伊藤邦雄訳「企業評価と戦略経営」日本経済新聞社，1993年8月121頁参照。
(12)　例えば，スタート・アップ期でリスクが高い段階では50％の割引率を用い，以後，事業経験が永くなるに連れてリスクが小さくなるため，40％から25％程度の割引率を設定するといった方法をいう。ここでは，これまでの経験に基づいて割

3　個別企業における無形資産の評価　113

引率を設定するという方法がとられる。
　　　Ｇ．スミス＆Ｒ．パール著・㈶知的財産研究所訳「知的財産と無形資産の価値評価」（中央経済社，平成 8 年）444 頁以下参照。
⒀　田代・前掲書 69 頁，本書同前富井，㈶知的財産研究所・前掲報告書 145 頁，150 頁他参照。
⒁　スミス=パール前掲書 450 頁の他，知的財産権担保価値評価手法研究会・前掲報告書，ソフトウェア担保融資研究会・前掲報告書などを参照。
　　なお，裁定価格モデルでは，資本コストに影響を及ぼす主なファクターとして，インフレ・リスク，期間と利子率の関係を示す利子率の期間構造，経済成長の見通し，債務不履行リスク，その他の市場リスクなどが想定され，それぞれについて，経済および市場の全体としての変動予測が行われる。そして，その変動に対する個別企業の各要素毎の反応度係数を乗じることで，資本コストが求められる。この方法は CAPM と比較して，変動要素の項目が多いため計算が複雑となる。
⒂　β 値は，その算出対象期間によっても値が異なる。どの期間を算出の対象にするかという点も考慮する必要がある。また，時系列的に β 値の変化を確認することによって，概ねの適当な値を把握するのも一つの方法であろう。β 値は，前記のように証券会社の発行する資料の他，「TOPIX データ集」東京証券取引所刊からも確認できる。また，ブルームバーグ社（Bloomberg L.P.）などのデータベース・サービスを利用することによって確認することもできる。
⒃　93 年から 95 年までの実績には，具体的な企業のデータの代わりに，黒字中小企業の平均的なデータを用いた。数値は，「TKC 経営指標　平成 7 年指標版」，「同平成 6 年指標版」「同平成 5 年指標版」TKC 全国会システム委員会編集，からのデータを引用した。
⒄　「TOPIX」は，各年度四半期末現在の指数で，日経データによった。「利回・加重（東証一部）」は，東証一部上場企業の配当率の各年度の加重平均値で，「東証統計月報」によった。また，「国債利回り　10 年・最長期」は，各四半期末における長期国債（10 年もの）の最長期ものの最終利回りで，これも「東証統計月報」によった。
⒅　具体的には，下記の計算式で算出した。
$$\left\{ \sqrt[\text{期の数}]{算定期間の最終期の指数 \div 算定期間の第一期の指数} - 1 \right\} \times 4$$
⒆　表Ⅴ-4 の全産業黒字企業の平均値は，「TKC 経営指標　平成 8 年指標版」

114　Ⅴ　知的財産権の価値評価手法

　　（TKC全国会システム委員会編集）2頁を参照した。
　　　なお，資本構成比について流動負債の取り扱いが問題となるが，ここでは流動負債は流動資産と相殺され（金融資産）たものとして，固定負債と自己資本との構成比を用いた。
(20)　㈶知的財産研究所・前掲報告書145頁，150頁参照。
(21)　割引率を用いて，各年度のキャッシュフローに乗じるべき減価係数を求める必要がある。表Ⅴ-5の減価係数は，月次複利計算で算出したものである。キャッシュフローは，日々入金されてくるものであり，そのため理論上は日次複利計算で減価係数を求める方がより厳密になるものと考えられるが，それだけ計算が複雑になる。そこまで複雑な計算で算出するだけの厳密さはここでは必要ないと考えられ，月次もしくは半月次，旬月次程度の計算で足りるものと思われる。
(22)　こうした作業では，まず企業全体の価値を算出し，その額を特定できる各資産に配分（アロケート）し，さらに残った残余の額を個々の知的財産権などに配分していく。最終的に，どの資産にも配分され得なかったものが営業権（Goodwill）としてまとめられる。そのため，この作業は「アロケーション」作業ともいわれている。しかし，ここで行われる価値のアロケーション作業にも，多分に評価する者の主観や評価の目的によって恣意性の込められる可能性がある。
(23)　以下で展開する評価方法は，前掲書「知的財産と無形資産の価値評価」（G.スミス=R.パール著，㈶知的財産研究所訳，中央経済社，平成8年7月）で示された考え方を参照している。
(24)　スミス=パール前掲書118頁，122頁，218頁，219頁等参照。
(25)　有形資産の時価額の算定についても，本来，さまざまな要因を合理的に加味して計算することが必要であるが，実際は比較的簡単なみなし換算法がとられることがある。例えば米国の実務家からも，例として同様な方法（つまり，取得原価から減価償却累計額の半額を控除した額）が紹介されている（スミス=パール・前掲書242頁参照）。
(26)　株価純資産倍率（PBR）は，株価が一株当たり純資産の何倍の価格で購入されているかを示す株価指標である。株価を簿価による一株当たりの純資産（自己資本）の額で割って算出する。この指数を簿価で表示された自己資本に乗じると，いわば自己資本の時価総額が求められる。PBRについては，さまざまな資料によって確認することができるが，ここでは「TOPIXデータ集」東京証券取引所平成9年2月のデータを用いた。

(27) スミス=パール前掲書78〜116頁，261〜269頁，355〜357頁などを参照。
(28) スミス=パール前掲書284頁参照。
(29) 利益三分法については，かつて裁判の判決において根拠が示されたことがある。それは，企業の利潤は技術，資本，経営の3要素の結合によって生み出され，これらの要素の貢献度によって配分されるべき，というものであった（東京地裁昭和37年5月7日判決「鉄筋コンクリート構築物の構築法事件」）。しかしこの理論自体，非常にシンプルで感覚的な判断に基づいたものといえよう。

Ⅵ 工業所有権制度における登録制度
──その意義と概要──

伊 吹 英 明

1 登録制度の意義

　工業所有権（特許権，実用新案権，意匠権，商標権）は排他的独占権であり，その効力は社会一般に大きな影響を及ぼすものであること，移転，実施権の設定，質権の目的とすることができる等物権に類似する性質を有していることから，その権利の発生，存否，内容，帰属及びその他の変動について，第三者，社会全般から容易に認識できることが必要である。
　特に工業所有権は無体財産権であり，物のように占有することも不可能であり，かつ権利関係が目に見えないものであることから，登録簿等によって権利関係を正確に認識できるようにする必要性は高いと考えられる。
　このような目的を達成するため，社会全般に権利関係を公示し第三者の不測の損害を防止する方法として，我が国における公示制度の基本制度とも言える不動産の登記制度を範として，工業所有権制度においても登録制度を採用している。

2 登録の効果

　登録の効果としては次の5点が挙げられる。

(1) 効力発生要件としての効力
　登録そのものを，権利又はそれに関する法律関係の効力を発生させる唯一の方法としている効果であり，特許権の設定登録，特許権の移転，専用実施権又は質権の設定登録が例として挙げられる。
　例えば特許権は如何に特許査定を受けていようとも，特許料を支払い設定登

録されなければ存在しないこととなる。その結果，他人の侵害行為を差し止めたり，他人の侵害に対して損害賠償請求を行う権利も発生しないこととなる。

このような効果は不動産にはないが，これは特許権が人為的に作り出す権利であるためであり，そもそも目に見える形で存在する土地等では想定し難い効果だと考えられる。

(2) 第三者対抗力

登録をしないと第三者に対抗することができない，すなわち登録していなければ当該権利変動について第三者に主張できないという効果のことであり，通常実施権の設定登録が例として挙げられる。

例えば，甲が特許権を持っている場合に乙が通常実施権の許諾を受け，当該通常実施権の登録をしておけば，仮に当該特許権自体が甲から丙に移転されても，乙は自らの通常実施権について丙に主張できる。したがって，乙が実施を行っていても丙から特許権侵害として実施の差止や損害賠償請求をされることはない。しかし通常実施権の設定を登録しておかないと，同様の場合に特許権侵害として丙から訴えられた場合に反論できないこととなる。

こうした第三者に主張できる効果を第三者対抗力という。

(3) 公 信 力

登録された事項に関し，実態の契約等において当該権利関係が存在しない場合に，その登録を信用して取引等を行った第三者に対して，当該登録どおりの権利関係があるものとして取扱い，当該第三者を保護する場合に「公信力がある」というが，工業所有権の登録については，そのような公信力はない。

例えば，甲から乙，乙から丙に特許権が契約によって譲渡され，その旨の登録がなされていても，後に甲乙間に有効な譲渡契約がないことが判明した場合（当該契約が無効であることが判明した場合）には，当該特許権は甲に帰属することとなり，乙が特許権を持っていると信じて乙丙間の譲渡契約を結んだ丙に当該特許権は属さず，仮に丙が当該特許技術を実施する場合には甲から権利侵害として訴えられることもあり得るし，実施し続けようと思えば甲から実施許諾を得る必要があることとなる。このように登録を信用した者が訴訟等で保護を

受けられないのは，工業所有権にかかる登録に公信力がないためである。

(4) 推定力

登録があれば，実体上の権利関係が真正にあるという推定を生じさせる効果のことを言う。したがって，登録を信用して譲渡を受けた者は無過失であると推定され，登録をチェックしなかった者はたとえ善意であっても過失が推定される。ただし，推定であるので，当然，反証によって覆すことができる。

(5) 形式的確定力

登録が存在する以上，その登録の過誤等に拘わらず，その後の登録は現在ある登録を無視しては行えない。したがって，無効な登録がなされている場合，これを無視して勝手にその後の登録が行えるわけではなく，一定の手続によって，瑕疵ある登録を抹消しなければならないと考えられる。

3 登録制度の歴史

工業所有権制度において最初に登録制度が法令上に規定されたのは，昭和17年の太政官布達の商標登録出願手続とされている。明治32年の不動産登記法の制定に影響を受け，明治32年の特許法施行細則において登録関連の手続は特許法施行細則の第5章として特許制度関連の手続の本体と分けて規定された。その後，明治42年には登録制度のみの手続を整備した政令である特許登録令が制定され，その後，大正10年，昭和34年の特許法全面改正に伴って，大正10年，昭和35年に特許登録令が新たに制定され，昭和39年にコンピュータの導入に伴う特許登録原簿の磁気テープによる調整を内容とする改正がなされ，登録制度は現行制度の原型を完成させるに至った。

4 登録制度の仕組みの概要

登録業務は，特許庁に備え付けられている特許原簿に特許権その他特許に関する権利に関する登録事項を記載・記録することによって行われる。

(1) 特許原簿の種類

特許原簿は大きく分けて，登録原簿，拒絶審決再審請求原簿，信託原簿の3

種類から成る。

このうち登録原簿は磁気テープによって調整され、拒絶審決再審請求原簿及び信託原簿は、帳簿によって調整される。

① 登録原簿

特許原簿のうち中核をなすものであって、特許権の設定・存続期間の延長・移転・消滅、専用実施(使用)権及び通常実施(使用)権の設定・保存・移転・変更・消滅、審判の請求及び確定審決、特許異議の申立て及び確定した決定等のほとんどの事項が記録される基本的な原簿である。

② 拒絶審決再審請求原簿

拒絶すべき旨の審決が確定した出願について再審の請求があった場合に予告登録をなすための原簿である。拒絶すべき旨の審決が確定している出願は、特許権が発生した後に起こる無効審判の再審請求等とは異なり、特許権が発生していない段階での登録であり、特許登録原簿が作成されないため、別途の原簿が作成されることとなる。

③ 信託原簿

特許権について信託の登録申請がなされた時に登録するための原簿である。信託の内容が一般に複雑多岐に渡り、登録原簿に記載すると複雑になるため、別途専用の原簿を設けたもの。

④ 閉鎖原簿

特許権の消滅を登録したとき閉鎖特許原簿を磁気テープ等により調整し、特許登録原簿における当該特許権に関する登録を閉鎖登録原簿に移すこととしている。実質的には、後々に効力が争われたり、権利関係が問題となった場合に、事実関係を確認し紛争解決の根拠とするために、このような原簿が残される意義がある。

⑤ 原簿の一部とみなされるもの

［発明の明細書及び図面、審決の原本］

特許権の効力範囲は、明細書(含む特許発明の範囲:クレーム)と図面を総合的に勘案して決定されることから、これらを社会全般に対して公示することが必要である。しかしながら、これらを特許原簿に全て記載・記録することは非常に効率が悪く事務的にも難しいことから、登録令によって特許原簿の一部とみ

なすこととしている。
⑥ 原簿の付属書類（登録受付簿）

(2) 登録の手続
① 職権による登録
特許登録令によって特許庁長官が職権をもって登録すべきであると定められている登録をいい，特許権の設定，存続期間の延長等が例として挙げられる。
② 命令による登録
通商産業大臣が行った処分に基づいてなされる登録のことをいい，通常実施権の設定の裁定等が予定されている。
③ 嘱託による登録
官公署の依頼によりなされる登録のことをいい，裁判所，国税庁等が想定されている。
④ 申請による登録
登録は当事者の申請によることが原則であり，登録手続の多くはこの方法によって登録される。

(3) 登録の種類
① 形式による分類
ⅰ）主登録
　独立の順位番号を持つ登録をいう。
ⅱ）附記登録
　既になされている主登録に付加して行われる登録のことであり，登録名義人の表示の変更等が例として挙げられる。
② 効力による分類
ⅰ）本登録
　権利の変動を確定的にする通常の登録をいう。
ⅱ）仮登録
　それのみでは効力発生要件又は第三者対抗要件をなさず，本登録の順位を保全するためにされる登録のことをいう。

iii) 予告登録

　　第三者に警告を与えることを目的としてされる登録のことをいう。

(4) 登録の順序

① 申請による登録

　　申請を受け付けた順序で行う。

② 職権による登録

　　登録の原因が発生した順序で行う。

③ 主登録と附記登録の順位

　　附記登録の順位は主登録に付随し，附記登録同士の順位は登録の前後による。

④ 仮登録に基づく本登録の順位

　　仮登録をしたものについて本登録する場合には，その順位は仮登録の順位となる。

(5) 登録事項

① 特許権の設定（図1及び2参照）

　特許権を発生させ，特許原簿を起こすこととなるのが設定の登録である。設定の登録がなされるためには，特許すべき旨の査定又は審決の謄本の送達があって，これに基づき特許料の納付が行われた場合に，特許庁長官が職権で登録を行い，特許権者に特許証を交付する。特許料を納付する方法は以下の3通りがある。

　　i) オンライン：予納（特許印紙）

　　ii) FD：予納（特許印紙）又は同時納（特許印紙又は現金）

　　iii) 書面：予納（特許印紙）又は同時納（特許印紙又は現金）

（参考1：予納制度）

　予納制度は，納付すべき特許料等の見込額をあらかじめ特許印紙により特許庁に納めておいて，個々の手続を行う場合に手続者が予納口座からの引き落としを申し出ることによって，特許庁で引き落としの事務を行う制度である。特許庁への出願等の手続は，紙書類の提出という形だけではなく，FDの提出及びオンラインによって行うことが可能であるが，そのいずれの手続方法にも利用

することができる。

(参考2：包括納付制度：図3，4参照)
　包括納付の申出書の提出によって，1件ずつ特許料の納付書を提出する手間，1件づつ処理する特許庁の手間を省き，自動的に特許庁が予納口座から引き落とす制度。

(参考3：現金納付制度：図5参照)
　特許庁への手数料，特許料の納付は，従来，特許印紙による納付に限定されていたが，印紙を購入・貼付する手間，持参・郵送する手間及び安全面の問題を解消するため，平成8年10月より，金融機関にあらかじめ現金で納付する方法が導入された。

(2)　特許権の存続期間の延長
　特許権の存続期間は，特許法によって，一定の場合に延長することができることとされており，延長登録出願があった場合には存続期間が延長されたものとみなされる。

(3)　特許権の移転
　相続等の一般承継以外の場合，代表的には譲渡契約による移転の場合，登録義務者と登録権利者が共同で申請書に登録の原因を証明する書面を添付して申請すると，移転登録が行われる。
　なお，相続その他の一般承継は登録しなくても効力が生じるが，譲渡その他の特定承継による移転登録は，権利関係を明確にする意味において，登録をもって効力の発生としている。

①　一般承継による移転登録申請
(イ)　相続による移転登録申請
　　相続における効力の発生時期は，相続の開始の時（被相続人の死亡時）
(ロ)　合併におる移転登録申請
　　合併における効力の発生時期は，存続会社又は新設会社が商業登記簿にその本店の所在地において合併の登記をした時

②　特定承継による移転登録申請
　特定承継による移転登録は，登録が効力発生要件とされているので，特許権移転登録申請を特許庁長官に対してなし，その移転の登録を受けて，初めて，

移転の効力が生じることになる。
  (イ) 譲渡による移転登録申請
  (ロ) 単独申請による移転登録申請
  (ハ) 贈与による移転登録申請
  (ニ) 遺贈による移転登録申請
  (ホ) 判決による移転登録申請
  (ヘ) 一部譲渡による一部移転登録申請
  (ト) 持分譲渡による持分移転登録申請
  (チ) 持分の一部譲渡による持分の一部移転登録申請
  (リ) 持分放棄による持分移転登録申請
 ③ 登録名義人の表示変更
　特許権の登録後に名義人の表示に種々の変更が生じた場合（改姓改名，転居，事務所移転，会社名の変更，組織変更等）に，名義人に関する表示を正しい表示と合致させるため，申請により登録を行う。
 (4) 特許権の消滅
　特許権は，存続期間が満了した場合，相続人がいない場合，特許料が期限までに納められない場合，特許を無効にすべき旨の審決が確定した場合，独占禁止法の規定により特許権が取り消された場合，特許権が放棄された場合に，消滅する。
　かかる場合には，特許権の登録が抹消され，特許原簿は閉鎖される。
　なお，法規による特許権の消滅は登録が効力発生要件となるが，その他の場合には消滅原因の発生によって当然に消滅する。
 (5) 専用実施権・通常実施権の設定，移転，変更，処分の制限
　専用実施権に関する権利の変動は，登録を効力発生要件としており，通常実施権に関する権利の変動は，登録を第三者対抗要件としている。
  ① 実施権の設定登録
　登録を受けようとする実施権の範囲（地域，期間，内容）を記載した上で，申請がなされると実施権の設定登録がなされることとなる。
  ② 実施権の移転，変更，処分の制限の登録
 (6) 特許権・専用実施権・通常実施権を目的とする質権の設定，変更，消滅，

処分の制限

　特許権，専用実施権を目的とする質権は登録が効力発生要件であり，通常実施権を目的する質権は登録が第三者対抗要件となっている。

　なお，特許法上の質権は，質権者は契約で別段の定めをした場合を除き，当該特許発明の実施をすることができないとしている。したがって，抵当権のごとく質権設定者は質権の存続期間中においても実施の権能を占有することになる。

(7) その他

・審判及び再審の確定審決

　特許権が発生している場合に，それに対して，異議申立，無効審判等の請求があったときには，第三者にその事実を公示し，当該特許権について何らかに取引関係を持っている或いは持とうとしている第三者に予め警告を与えるために，予告登録を行うこととなる。

5 登録業務のコンピュータ化

　特許原簿は，昭和39年以降，文書ではなく，コンピュータを利用した磁気テープが利用されている。こうした紙媒体ではない電子的媒体による記録については，当初，正確な記録，再現性，保存，証拠能力等多くの問題があると指摘されたが，現在では，こうした問題をクリアする判例も確立しており，正確性，再現性，登録業務の効率化・迅速化，検索等の容易性，スペースの問題といった点で多くの利点があるものである。

　昭和53年以降には，特許原簿の電子媒体化のみではなく，登録事務自体のコンピュータ化（機械化，自動化）も進められている。

　特に特許出願等出願人と特許庁の間の手続をオンライン化，従来のシステムの拡張の限界に対応して平成6年度以降開発され平成9年4月より稼働している新登録システムは，登録事務に係る方式審査の機械化，登録番号の付与の自動化等多くの手続の簡素化が図られた。この結果，従来設定登録料納付後2～3ヶ月かかっていた設定登録業務を10日～1月に飛躍的に短縮することが可能となった。従来，出願人からは査定がなされた後の権利設定の登録に時間がかかりすぎるために権利行使ができないとの批判が多く寄せられていたが，

新登録システムの導入によって一定の回答が出されたのではないかと考えられる。

5 登録業務のコンピュータ化 127

［図1］ 登録の手続

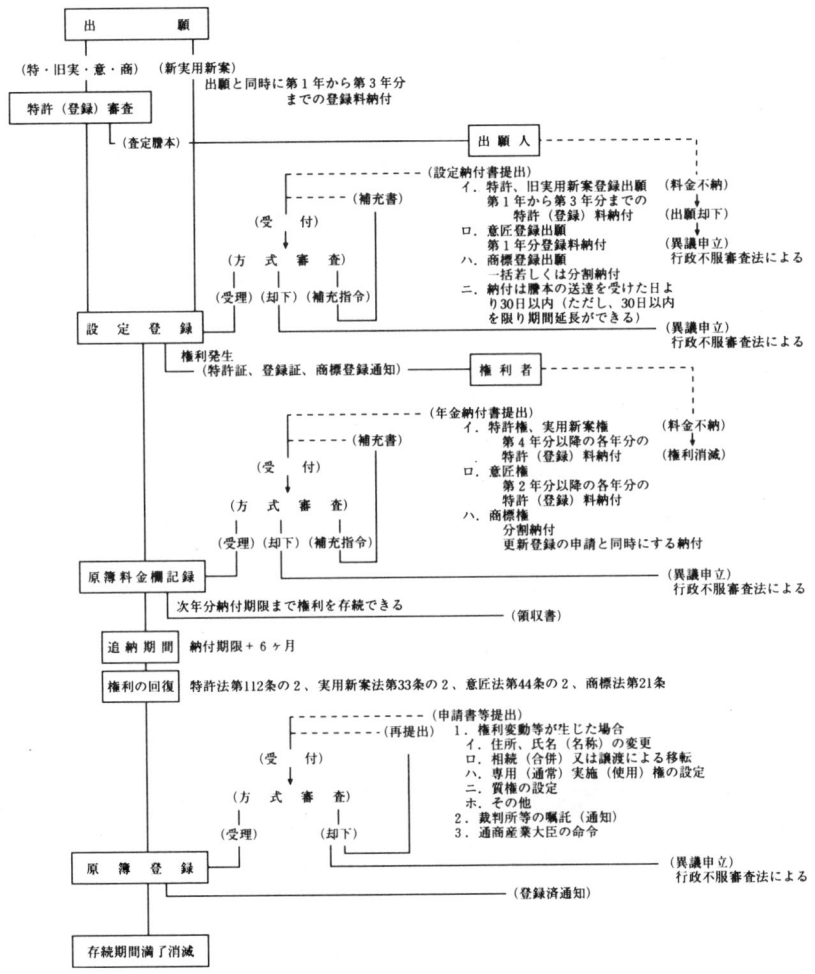

```
                         ┌─────────────┐
                         │  出    願    │
                         └──────┬──────┘
        (特・旧実・意・商) │ (新実用新案)
                            │ 出願と同時に第1年から第3年分
                            │ までの登録料納付
        ┌─────────────┐
        │ 特許(登録)審査 │
        └──────┬──────┘
               │(査定謄本)              ┌─────────┐
               ├─────────────────────→│ 出 願 人 │
               │                        └────┬────┘
               │      (設定納付書提出)       │
               ├──────(補充書)      イ．特許、旧実用新案登録出願   (料金不納)
               │                        第1年から第3年分までの
               │ (受 付)                特許(登録)料納付        (出願却下)
               │                    ロ．意匠登録出願
               │ (方式審査)          第1年分登録料納付
               │                    ハ．商標登録出願             (異議申立)
               │(受理)(却下)(補充指令)  一括若しくは分割納付        行政不服審査法による
               │                    ニ．納付は謄本の送達を受けた日
        ┌─────────────┐         より30日以内（ただし、30日以内
        │  設 定 登 録  │         を限り期間延長ができる）        (異議申立)
        └──────┬──────┘                                         行政不服審査法による
               │ 権利発生               ┌─────────┐
               ├─(特許証、登録証、商標登録通知)→│ 権 利 者 │
               │                        └────┬────┘
               │      (年金納付書提出)         │
               ├──────(補充書)      イ．特許権、実用新案権       (料金不納)
               │                        第4年分以降の各年分の
               │ (受 付)                特許(登録)料納付        (権利消滅)
               │                    ロ．意匠権
               │ (方式審査)          第2年分以降の各年分の
               │                        特許(登録)料納付
               │(受理)(却下)(補充指令)  ハ．商標権
               │                        分割納付                (異議申立)
        ┌─────────────┐          更新登録の申請と同時にする納付   行政不服審査法による
        │ 原簿料金欄記録│
        └──────┬──────┘
               │ 次年分納付期限まで権利を存続できる    (領収書)
        ┌─────────────┐
        │ 追納期間 │ 納付期限+6ヶ月
        └──────┬──────┘
        ┌─────────────┐
        │ 権利の回復 │特許法第112条の2、実用新案法第33条の2、意匠法第44条の2、商標法第21条
        └──────┬──────┘
               │      (申請書等提出)
               ├──────(再提出)    1．権利変動等が生じた場合
               │                    イ．住所、氏名(名称)の変更
               │ (受 付)            ロ．相続(合併)又は譲渡による移転
               │                    ハ．専用(通常)実施(使用)権の設定
               │ (方式審査)          ニ．質権の設定
               │                    ホ．その他
               │(受理)(却下)         2．裁判所等の嘱託(通知)
               │                    3．通商産業大臣の命令          (異議申立)
        ┌─────────────┐                                          行政不服審査法による
        │  原 簿 登 録  │
        └──────┬──────┘               (登録済通知)
        ┌─────────────┐
        │存続期間満了消滅│
        └─────────────┘
```

(注) 商標権については年金制度を採用していないが分割納付を利用した場合は、満了前5年までに再度納付しなければならない。
なお、存続期間の更新を希望するときは存続期間満了前6ヶ月から満了日までの間に商標権の存続期間の更新登録の申請をすること。更新登録の申請と同時に納付する登録料も分割して納付することができる。

128　VI　工業所有権制度における登録制度——その意義と概要

［図 2］　登録に関する基本的処理系統

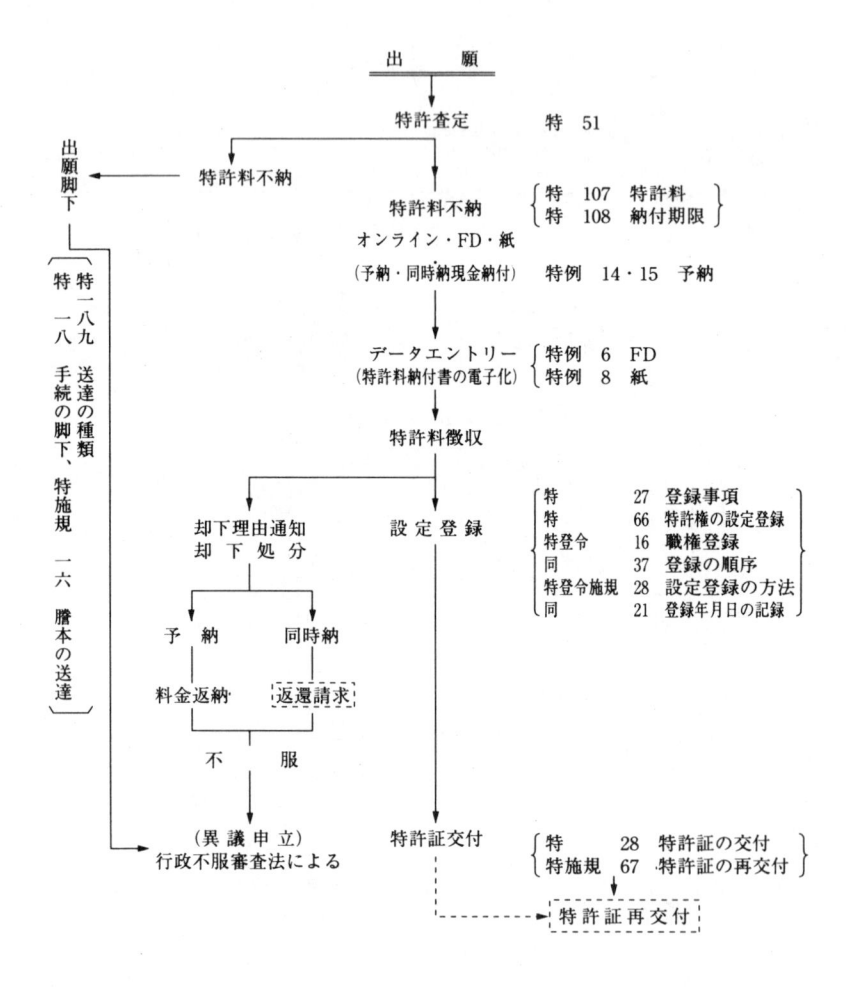

```
                        出　　願
                           │
                           ▼
                        特許査定　　　　　特　51
                           │
          ┌────────────────┤
          ▼                │
        特許料不納          ▼
                        特許料不納　　　　｛特　107　特許料　　｝
出                      オンライン・FD・紙　 特　108　納付期限
願                      （予納・同時納現金納付）　特例　14・15　予納
脚                           │
下                           ▼
◄─                      データエントリー　　｛特例　6　FD　｝
                        （特許料納付書の電子化）　特例　8　紙
特　特                       │
一　一                       ▼
八　八                   特許料徴収
九　　                       │
　　手           ┌───────────┤
送　続                       │
達　の            ▼          ▼
の　脚          却下理由通知　 設定登録　　｛特　　　　27　登録事項　　　｝
種　下          却 下 処 分　　　　　　　　 特　　　　66　特許権の設定登録
類　　                                    特登令　　16　職権登録
　　特                                    同　　　　37　登録の順序
　　施            ┌────┐                 特登令施規 28　設定登録の方法
　　規           ▼    ▼                  同　　　　21　登録年月日の記録
　　一         予 納　同時納
　　六        料金返納 ┌──────┐
　　謄                │返還請求│
　　本                └──────┘
　　の            │
　　送            ▼
　　達         不　服
                  │
                  ▼
              （異 議 申 立）　　特許証交付　　｛特　　　28　特許証の交付　　｝
              行政不服審査法による              特施規　67　特許証の再交付
                                      └ ─ ─ ─▶┌──────────┐
                                              │特許証再交付│
                                              └──────────┘
```

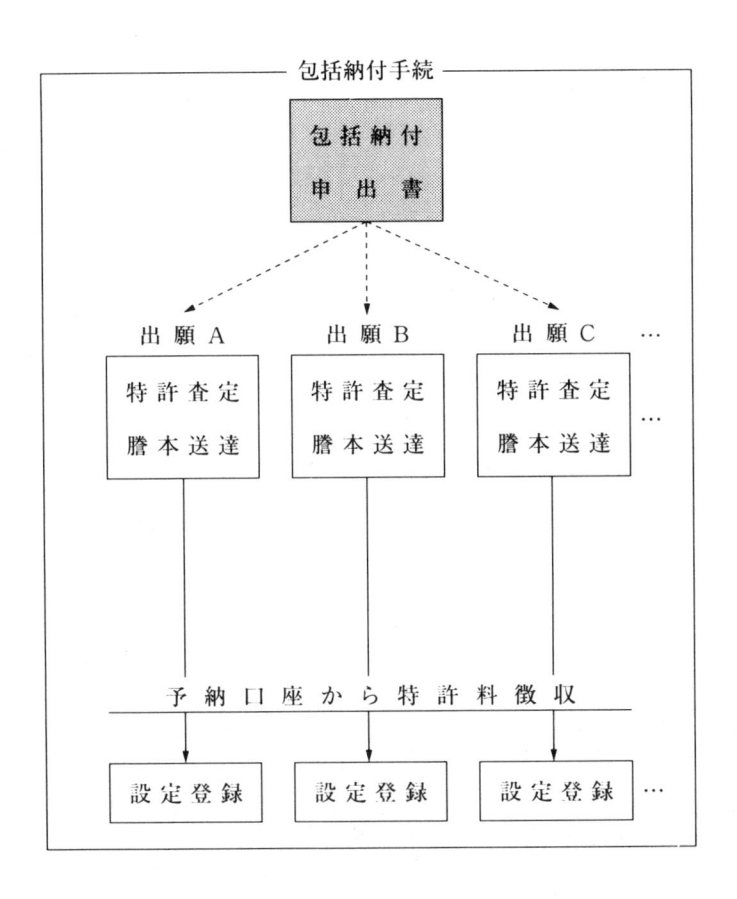

5 登録業務のコンピュータ化　129

[図3]

```
┌─ 包括納付手続 ──────────────────────┐
│              ┌─────────┐              │
│              │ 包括納付 │              │
│              │ 申 出 書 │              │
│              └─────────┘              │
│            ↙     ↓     ↘              │
│      出願 A    出願 B    出願 C   …   │
│     ┌──────┐ ┌──────┐ ┌──────┐       │
│     │特許査定│ │特許査定│ │特許査定│  …  │
│     │謄本送達│ │謄本送達│ │謄本送達│       │
│     └──────┘ └──────┘ └──────┘       │
│                                       │
│     予納口座から特許料徴収             │
│        ↓       ↓       ↓              │
│     ┌──────┐ ┌──────┐ ┌──────┐       │
│     │設定登録│ │設定登録│ │設定登録│ …    │
│     └──────┘ └──────┘ └──────┘       │
└───────────────────────────────────────┘
```

VI 工業所有権制度における登録制度——その意義と概要

[図4]

(2) 手続の概要
　　包括納付制度の手続フロー

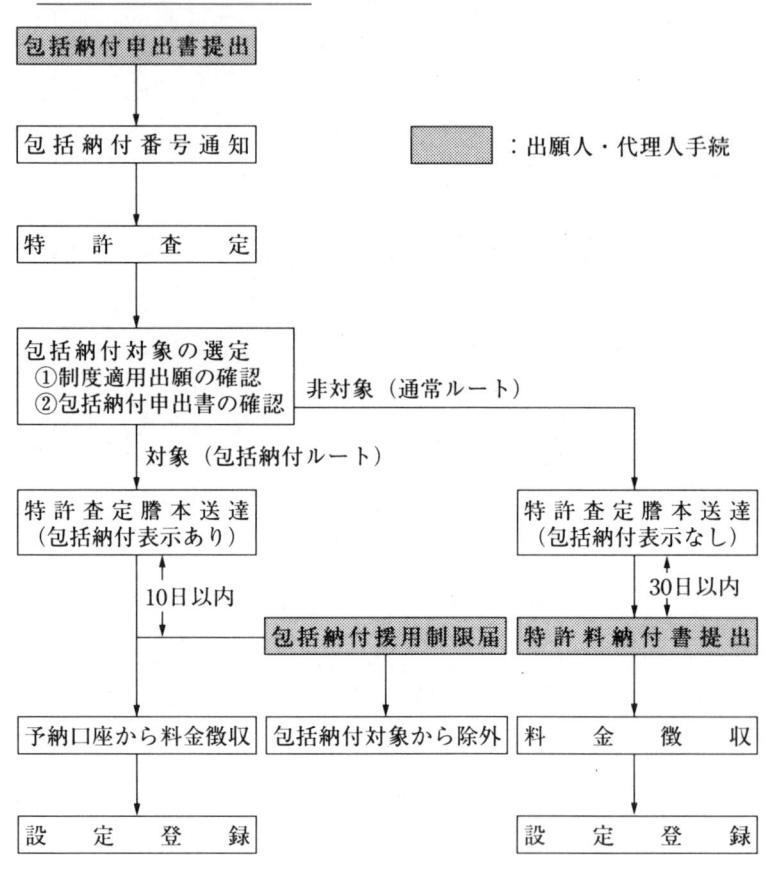

```
┌─────────────────┐
│  包括納付申出書提出  │
└─────────────────┘
         ↓
┌─────────────────┐              ▇▇▇▇ ：出願人・代理人手続
│  包括納付番号通知    │
└─────────────────┘
         ↓
┌─────────────────┐
│  特　許　査　定    │
└─────────────────┘
         ↓
┌─────────────────┐
│ 包括納付対象の選定   │  非対象（通常ルート）
│ ①制度適用出願の確認 │─────────────────┐
│ ②包括納付申出書の確認│                  │
└─────────────────┘                  │
    対象（包括納付ルート）              │
         ↓                            ↓
┌─────────────────┐    ┌─────────────────┐
│  特許査定謄本送達    │    │  特許査定謄本送達    │
│ （包括納付表示あり） │    │ （包括納付表示なし） │
└─────────────────┘    └─────────────────┘
         ↕ 10日以内              ↕ 30日以内
         │  ┌──────────────┐      │  ┌──────────────┐
         │  │ 包括納付援用制限届 │      │  │ 特許料納付書提出 │
         │  └──────────────┘      │  └──────────────┘
         ↓          ↓              ↓
┌──────────┐ ┌────────────────┐ ┌──────────┐
│予納口座から│ │包括納付対象から除外│ │料金徴収  │
│料金徴収  │ │                  │ │          │
└──────────┘ └────────────────┘ └──────────┘
         ↓                            ↓
┌──────────┐                    ┌──────────┐
│設　定　登　録│                    │設　定　登　録│
└──────────┘                    └──────────┘
```

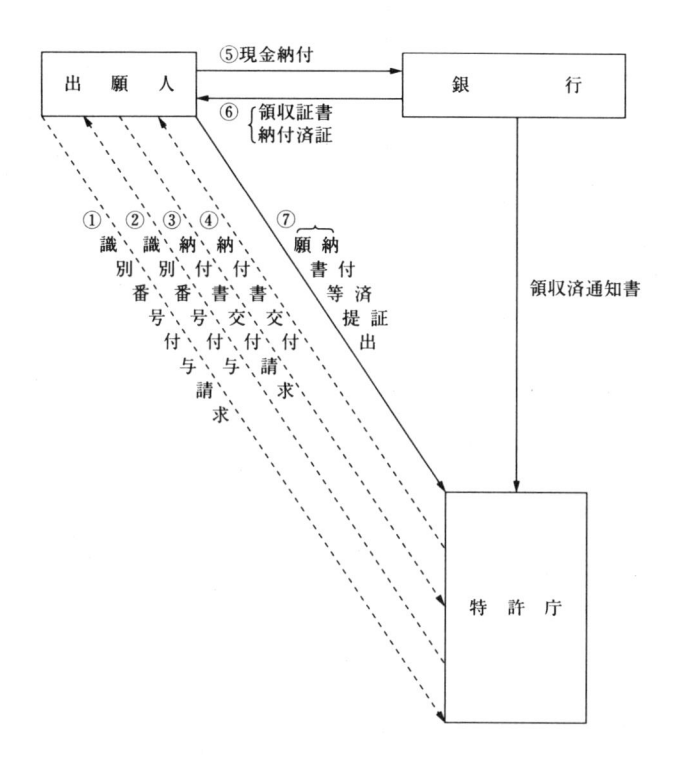

5 登録業務のコンピュータ化 131

［図5］

①識別番号付与請求
②識別番号付与
③納付書交付請求
④納付書交付
⑤現金納付
⑥ ｛領収証書 / 納付済証｝
⑦願書等提出 / 納付済証
領収済通知書

出願人　銀行　特許庁

Ⅶ　THE 情報・ルネサンス
　　——ベンチャーと知的財産権——

山　竹　伸　一

1　銀行におけるベンチャー（成長）企業育成の試み

(1)　ベンチャー企業への新しい対応

　銀行を含めた金融機関はここもとニュービジネスを中心に台頭するベンチャー企業への投融資を拡大している。但し，金融機関にとって過去取引事例の少ない成長企業への融資はリスク管理が難しいことや技術評価方法が確立していない点などの問題点もあるため，新しい審査体制の確立を急いでいるのが現状である。

(2)　金融機関がベンチャー企業と取引する際の主な問題点

①　多様な分野

　ベンチャー，成長企業，ニュービジネスといった言葉は今日多く使われている。特にマルチメディアと言われる分野だけをとらえても，インターネットからCD-ROM，ゲームに登場するキャラクター，パソコンの心臓部といわれるMPUまでその分野は広範囲に渡っている。そのため多方面の知識が同時に必要となる。

②　商品によっては当たり，はずれが大きい

　特にパッケージソフトについては当たりはずれが極端にぶれるものがある。ゲームソフト関連については特に顕著に現れている。この商品はこのくらい売れるだろうという過去の経験からくる予想が成り立たないということが主な原因である。

③　専門知識の必要性

顧客とある程度話が出来る知識は必要である。大学教授クラスまでの知識は必要としないものの，市場動向，事業概要，商品のコンセプトを理解するのに最低必要な知識を身につけておくことは不可欠といえよう。金融機関サイドからいえば，本来の銀行業務とは別の専門的知識が必要になるということである。

④　新しい分野の新しい企業

インターネット，CS 放送，EC など，いずれもここ数年で急成長してきた分野であり，従来型の企業とは成長速度，商品コンセプトなどは根本的に異なる点が多く，全く新しい分野として発展した企業といえる。

⑤　陳腐化の激しいテクノロジー

ベンチャー企業はテクノロジーの技術革新が劇的に速いため，すぐに陳腐化してしまうものが多いと言える。特に知識集約型産業と言われるベンチャー企業は投資コストを回収し終わる前につぎの開発を始めなければならないケース多く，通常製品のようなプロダクト・ライフサイクルが当てはまらない。

⑥　スピード感のある企業

ベンチャー企業の多くはトップダウンによる即断即決型が多く新しい商品や事業を次々に打ち出している。企業そのものにスピード感があり，従来の企業のような意思決定プロセスとは異なる。

⑦　資産蓄積が乏しい

ここ数年で急成長している企業が多いため，不動産，有価証券，現預金などの資産蓄積がまだ十分ではないのが現状である。その上，社歴も浅いため，融資が難しい面も多くみられる。

⑧　グローバルな企業

台湾，韓国，米国の NASDAQ 出身企業が積極的に日本に進出してきており，国内のみならず，グローバルな規模での情報が必要となっている。

(3)　**金融機関の VB に対する対応策**
①　ベンチャー支援・審査の専門セクションの創設
②　知的財産権担保融資への新しい取組み
　　 a．ソフトウェアに対する新しい評価方法
　　　　○ ディスカウント・キャッシュ・フロー方式

○ 原価方式
○ 取引事例比較方式
b．専門ハイテク調査機関の活用
c．公的債務保証機関の活用
○ ㈶ベンチャーエンタープライズセンター（VEC）
○ 情報処理振興事業協会（IPA）
○ 産業基盤整備基金

(4) 新しいVB支援体制
　　～シングル・ツールからネットワーク・システムへ～
① シングル・ツール（単独型）

現状，各金融機関が行っている支援体制はこの体制によるものが多いといえる。具体的なツールのイメージとしては通常の融資，投資を含めた資金供給という手法が考えられる。単独型の実際の資金供給形態はVCによる投資，投資組合方式による投資，公的債務保証制度の活用による融資，あるいは知的財産権担保融資などがある。

② コンプリケーテッド・スキーム（複合型）

先程のシングル・ツールから一歩前進して，資金供給を単独のツールとして行うのではなく，その企業の成長ステージに適合した資金面以外のサポートも組み合わせる支援方法である。幾つかの金融機関で現在見受けることができる。具体的には上記のシングルツールに加えて弁護士，経営コンサルタントなどの紹介やビジネス支援が考えられよう。

③ ネットワーク・システム（ネットワーク型）

ネットワーク型とは上記のコンプリケーテッド・スキームに同業種間交流，異業種間交流，各地方自治体のベンチャー支援プロジェクト，産学共同研究や事業などの地域，産業の垣根を越えたワールドワイドな活動を加え，インターネットや衛星などのネットワーク・インフラを有効に活用してシステム化したものをいう。すなわち，オープン化されたネット・ワークを構築することで従来の閉鎖的企業支援からグローバルな形の開放的支援への転換がベンチャー企業育成のための課題であるということである。各社ともネットワーク・システムの確立はこれからの課題である。

2 ベンチャー新成長理論と評価基準
～新しいメルクマールを求めて～

タイトルは評価基準ではあるが、要はベンチャー企業として必要な要素と考えていたほうが良い。経営者、すなわちベンチャー企業の最高の意思決定者が、キーポイントになることはいうまでもない。ベンチャー企業の場合、企業＝経営者＝工場＝製品のケースが多く、組織力を活かすというよりは経営者の能力、つまり個人の能力そのものが企業力と一致することが普通である。つまり、経営者を評価することは従来型企業の経営者の評価以上に重要な要素である。

また、技術者、研究者、デザイナー、クリエイターの多くは特定の技術、研究、デザイン、コンテンツ制作などの面で特筆すべき能力を持っている。これらの開発者は、経営者と同一の場合もあろうし、別の場合もある。つまりベンチャー企業の成長ステージが進行していくに従って経営能力と開発能力が組織化、つまり分離されていき個人能力の要素より組織力の要素を重視した動きになるトレンドが見受けられる。

表Ⅶ-1 成長ステージ別企業力

企業力 $y = f(PA) \cdot \alpha + f(OA) \cdot \beta$

	アーリーステージ	拡大期	ブリッジステージ	I.P.O

組織面／個人能力

＊成長要素

$\dfrac{\text{P.A.}}{\text{個人能力}} = f\left(\underset{\text{技術力}}{T}, \underset{\text{デザイン力}}{D}, \underset{\text{創造力}}{C}, \underset{\text{企画力}}{E}, \underset{\text{アイディア力}}{I}, \underset{\text{営業推進力}}{P}\right)$

$\dfrac{\text{O.A.}}{\text{組織力}} = f\left(\underset{\text{財務}}{T}, \underset{\text{人事}}{PE}, \underset{\text{総務}}{S}, \underset{\text{組織}}{O}, \underset{\text{組織的販売促進}}{P2 = P + E + O}\right)$

初期推進係数 α ＝先見性、資金、市場創造力、速度

拡大係数 β ＝大企業の販売力、信頼、製造力

重要なことは，成長ステージ毎に，P.A.とO.A.に内在する成長要素の構成比率や，P.A.とO.A.の比率が大きく変化するということである。即ち，企業がどの成長ステージに分類されるかで成長要素の割合が変わるということである。ここで特に注目して頂きたいのは初期推進係数 α と拡大係数 β という2つの係数である。α と β に0を代入した時点で企業力Yは0になってしまう。日本型ベンチャー企業が成長していくためにはこの2つの係数が大きなウェイトを占めることになる。今後の研究課題としてはステージ毎に各々の成長要素をより客観的且つ具体的に計量化することができるかということにつきる。ここでいう企業力とは各企業の総合力を表している。成長企業とはP.A.やO.A.の構成比率が業種や外部環境によってさらには成長ステージによって最適な比率に決定されている企業であるといえる。つまり成長率が高いかどうかと言うことは企業バランスを総合的に判断するということに他ならないということである。

3 知的財産権と成長要素の関係

前頁で述べた「2．ベンチャー新成長理論と評価基準～新しいメルクマールを求めて～」の成長要素と知的財産権との関係をまとめると表Ⅶ-2のようになる。つまり，ベンチャー企業の主な成長要素は知的財産権に裏付けられたものが多いということがわかる。

表Ⅶ-2　P.A.（個人能力）と知的財産権

P.A.	主な知的財産権
T	特許権，プログラム著作権　　　　etc.
D	商標権，著作権　　　　etc.
C	特許権，商標権，著作権，プログラム著作権
E	特許権，商標権，著作権，プログラム著作権
I	特許権，商標権，著作権　　　　etc.
P	

4 知的財産権の種類

ここで，知的財産権の種類について簡単に述べる。

知的財産権は知的所有権や無体財産権ともいわれている。図で示すと次のようになる。

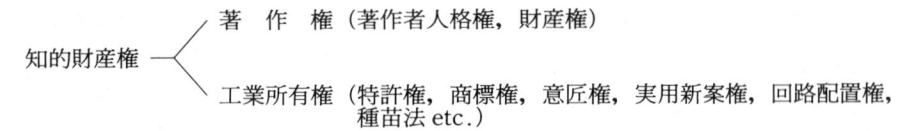

表Ⅶ-3

知的財産権 ─┬─ 著 作 権（著作者人格権，財産権）
　　　　　　└─ 工業所有権（特許権，商標権，意匠権，実用新案権，回路配置権，種苗法 etc.）

知的財産権の中で主に考えなければならない権利について簡単に説明した上で，金融機関から見たポイントを述べる。但し手続内容や料金及び各法律などについては必ず専門家及び関係部署・官庁に相談する必要があろう。

(1) 特 許 権

「発明」とは法律上「自然法則を利用した技術的思想の創作の内，高度のもの」をいう。

（特許法第2条）

つまり特許権は，「発明」を保護する権利のことをいう。特許は，先に述べたとおり，「自然法則」という前提があるため，金融機関などは対象外となる。

① 「登録」までの期間を把握しておくこと。

日本では，「出願」をしてから審査を受けて最終「登録」するまで，いくつかの段階を経なければならない。当然，何年かの期間を要するといわれている。

金融機関として考えなければならないのは，「出願」しただけでは最終的に特許として認められない場合もあることを念頭に入れて置くということである。さらに言うならば，その結論が出るまでには多くの時間がかかるということである。

(2) 「出願」しているかどうかの確認

特許庁に出むけば，対象となる「発明」が実際に出願されているかどうかの確認をすることはできる。但し，「出願」～「登録」の各過程の状況によって確

認に時間のかかるケースもある。

具体的に原簿を確認するという方法や，特許庁にあるワークステーション上で索作することもできる。この時，出願時，審査時などの番号がわかれば，簡単に誰でも調べることができるので事前に調べておくと便利である。

③ 「登録」内容の確認

最終的に特許は取得，「登録」後，と同時方法で「登録」内容を索作することが出来る。

④ 特許料の納付の確認

特許については，「出願」，「審査請求」，「査定」の各段階で，料金が必要となる。特許料については下記の表の通りである。

表Ⅶ-4 特許料・登録料一覧表（平成9年4月1日現在）

1. 特許料	料　　　金
・昭和62年12月31日以前の出願	
第1年から第3年まで	毎年　　7,000円に1発明につき毎年　　7,400円を加えた額
第4年から第6年まで	毎年　 11,200円に1発明につき毎年 11,200円を加えた額
第7年から第9年まで	毎年　 22,400円に1発明につき毎年 22,400円を加えた額
第10年から第12年まで	毎年　 44,800円に1発明につき毎年 44,800円を加えた額
第13年から第15年まで	毎年　 89,600円に1発明につき毎年 89,600円を加えた額
第16年から第18年まで	毎年　179,200円に1発明につき毎年179,200円を加えた額
第19年から第20年まで	毎年　358,400円に1発明につき毎年358,400円を加えた額
追加特許の場合（1発明につき）	
第1年から第3年まで	毎年　　7,400円
第4年から第6年まで	毎年　 11,200円
第7年から第9年まで	毎年　 22,400円
第10年から第12年まで	毎年　 44,800円
第13年から第15年まで	毎年　 89,600円
第16年から第18年まで	毎年　179,200円
第19年から第20年	毎年　358,400円
・昭和63年1月1日以後の出願	
第1年から第3年まで	毎年　 13,000円に1請求毎に毎年　　1,400円を加えた額
第4年から第6年まで	毎年　 20,300円に1請求毎に毎年　　2,100円を加えた額
第7年から第9年まで	毎年　 40,600円に1請求毎に毎年　　4,200円を加えた額
第10年から第12年まで	毎年　 81,200円に1請求毎に毎年　　8,400円を加えた額
第13年から第15年まで	毎年　162,400円に1請求毎に毎年 16,800円を加えた額
第16年から第18年まで	毎年　324,800円に1請求毎に毎年 33,600円を加えた額
第19年から第20年	毎年　649,600円に1請求毎に毎年 67,200円を加えた額

⑤　国際出願の確認

　ワールドワイドに活躍する企業が増えてくると日本国内の特許の他に外国で特許を取得することが重要となる。この場合には，日本の特許庁を系由して希望する指定国に出願をすることが可能である。

　出願方法としてはいくつかの方法があるが，その一つにPCT(Patent Cooperation Treatyの特許協力条約)出願がある。詳しくは，特許庁内に国際出願室が設置されているので，そちらで相談することをお勧めする。金融機関としては，国内のみならず，外国でヒットしている商品で，国際出願がなされていることはプラス材料として考えられよう。世界で利用されている商品であれば尚さらである。多くの国の特許が取得されていれば，ロイヤリティなどの収入が得られる機会も多くなると判断される。

　但し，国際出願は，各国への直接出願にしてもPCTによる国際出願でも，利用される際には，弁護士，弁理士などの専門家や特許庁に相談するほうが良いと思われる。

⑥　特許権の存続期間の確認

　特許権の存続期間は，出願日から20年である。

　ある企業にとって対象となる特許が大変重要であると判断された場合，特許権の存続期間がどのくらい残っているかということや，特許権を維持するために特許料が納付されているかなどという点を良く確認する必要がある。

(2)　商　標　権

　先程述べた「発明」を前提とする特許権とは異なり，商標権は「文字，図形もしくは記号もしくはこれらの結合または，これらとの色彩との結合」(商標法)の権利をいう。陳腐化した特許権を持つ企業より，世の中に広く受け入れられている商標権を所有している企業の方が，評価される場合もある。商標は特許と違い特殊なテクノロジーの知識が必要とされないため，流通性，換価性において他の権利よりも優れているときもある。

①　「登録」までの期間を把握しておくこと。

　一般的に商標権の取得までの期間は特許権のそれより短いと言われている。当然，金融機関にとって重要なことは，対象企業の商標が「出願」から「登録」

のどの段階にあるかということを把握しておくことである。

特許権と同様に商標権もまた「登録」がされはじめて，権利保護がされる。どの位の時間が経過したら登録料が納付され，「登録」されるかということに注意する必要があろう。

② 「出願」しているかどうかの確認

先程の特許権の場合と同様の方法で索作することが可能である。ワークステーションの操作や閲覧のやり方がわからない場合は，特許庁の受付などで相談するとよい。

③ 「登録」内容の確認

先程の特許権の場合と同様の方法で索作することが可能である。

④ 商標権の登録料の納付の確認

商標は「審査」が終了し，登録が可能と判断されたものについては「査定」が実施され，登録料が納付された後，商標として正式に「登録」が完了する。登録料は特許料の場合とは異なり，66,000円（平成9年4月1日現在）である。

⑤ 商標権の存続期間の確認

商標権の存続期間は10年である。しかし特許権の場合とは異なり，何度でも更新することができる。対象となる企業の主力商品や企業そのもののブランドに強い力がある場合は，貴重な権利の一つと見なすことができる。当然，商標の登録料や更新登録料の納付されなければ登録や更新が完了していないことになるので，この点は確認する必要がある。

表Ⅶ-5　商標権・登録・更新料一覧表

商標権の料金	金　　額
登　録　料	66,000円
更新登録料	130,000円

(3) 著作権

著作権は，著作物を創作した時に自動的に発生する。

特許権などの工業所有権とは違い，権利取得のための手続を必要としていな

い。

それではなぜ文化庁やSOFTICに登録をする制度があるのか。それは，著作権関係の法律的事実の公示，著作権の移転を行なった場合の取引の安全の確保などを目的としているためである。登録機関については工業所有権は特許庁であるが，著作権は文化庁となる。

但し，プログラムの著作物についてのみSOFTIC（㈶ソフトウェア情報センター）が登録機関になっている。

　　　文化庁文化部著作権課
　　　　　千代田区霞が関3-2-2　　TEL 3581-4211
　　　　財団法人ソフトウェア情報センター（SOFTIC）
　　　　　港区虎ノ門5-1-4東都ビル4F　　TEL 3437-3071

① 「登録」までの機関を把握しておくこと

工業所有権と比べて，登録まで期間は短いといえる。平成9年3月に各機関に電話にて確認をしたところ，文化庁は1年～2年位，SOFTICは1ヶ月～2ヶ月位かかるそうである。

② 「登録」されているかどうか及び登録内容の確認

文化庁は登録番号が判明していれば，登録し原簿の閲覧をすることができる。

SOFTICについても文化庁同様，登録原簿の閲覧をすることができる（但し，マイクロフィッシュは除く）。

登録原簿の閲覧の料金（平成9年4月1日現在）は文化庁は1件300円，SOFTICは1,500円である。

③ 登録までの流れ

図Ⅶ-1　申　請（申請書，明細書，その他資料）
　　　　　　　　　　↓
　　　　　　　文化庁・SOFTIC
　　　　　　　　　　↓
　　　　　登録受付簿に所要事項を記入
　　　　　　　　　　↓
　　　申請書その他添付資料に受付年月日，受付番号を記入
　　　　　　　　　　↓
　　　　　　申請書その他添付資料の審査
　　　　　　　↙　　　　　↘
　　　　　登　録　　　　却　下
　　　　　　↓　　　　　　　↓
　　　　登録済通知書　　却下通知書
　　　　　の交付　　　　　の交付

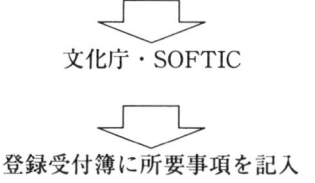

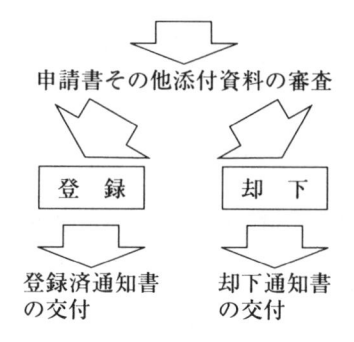

④ 著作権の保護期間

　著作権法 51 条 2 項によれば，「自然人が創作した著作物の内，著作者の実名で公表されるものの著作権は，原則として当該著作物の著作者の死後 50 年を経過するまでの間存続する。また 2 人以上の共同著作者の創作による共同著作物については，著作者のうち最後に死亡した者を基準にする。

5　知的財産と担保

　はたして知的財産は金融機関のいう担保となり得るのであろうか。この数年で急成長したベンチャー企業にとって従来，私たちが通常担保として考える様な不動産や有価証券の蓄積が少ないケースが多くみられる。
　ベンチャー企業の中でも特にソフトウェアをビジネスとしている場合，その

表Ⅶ-6　担保権の主な登記・登録制度（知的財産権以外）

年　代	不動産・動産・権利財団	制　　　度	登記制度の利用
1886年	土　地　・　建　物	不　動　産　抵　当	○
1899年	船　　　　　　　　舶	動　産　抵　当	○
1954年	建　設　機　械	動　産　抵　当	○
1951年	自　　動　　車	動　産　抵　当	×
1953年	航　　空　　機	動　産　抵　当	×
1905年	鉱　　業　　権	債権等の権利担保	×
1909年	漁　　業　　権	債権等の権利担保	×
1958年	電　話　加　入　権	債権等の権利担保	×
1905年	鉄　道　抵　当	財　団　抵　当	×
1913年	運　河　抵　当	財　団　抵　当	×
1905年	工　　場　　財　　団	財　団　抵　当	○
1905年	鉱　　業　　財　　団	財　団　抵　当	○
1925年	漁　　業　　財　　団	財　団　抵　当	○
1933年	自　動　車　交　通　事　業　財　団	財　団　抵　当	○
1952年	道　路　交　通　事　業　財　団	財　団　抵　当	○
1951年	港　湾　運　送　事　業　財　団	財　団　抵　当	○
1968年	観　光　施　設　財　団	財　団　抵　当	○

　ソフトウェアを構成している権利に価値があるとするならば，従来の不動産や有価証券などを補完するものとして検討すべき余地は残されているのではないだろうか。むろん法的権利はあっても金融機関が，流通性などの問題から評価できないケースもある。

　上表のように，土地以外にも動産・権利・財団など担保となり得るものがあることがわかる。ただ実際にこれらの権利が現状とどの程度マッチしたものであるかどうかという点や一般的によく利用されている方法であるかどうかという点については疑問が残されている。

(2)　評価方法

　知的財産権が担保となりうると考えた場合，問題になるのは評価方法という

ことになる。
　ここでは一般的に言われている評価方法を紹介する。但しこれらの方法が万能であるとは限らないため，複合的に利用したり，参考値にとどめて置くという考え方もあろう。

表Ⅶ-7　知的財産権の主な評価方法

方　　法	内　　容
コストアプローチ	対象となる知的財産を創り出すのにいくらのコストがかかったのかということに着眼した考え方
マーケットアプローチ	同種類と考えられる知的財産が実際に市場で売買されている価格に着眼した考え方
インカムアプローチ（ＤＣＦ法）	対象となる知的財産を利用することによって得ることが出来る将来の価値を現在の価値に引き直すという点に着眼したもの

　①　インカム・アプローチ（DCF法，ディスカウント・キャッシュフロー方式）
　DCF法は将来発する価値を現在の価値に引き直して算出するものである。つまり担保の価値は，現在会社が所有している一時点の資産価値を評価するのではなく，将来発生するであろう価値を現在の段階で予想するという考え方である。参考までに公式は次の通りである。

$$\text{現在価値} = \sum_{t=1} \frac{\text{予想収益}}{(1+\text{割引率})} \qquad t = \text{年数}$$

　②　コスト・アプローチ
　ソフトウェアの持つ価値が不明確なため，当ソフトの制作にかかったコストを価値とする考え方である。
　③　マーケットアプローチ
　同じ種類のソフトウェアがあった場合，そのソフトウェアの実績，つまりマーケット（市場）での価値を当ソフトウェア価値に置き換えるという考え方である。
　一般的に言って，受託開発型のソフトはその価値が明確になるため，評価と

いう点に関してはあまり問題にはならないが，不特定多数への販売をするアプリケーションソフトは評価そのものが大変難しいということになる。通常はこの手のソフトはDCF法を使うことが，多いようである。

6 知的財産権に担保を設定する時のポイント

知的財産権を担保として考える場合は契約書上で記載しなければならない，いくつかのポイントがある。具体的にはケース・バイ・ケースであるため，個別に弁護士などに相談することを勧めたい。

担保設定の方法が質権なのか，譲渡担保なのか，また特許権なのか，著作権なのかによっても異なる。具体的な中味の法律的解説はご専門の先生方に譲り，とりあえず代表的な条項について概説するに留める。

(1) 非行使特約

著作権における著作者人格権は著作者から，その権利を譲受されても同一性保持権があるため，特にソフトウェアを改良したり改変したりすることができない。そこでこれらの行為を可能にするために著作権を有する著作者に著作者人格権を行使しない旨の特約のための条項である。

(2) バージョンアップ条項

知的財産権，特にソフトウェアなどは，完成した商品を基礎に改良を加え，別の商品を開発することはめずらしいことではない。この方法を上手に利用して，当該担保と似て非なるものをつくられては，全く意味がない。そこで当該の知的財産権を基本として改良（バージョンアップ）をした場合や開発をした場合は，これらについても担保として継承するという条項である。

(3) 瑕疵担保責任

担保設定された知的財産権に関し，担保権に侵害するように権利設定（譲渡，実施権など）や契約が存在しないことと，担保設定者やその権利を譲渡された権利者にも担保権を保証するという条項である。

(4) 流質条項

債務者が債務の履行が出来なくなった場合，知的財産権を担保設定者が取得し，又は任意売却して回収した代金を債務の弁済に充てることができるとする条項である。

(5) 技術指導条項

知的財産権が担保設定者又は第三者に移転・譲渡した場合は債務者は担保設定者・債権者の指示により，速やかに本知的財産権の譲受人に対し必要とされる資料をすべて開示し且つ技術指導を行うとする条項である。

7　知的財産権は担保となりうるか

　世界的に見てもWIPO(世界知的所有権機関)などが，またアジアでもASEAN(東南アジア諸国連合)7ヶ国が，知的財産権の保護体制強化向け1998年にも共同商標庁と共同特許庁を設立することで合意するなど大きな動きを示している。
　日本でも一部の銀行が知的財産権，特にソフトウェアを担保とした融資や外債発行を行なっている。しかし果して従来金融機関が対象としてきた不動産，有価証券，預金などと同様に扱うことが可能であろうか。今後の大きな課題といえよう。
　近年，情報通信などのマルチメディア分野を中心にベンチャー企業が台頭しており，彼らの利益の源泉は主に知的財産権が核になっているケースが多々見られる。このように考えると，知的財産権自体は当然研究していかなければならない課題であり，世界の潮流もその方向にあるといえるだろう。
　一方で，今後，実務的な観点からも，以下のように，多くの課題が存在し，まだまだ検討しなければならないと思われる。
　1．セカンダリーマーケットの創設
　2．異なる知的財産権が複合化されていた場合，同時に登録することができる登録機関の創設
　3．知的財産権に裏付けをした債務保証機関の創設
　4．国際的に統一された知的財産権登録システムの確立
　5．登録，維持費用の削減

6．知的財産権のデジタル申請の一般化
7．知的財産権の評価方法の確立
8．デジタル化時代に適した知的財産権に関する法的整備の推進

8　ベンチャー企業への新しい対応

(1)　ベンチャー企業のカテゴリー

　ベンチャー企業の大半は私たちの一般に言う中小企業[注]が大半を占めている。最近では，特に成長ステージや業態別による分類が行われてい。成長ステージ別ではシード，スタートアップ，拡大期，ブリッジステージや，アーリーステージ，レーターステージなどがある。また，業態別では，「知識集約型産業」，「研究開発型企業」などという考え方がある。本章では次の6つの共通項がある企業を特にベンチャー企業と呼ぶことにしたい。
① 　勇猛果敢なチャレンジ精神がある。
② 　特定分野に秀出ている。
③ 　新しい市場を創造できる。
④ 　ニッチマーケットがターゲットである。
⑤ 　高い成長率である。
⑥ 　スピード感がある。

(2)　投資・融資と投資的融資

　先程，述べたとおり，ベンチャー企業は，成長ステージや業種によって資金調達形態が異なる。創業時は，自己資金やエンジェルと呼ばれる投資家に出資（直接金融）を仰ぎ，企業形態が整い始めたアーリーステージ後半から拡大期前半は融資（間接金融）が主流となり，店頭登録の段階になると，新株発行による株式公開（直接金融）が出来るようになる。
① 　投　資
　ここでいう投資は，ハイリスク，ハイリターンの原則が前提にあり，投資家は，企業が保有している技術やノウハウに夢をかけて投資をし，事業が成功した場合，多くの利益を得ることが出来る資金のことをいう。つまり投資した資金は何十倍以上にも化ける可能性もあるが，逆にゼロになってしまう可能性も

8 ベンチャー企業への新しい対応　149

あることを承知の上で，企業に資金を供給する形態であるともいえる。

② 融　資

①の投資に反して融資とは，ローリスク，ローリターンが原則といえます。リターンが低い代わりにリスクも低いということである。すなわち，融資は元来，実行されたならば最終的には返済になるという考えが大前提にある。つまり投資も融資も企業に資金が供給されるという点では同様あるが，基本的コンセプトが異なる性質の資金なのである。

③ 投資的融資

下のⅦ-2に「投資的融資」という表現があるが，ここでの定義は「通常のよりもリスクが高いと考えられる企業，または個人に，リスクを最小化する手段を用いて行う融資形態」のことをいう。

従来，投資はエンジェルと呼ばれる個人投資家やベンチャーキャピタル(VC)が主に資金提供者として存在していた。また融資などの間接金融は，銀行などの金融機関が中心であった。ところが，ここに来て，将来，急成長する可能性を秘めたベンチャーと呼ばれる企業が台頭するようになると，融資という基本形を堅持するために，リスクを可能な限り低くするようなスキームが考案されはじめてきた。ここでは先ほどの定義に従って，これらを一括して投資的融資と呼ぶこととする。

図Ⅶ-2　投資的融資の概念図

投　資	投資的融資	融　資
エンジェル ベンチャーキャピタル 任意・匿名組合方式 　　　　　　　　etc	Participation Loan Completion Bond ファンド型融資 公的債務保証制度 　(VEC、IPA、産業基盤 　　整備基金 等) 知的財産権担保融資	有担保・無担保融資 　　　　　　etc

このカテゴリーにはParticipation Loan, Completion Bond, ファンド型融資，公的債務保証制度を活用した融資，知的財産権担保融資などが入る。当然Ⅶ-2の投資，投資的融資，融資に関するカテゴリーは，資金供給の内容によっても柔軟に解釈される性格があることも付記しておく。

(a) Participation Loan

　低利の融資をする見返りとして，営業活動で得た利益の一部を貸し手が得ることが出来るように投資的な要素を持った融資スキームである。

(b) Completion Bond

　例えば，有名なゲームソフトなどは，最終的に商品として完成すれば，ある程度の売上が見込める。この場合，企画段階から始まったソフトを商品として完成させることが出来るかどうかが問題となる。そこで完成することを保証する保険（Completion Bond）を付けるというスキームである。未完成で終了した場合，保証が履行され融資金額が返済される。

(c) ファンド型融資

　一般的な金融機関が行う融資形態としては，ある程度現実性のあるタイプである。従来の審査基準では判断が難しい先への融資を行う際，問題となるのはリスクの程度ということになる。そこでファンド形式をとることによって最大リスクを確定しておこうという手法である。各金融機関の個別の事情や資産を考案し，最大リスクを決定し，その範囲でファンド運営をしていこうという考え方である。

(d) 公的債務保証制度

　このタイプが金融機関として一般的なタイプといえる。財団法人ベンチャーエンタープライズセンター（VEC），情報処理振興事業協会（IPA），産業基盤整備基金などの公的債務保証を活用した融資形態がある。但し，債務保証額や期間などは各制度によって異なるので注意が必要である。詳しくは，各機関に問合せることを勧める。ここではVEC，IPA，産業基盤整備基金の制度内容を一覧表にしている。

(e) 知的財産権担保融資

　従来より，金融機関が担保として考えていた不動産，有価証券，預金などに代わるものとして，知的財産権が注目されている。但し知的財産権については評価手法の確立やセカンダリマーケットの創設など多くの問題を持っていることも事実である。知的財産権自体に相当の価値が存在する場合とそうでない場合とでは，投資的融資という一つのカテゴリーは，融資の要素や投資の要素が，強弱すると考えられる。

8 ベンチャー企業への新しい対応

表Ⅶ-8 VEC, IPA, 産業基盤整備基金一覧表

	ベンチャーエンタープライズセンター VEC	情報処理振興事業協会 IPA	産業基盤整備基金
保証対象者	(1) 研究開発型債務保証制度，中小・中堅企業で新技術・新製品の開発及びその企業化をしようとする具体的な計画を持っている企業。 (2) 知識融合型債務保証制度，小・中堅企業で新たなサービスの開発及びその企業化をしようとする具体的な計画を持っている企業	(1) 一般債務保証制度 ・情報処理サービス業，ソフトウエア業及び一般企業 ・業歴2年以上の企業 (2) 新技術債務保証制度 ・新技術を活用したプログラム開発に取り組む情報処理サービス業・ソフトウエア業 ・業歴は問わない	新規性のある事業を実資しようとする具体的な計画のある企業 （新規事業法）
保証限度額	(1) 研究開発型債務制度 　借入金額の80%で且つ100百万円以内 (2) 知識融合性債務保証制度 　借入金額の80%で且つ50百万円以内	(1) 一般債務保証制度 　借入総額の95%（借入総額は所要資金の80%以内で，1プロジェクト50百万円，1社当たり残高100百万円以内） (2) 新技術債務保証制度 　借入総額の95%（借入総額は所要資金の100%以内で1プロジェクト100百万円以内）	社債及び借入金の元本の70%且つ1,500百万円 ※1　知的財産権担保は別記
保証期間	8年以内（据置含む）	(1) 一般債務保証制度 　原則として3年以内 (2) 新技術債務保証制度 　原則として5年以内	10年以内（借入金の据置期間は3年以内）
担保・保証人	保証金額（借入金額の80%）については担保不要。残りの金額（借入金額の20%）については，金融機関と相談。 保証人は必要。原則，代表取締役。	保証人は必要である。	被保証人が法人である場合その法人の代表権を有するもの（求償債務の100%） 他の資力のある法人（求償債務の50%） ※2　免除する条件は別記

※1　知的財産権担保融資に係る保証
　　知的財産権を担保とする借入のポイント
　　・別記の※「免除する条件」の保証人免除枠とは別枠で債務保証
　　・該当部分の80%を基金が債務保証（保証限度額3億円）
　　・保証人は免除，保証料率も低率
※2　次の要件を満たす場合で，更に被保証人の財務内容等にも特段の問題がないと認められる場合には他の資力のある法人の保証が免除可能である。
　　・保証金額が3億円以下であること
　　・親会社が存在しないこと
　　・資本金が10億円以下であること

知的財産権に担保設定をする方法は通常，質権と譲渡担保がある。

9　THE 情報・ルネサンス

知的財産権という言葉は，ここ2～3年良く使われ始めてきたが，私たちにとって知的財産権とは何を意味するのであろうか。確かに金融機関にとっての新しい融資スキームの一つとして考えられている。しかしある一つの絵や技術に注目したならば，最初に思い浮べるのは何かの権利というよりも，その絵の持っている美しさや技術の優位性である。

絵を視ることは心を豊かにし，新しい技術の登場は，より安価で高品質の製品を提供してくれるはずである。実は不動産や有価証券などにも同様のことがいえるのである。

農業革命や産業革命も，長い歴史の中で，私たちの生活様式の変化に多大な影響を与えてきました。仮に現在，一般言われているような情報革命が起こっているとすると，かつて人類が経験したことのない革命が起こっているということに他ならない。そしてこの目によって見ることのできない革命の中心がまさに知的財産権なのである。

知的財産権そのものは，先程申し上げた様に何も今に始まったことではない。にも拘わらず，今になって注目されて来た背景には，私たちの知的財産権への考え方が情報社会と言う時代に追いついて来たことを意味しているのである。このことは物質的価値から精神的価値へウェイトが移行してきた証明であり，このことこそが知的財産権の新しい時代，すなわちルネサンス期を迎えたと言うことに他ならないのではないか。

　（参考文献）
　1．情報・通信新語辞典 97 年（日経 BP 社）
　2．著作権法入門（著作権情報センター）
　3．特許・実用新案出願のしかた（西東社，大塚康英監修）
　4．工業所有権関係申請書式集，特許庁編（発明協会）
　5．国際出願の手引き（国際出願室）
　6．登録の手引き（文化庁文化部著作権課）

7．プログラム登録の手引き（ソフトウェア情報センター）
8．コンピュータ・マルチメディアと法律（トライエックス㈱，木村孝著）
9．著作権法ハンドブック（文化庁文化部著作権課内，著作権法令研究会編著，著作権情報センター）
10．1997年2月26日・知的財産担保制度研究会報告登記・登録制度の概要（レジュメ，小林久起著）
11．知的財産権担保価値評価手法研究会
12．これからのソフトウェア評価（長銀総合研究所）
13．ソフトウェアと知的財産権（岩波科学ライブラリー，佐野稔著）
14．日本経済新聞（1996年11月12日，11月26日）
15．ソフトウェア担保融資研究会報告者（平成8年3月，情報処理振興事業協会）
16．知的所有権担保（銀行研修社，高石義一監修）
17．知的財産権担保融資の理論と実務（清文社，田代泰久著）

Ⅷ 金融機関からみた知的財産担保

富井　聡

1　はじめに
〜ベンチャービジネスへの資金供給手法について

　最近，知的財産を担保とした融資が急速に注目を浴びるようになっている。この背景としては，次の2つの事情が考えられる。一つは産業政策的な観点からのもので，バブル崩壊後，新たな競争力のある産業の育成が課題となっているが，これらベンチャー企業を育てる上で資金調達の困難さが最大のネックとされていることである。すなわち，これらベンチャー企業は，そもそも事業そのもののリスクが高い上に担保となる土地などの有形資産を殆ど有していないのが一般的であり，通常の手法では銀行融資を受けることは極めて困難となっている。そこで，これら企業の持つ唯一の資産ともいえる知的財産の活用が検討されているわけである。もう一つは銀行サイドの事情である。大企業向け融資の伸び悩み，土地担保主義の崩壊といった銀行業界を巡る環境変化の中で，新しい融資対象を開拓する必要が生じており，ベンチャー企業への融資は有力な新規分野となる可能性があると見なされている。これら従来型の担保に乏しいベンチャー企業への融資手法として，知的財産の担保化の可能性について検討されているわけである。

　以上のように，需要サイド（ベンチャー企業），供給サイド（銀行）の両面から知的財産の担保化のニーズが出てきたわけだが，これら企業への資金供給の手段は別に知的財産担保融資に限られるわけではない。株式取得（投資），無担保融資等の手段も考えられるなか，なぜ知的財産担保が注目されているのであろうか。

　一般的にいえば，リスクマネーであるベンチャー企業への資金供給は，株式取得等による直接金融が原則であり，銀行融資にはなじみにくい性格が強いと

いえる[1]。また,仮に融資に取り組む場合でも,後述のように知的財産の担保化には相当の手間ひま,コストが必要であり,銀行にとっては,一件当たりの融資限度額を絞ってリスクを分散させた上で無担保融資を行うほうが事務コスト等を考えれば現実的な場合も多いと考えられる。

しかし,ベンチャーキャピタルやエンジェルが米国ほど発達していない我が国では,ベンチャー企業が必ずしも必要な時に必要な額の投資を受けられるとは限らない。また,ベンチャー企業の経営者側にも,会社の経営権を保持するという観点から投資より融資を希望するケースが多い。さらに,無担保融資はその性格上短期,少額のものに留まらざるを得ず,比較的長期・多額の資金需要に応えることはできない。これらのことから,従来型の物的担保を有さないベンチャー企業に対する資金供与の一つの手段として,知的財産を担保とした融資は有効かつ必要と考えられる。本稿は,こうした立場から,知的財産を担保化するに当たっての考え方について論じるものである。

ただし,ここで指摘しておかねばならないが,残念ながらどのような知的財産でも担保になじむというわけではない。知的財産には特有の難しさがあり,担保化に当たっては相当慎重な検討,対応が必要である。また,極めてリスクの高いアーリーステージのベンチャー企業への資金供給については,そもそも融資による対応が困難な場合が多いであろう[2]。

2 知的財産担保の特質

(1) 特　質

これまで,不動産などと比べて知的財産の担保が一般化してこなかった背景には,以下のような知的財産特有の事情がある。

① 権利,価値が不安定であること

法律的な面でみると,特許権であれば無効審判の可能性,著作権であれば著作権侵害を受けた場合の立証が困難といったように,土地などと比べて安定性に欠ける部分がある。

さらに,経済的にみると,ベンチャー企業が有する知的財産は,競争と技術革新の激しい分野のものが多いため,経済的な陳腐化リスクが高い。極端な話,強力な代替技術等の出現により一夜にして無価値になることもありうることで

ある。

② 価値の測定が困難であること

不動産のように，鑑定制度，公示制度が整っている訳ではなく，また，転売マーケットが整備されている訳でもないので，価値の測定が困難である。特に新規に開発されたソフトウェアや技術の価値を事前に評価することは，あらかじめユーザーが相当確実に想定できる場合等を除き，不可能に近い。

③ 処分が困難であること

前項とも関連するが，マーケットが整備されていないということは，処分が困難ということでもある。しかも，陳腐化が早いことから，長期間金融機関の側で塩漬けにしておくことも困難である。

(2) 不動産担保等との比較

このようにみていくと，知的財産を担保化することは到底不可能のようにも思われるかもしれないが，本当にそうであるかどうか，他の担保対象資産と比較検討してみよう。

そもそも，担保の評価をどう行うかという問題は，銀行員にとっては常に頭を悩ます難問であるが，考え方としては大きく，①事業が失敗して企業が債務不履行の状態になった場合を想定し，競売等によって実現すると思われる価格（いわばスクラップ価格）とするか，②当該事業の継続を前提とした場合期待される物件の価値（ゴーイングコンサーンバリュー）……通常競売価格よりは相当高い評価となろう……と考えるか，2つのアプローチに分けられる。実務的には，最近の長期の景気の低迷で経営に行き詰まる取引先が増えていることから，金融機関の担保に対する考え方は厳しくなる傾向にあると言われており，一般には①の考え方が主流となっているようである。仮に，この考え方に従えば，担保物件は競売等の手続きによって容易に処分が可能なものでなければならず，かつ本業が失敗したときの支えであるから，本業と関係なく価値を有するものでなければ意味がない。従って，市場性のある有価証券や市街地の優良な土地等が担保にふさわしく，本業そのものの成否に価値が依存している知的財産などは担保になじまないということになろう。

しかし，ゴーイングコンサーンで担保を評価するという考え方も必ずしも否定されるものではない。現実にも，金融機関が担保に取っている物件には，工

場の建物・設備のように必ずしも市場性があるかどうか疑わしいものもあり，また，リゾート地のホテルのように，用途の変更が困難で本業が失敗した場合にはそもそも価値がないと考えられるものもある。これは，金融機関が，融資に際してその事業の成立可能性を審査し，事業性が高いと判断される場合には，その事業そのものを担保として認めているためである。すなわち，事業性がしっかりしていても，本業以外の要因で，例えば財テクの失敗等により倒産することはありうるが，その場合，事業の将来性が確かであれば，然るべき引き取り手がその事業を妥当な金額で買い取ってくれるだろうということが担保の意味となっている。従って，こういう場合の担保評価は物件のスクラップ価格ではなく，当該事業の継続を前提とした継続企業価値（ゴーイングコンサーンバリュー）を基本としても差し支えないと判断されるわけである。

知的財産の場合も，次節以降で検討するいくつかの条件を満たしたものであれば，②の考え方で，工場等と同様に担保として評価することは可能ではなかろうか。むろん，そのためには，事業性の評価という困難な問題に取り組まなければならないが，土地担保至上主義が崩壊した今，ベンチャー企業に限らず一般案件についても，事業性の評価能力を身につけることは金融機関に対して求められている課題ではないだろうか。

ただし，知的財産の担保評価はこのような前提に立ったものであるため，事業そのものが失敗した場合には価値が大幅に低下する（極端な場合はゼロになる）可能性があることを忘れるべきではない。従って（一般案件でも同様ではあるが），あくまでも事業性の評価が融資判断の大前提であり，担保があるから融資するといった取り組み方はできないし，事業性が不確かで充分な保全が必要と認められるケースでは，添え担保としてより確実な物件を徴することも必要になるだろう。

ただ，一つ付言しておくと，担保を取る効果は必ずしも処分することのみにあるわけではない。一般案件でも，事業が不振の場合，担保物件を売却して回収することは最後の策であり，金融支援，経営者の個人資産の投入，取引先の協力等による再建をまず検討することが通例である。その場合，会社の存続にとって不可欠の資産を担保化しておけば，経営者への圧力，債権者間での優先権確保などの効果を期待することができるわけである。この点からすれば，た

2 知的財産担保の特質　159

表Ⅷ-1　各種担保物件の比較

担保物件 (担保手法)	担保の安定性 権利の安定性 価値の安定性	評　価 評価方法 評価のしやすさ	処分可能性	備　　考
市場性のある 有価証券 (質権又は 譲渡担保)	高い やや不安定	市場資料比較法 極めて容易	極めて容易	・処分は最も容易 ・相場の動きにより価値は左右される
土　地 (不動産抵当)	高い(登記制度あり) 高い	市場資料比較法 容易	容易	・市場価格(近隣公示地価,取得価格等)を参考に評価 ・転用可能性の高い市街地のまとまった土地であれば処分は容易
建　物 (不動産抵当)	高い(登記制度あり) 比較的高い	復成現価法等 比較的容易	比較的容易 マンション, 都心のオフィスビル等 やや困難 地方のリゾートホテル等	・転用可能性の面から土地よりは処分が困難 ・買い手がつくかどうかは,建物の汎用性,事業性等に左右される
財団(工場等) (財団抵当)	若干不安定 (財団目録整備の必要) やや低い(減価が早い)	復成現価法等 厳密には困難	やや困難	・工場は,設備,従業員,ノウハウ等が一体となって初めて価値を持つ。また,ラインによっては転用も困難 ・このため,操業中の工場でかつ製品に市場性がある場合以外は処分は困難
動産等 (譲渡担保)	不安定(登記できない,管理が困難) 不安定(減価が早い)	復成現価法等 厳密には困難	困　難	・一般的には処分が困難なものが多く,添担保又は他に担保徴求方法がない場合の補完的手段としての位置づけ
知的財産 (譲渡担保)	やや不安定 (登録制度はあるが管理が困難) 不安定(価値が変わりやすい)	収益還元法 一般には困難	困　難	・価値が変りやすく,他物件以上に担保管理が重要 ・事業そのものの評価と考えた方が実態に近い

とえ処分可能性に若干疑問のある知的財産であっても，担保とする意義を一応認めることはできるだろう。また，このような場合には，手続きについても後述のような厳格さは必ずしも求めなくてもよいかもしれない。

3 ソフトウェア著作権の担保適格性

どのような知的財産であれば担保に相応しいと言えるであろうか。これは，先程挙げた知的財産の特質がメルクマールとなる。すなわち，①価値，権利の不安定，②価値測定の困難さ，③処分の困難さ，が知的財産を担保化する上での問題点であったわけであるから，逆に，①価値，権利がある程度安定しており，②価値の測定が比較的容易であり，③処分可能性も高い，と考えられるものであれば担保として評価しうることになる。ただし，これらの条件をよく満たすものは残念ながら少なく，担保化に当たっては慎重に検討していく必要がある。以下，ソフトウェア（著作権），技術（特許権）の2つについて論じる。

(1) ソフトウェアの種類と担保に求められる条件

一口にソフトウェアと言っても，カスタム(受注)ソフト，アプリケーション（パッケージ）ソフト，データベース等があるが，汎用性に乏しいカスタムソフトは処分可能性の面から担保化しにくいと考えられる。また，データベースについても，メンテナンスのコストの高さなどから処分が困難なケースが多いであろう。一方，アプリケーションソフトについては，新規開発のアプリケーションソフトの市場価値を発売前に見積もることは極めて困難であるが，既にある程度の販売実績を有する開発済みのソフトの場合には，価値の見積もりも比較的容易で，処分可能性もある程度認められ，担保になじみやすいと考えられる。ただし，アプリケーションソフトにも様々な種類があり，ビジネスソフトは比較的担保化しやすいと考えられるが，ゲームソフトのように商品寿命が極端に短いものについては，価値の安定性という点からソフトウェア著作権の担保化は困難であろう（ゲームソフトの場合，売れ筋のものであればその商標等を担保化することはありえよう）。

(2) ソフトウェアを評価する上でのポイント

アプリケーションソフトの価値は，そのプログラム自体(ソフトウェア著作権)のみにあるわけではなく，ブランド（商標），サポート体制，販売力等の要素が

表Ⅷ-2 ソフトウェアの種類と担保に求められる条件

	処分可能性	価値の安定性	価値測定の容易性	その他特色
実績のあるアプリケーションソフト				
ビジネスソフト	比較的高い	比較的安定	比較的容易	
ゲームソフト	比較的高い	不安定	比較的容易	ライフサイクルが短い
新作アプリケーションソフト	比較的低い	不安定	困　難	
データベース	比較的低い	比較的安定	比較的容易	メンテナンスコストが高い
カスタムソフト	低　い	比較的安定	困　難	汎用性に乏しい

一体となって市場価値を生み出していると考えられる。従って、ソフトウェアの価値を評価するに当たっては、以下のような点について検討する必要がある。

① 市場性、販売力はあるか

一般論としては、不特定多数を対象としたソフトよりも、少数のユーザー向けの特定目的のソフトのほうが、市場規模としては小さいものの、マーケットとして計算しやすく、担保になじみやすい場合が多い。

② 商品寿命はどうか

売れ筋のソフトには、定期的なバージョンアップにより10年以上の販売実績を持っているものも珍しくなく、そのようなソフトであれば、適切なバージョンアップを前提として数年程度の商品寿命を想定することは可能であろう。但し、プラットフォーム（そのソフトが走るコンピュータの機種やOS――マックかウインドウズ95か、等）の将来性、今後の変更の可能性はチェックしておく必要がある。

③ サポート、バージョンアップの体制は整っているか

ソフトの商品性を維持するためには、ユーザーサポート体制の整備と継続的なバージョンアップが求められる。会社のサポート体制、人員、能力等については十分検討する必要がある。

(3) 処分可能性の検討

ソフトウェアの処分について、①処分の容易さ、②処分価格、の2点に分けて検討してみよう。

まず、①については、現在のところソフトウェアの転売は一般的なものでは

なく,ソフトの引き取り手を見つけることにかなりの困難が伴うことは否めない(3)。また,ソフトウェアは「工業製品というよりアートに近い」と言われることもあるように,中核となった開発者が欠けた場合,当該ソフトの内容を理解し,メンテナンス,バージョンアップを引き継ぐのには相当の時間と工数が必要となると言われる(4)。

これらのことから,担保化に当たっては,ソフトの引取先がこれらを容易に引き継げるよう,ソフトの仕様に関わるドキュメントや開発支援ツール(プログラムの作成や検査等を支援するソフトや装置)等が整備されていること,プログラムが標準化,一般化された構造になっていることの確認が必要である。また,ソフトの流通事業者や同業ソフトハウス等,予め売却先の目途を有しておくことができれば更に望ましい。

次に,②については,公開の流通市場がない以上,価格は引き受け手との相対交渉で決まることとなるため,当該ソフトウェアの価値について,金融機関としてもある程度の根拠を持った評価を示せるようにしておく必要があろう。また,ソフトウェアの引き継ぎコストが必要となるため,担保評価に際してはこの部分をソフトウェアの評価額から差し引いて計算する必要がある。

いずれにせよ,ソフト担保の処分は,ソフトの権利だけを売買するというより,会社の一事業部門を売却するというイメージに近い。

4 特許権の担保適格性

(1) 権利の安定性

無方式主義で成立するソフトウェア著作権と異なり,特許権については,特許庁に登録されて始めて一定期間の独占権が与えられる性格のものであり,成立までに特許庁による審査を受けなければならない。しかも,成立後も利害関係者による無効審判請求の可能性があり,一度成立した権利でも無効と判断されることがありうる(5)。また,特許審査には相当の時間を要するため,特許成立前に融資の申し込みがなされることもあり,この場合,特許を受ける権利を担保化することは可能(手続としては譲渡担保権設定契約を結び,特許庁に出願人の移転登録を申請する)ではあるが,特許の成立可能性については慎重に検討する必要がある。

このように，特許権は権利として必ずしも安定的とは言い難い面があり，また，これらの技術的事項について金融機関が直接評価することも極めて困難であるが，例えば次のような場合は，ある程度安定性が高いと判断する材料になるだろう。

① 信用力のある他社と当該技術のライセンス契約を結んでいる場合
　　…技術水準について他社による客観的な評価がなされていると考えられる。また，ライセンス契約の実施後も訴訟等特許紛争が発生していないのであれば，今後も無効審判等の可能性は低いと考えてよいであろう。

② 開発者がその技術を実施（製品化等）しており，売上実績がある場合
　　…当該技術を実施して以降も無効審判請求等が起きていないのであれば，今後もその可能性は低いと考えてよいであろう。

なお，出願中の権利を担保化する場合，少なくとも担保の核となる特許出願については出願公開(特許法第64条)がなされていることが望ましい。出願公開前であっても譲渡担保とすることは可能ではあるが，公開前であれば特許請求の範囲を確認することができず（出願書類の写しをもらったとしても，それが真正のものである保証はない），また機密保持の観点から，外部へのヒアリング等を通じた技術内容の調査にも限界があるからである。

(2) 価値評価

特許権の経済的価値は，当該特許を利用することにより実現する売上又はコスト削減額と考えられる。しかし，他社からロイヤリティを得ている場合には，そのロイヤリティを元に評価することも可能であろうが，自社が実施（製品化）している場合には，製造に当たって当該特許権以外の様々な特許権・ノウハウ・技術等（ときには他社の権利）が用いられているのが通常であり，当該特許権の価値を評価するには製品全体の価値に対する当該特許権の寄与度を測定せねばならず，これは極めて困難である。従って，特許権自体を評価するという考え方ではなく，ある特許製品に係る事業を実施するのに必要な全ての設備，技術等を一括して担保化し，製品・製造技術全体として担保評価することが現実的

である[6,7]。

(3) 処分可能性

ソフトウェアで論じたところとほぼ共通であるが，他社とライセンス契約を結んでいる特許権であれば，そのライセンシーが処分時に買い手となることが期待できる場合もあろう。

以上，特許権の場合もプログラム著作権の場合も，全くの新規のものは担保にはなじまず，実績のあるソフトや技術を有するベンチャー企業が，そのソフトや技術を担保に，バージョンアップや新しい技術開発の資金を調達する，という利用のされ方が中心となろう。既存の製品等の実績が全くない企業に対する資金供給は，やはり融資よりは投資が中心とならざるを得ないのである。

5 評価の実務

一般に，物件の評価方法としては，コストアプローチ（復成現価法），マーケットアプローチ（市場資料比較法），インカムアプローチ（収益還元法）の3つが考えられる。しかし，知的財産を評価する場合，コストアプローチについては開発費用と技術やソフトウェアの価値の連関は薄いと考えられること，マーケットアプローチについては転売市場が整備されていないこと，からいずれも適切とは考えられない。一方，収益還元法については，将来の収益の見積もり，割引率の設定等に難しい点もあるが，担保処分時の想定価格としては最も妥当と考えられる[8]。但し，実際の担保評価に当たっては，収益見積もりの前提のわずかな違いによって最終的な評価が大きく変わりうるといった技術的な問題があることは十分認識しておく必要がある。

実務的には，次のようなステップで検討していくことになる。

(1) キャッシュフローの予想

技術に門外漢の銀行員が，どれだけ正確にベンチャー企業の収支の予想を立てられるか疑問に思われる向きもあるかもしれない。しかし，担保として検討する知的財産は，基礎的技術ではなく，既に商品化されたものが中心であり，融資のために行う調査は，技術そのものの評価ではなく製品の市場性の評価である。そうであれば，一般の融資案件の収支予想と同様，過去の販売実績や今後の生産・販売計画の分析，ユーザーやライバル企業，外部の専門家などへの

ヒアリング等を組み合わせていくことなどにより，ある程度の見通しをつけることは可能であろう。特に，OEM契約や買い取り保証契約などがなされているものであれば比較的確度の高い予想を立てることができるだろう。

なお，キャッシュフローを計算する場合，会計上のキャッシュフロー（利益＋減価償却費）から，改良のために必要とされる開発費（資産計上される場合），増加運転資金および運転資金金利を控除する必要がある。また，費用項目の中に別の新製品開発の研究開発費等が紛れ込んでいることも多いため，キャッシュフローの予測に当たっては，これらを調整する必要もある。

(2) 評価額の計算

こうして求められた年々のキャッシュフローを各々現在価値に割り引いて合算し，一応の評価額を算出する。

次に，そこから技術・ソフトの引き継ぎに要する費用を差し引き，担保評価額とする。なお，この引き継ぎコストは，ケースによって大きく異なると考えられるため，要すれば専門家等の意見も踏まえて査定する。

(3) 収支予想期間

法律上の権利期間は，特許権については20年，著作権については50年であるが，知的財産担保の対象となるような変化が早い分野では，ある程度安定している技術・ソフトを担保にとるとしても，3年〜5年程度が上限となろう。

(4) 割引率

割引率は，金利＋リスクプレミアムと定義される。これは，投資にリスクが伴い将来の収益が不確実である以上，リスクのある投資には安全資産である国債等よりも高い収益率が必要であり，また投資のリスクが高いほどより高い収益率が要求される，ということを意味している。従って，割引率は投資の種類によって異なるものである。

教科書的には，M＆Aの場合と同様，その企業の資本コスト（株式の収益率（配当＋キャピタルゲイン）と負債利子率を会社の資本負債比率で加重平均したもの。WAC（Weighted Cost of Capital）ともいう）を割引率とすればよい。なぜなら，企業の資本コストは，投資家がリスクを勘案の上でその企業に対して要求する収益率を示すと考えられるからである。しかし，知的財産担保の対象となるのは基本的に非公開企業であり，資本コストを直接計算することはできない。

そこで，参考として実務で用いられている割引率の例を挙げると，不動産鑑定の実務では，国債等の金融資産の利回りに不動産の個別性を加味し，更に，類似物件の投資利回り（収益/地価）を勘案して還元利回りを求めているようである。最近では，土地については4〜5％，建物については6〜7％程度で評価されることが多い模様である。

次に，税務上の扱いをみると，無体財産に対しては一般に8％の還元率を於くこととなっているが，著作権については収入に50％の掛け目を乗ずることにより，実質的には約16％の還元率を用いている[9]。

最後に，米国のベンチャー企業の例をみると，かなり幅があるが，15〜70％の割引率を適用しているとの調査がある。

実際には，これらの数字を参考にしつつ，各金融機関のスタンスに応じケー

表VIII-3　担保評価の考え方

	1年目	2年目	3年目	・・・	累　計
売上高(A)					
売上原価(B_1) 　販売費(B_2) 　減価償却費(B_3)					
営業費用($B=B_1+B_2+B_3$)					
改良のための開発費(C)(費用計上する場合)					
経常運転金利(D)					
税引前利益($E=A-B-C-D$)					
税金($F=E×$税率)					
税引後利益($G=E-F$)					
減価償却費(B_3)					
改良のための開発費(C)(資産計上する場合)					
増加運転資金(H)					
キャッシュフロー($I=G+B_3-C-H$)					
現在価値への換算率(J)	$(1+r)$	$(1+r)^2$	$(1+r)^3$	・・・	
割引現在価値($I÷J$)					Y

＊rは割引率

○割引現在価値合計Y－引き継ぎコスト＝担保査定額

スパイケースで評価されるべきものであろう。

6 担保手続及び担保管理について

(1) 契約手続上の留意点

実際の契約に際して特に注意すべき点を以下にまとめた。

① 権利の内容の確認

当たり前のことではあるが，知的財産は目に見えないものであり，内容の確認は慎重に行う必要がある。

公開後の特許権の場合には「公開特許公報」で確認，また，登録後の特許の場合は特許庁での原簿の閲覧や「特許公報」での確認が可能である。

ソフトウェアの場合には，ソフトウェア著作権の登録機関であるソフトウェア情報センター（SOFTIC）に登録せしめるが，ソフトウェアの場合同じソフトでもいくつかのバージョンがあることがあり，この点留意を要する。

② 質権か譲渡担保権か

担保化の手法としては，質権と譲渡担保権の2つの方法が考えられる（ただし，出願中の特許を担保化する場合，質権設定はできず，特許を受ける権利を譲渡担保で押さえることになる）。

これを比較検討してみると，まず，法的性格については，質権の場合は法定担保ということで権利関係ははっきりしているが，譲渡担保の場合には，有体物については相当判例があるものの，知的財産については担保的構成をとるか所有権的構成を取るかの法的性格が必ずしも明確ではない。すなわち，もし譲渡担保が所有権的構成ということになると，特許権であれば金融機関に一義的な特許料支払いの義務が発生するほか，特許異議申し立てや無効審判の場合，金融機関が当事者として答弁書などを提出する必要が生じる。従って，担保契約の中で，これらの場合の債務者側の責任を明確にしておく必要がある。

次に，関連情報の収集という点からみると，譲渡担保にした場合には，名義上の担保権利者である金融機関が無効審判，権利侵害，実施権許諾などの情報を直接受けることができるが，質権の場合には直接知り得ないため，金融機関にとっては譲渡担保のほうが好ましい。

また，知的財産には，不動産の場合の登記簿に代わるものとして登録制度が

設けられている。特許権を担保化する場合は登録手続が必須とされており、著作権の場合には当事者の合意だけで権利設定が可能で、登録は対抗要件にすぎないという違いがあるが、実務的にはどちらの場合も原則として登録を行うことになる。

次に、費用については、質権では債権額の0.4％、譲渡担保では一件当たり15〜48千円となっている。単純計算すると融資金額がおよそ4〜12百万円が分岐点となり、譲渡担保が安く済むケースが多いであろう。

以上から、金融機関の立場からすれば一般に譲渡担保のほうが望ましいが、ベンチャー企業の経営者の中には、自分が心血を注いでようやく取得した権利を名義だけとはいっても金融機関に移転することについて強い抵抗を示す場合もあり、債務者との協議の中で質権が選択されることもある。

表Ⅷ-4 質権と譲渡担保の相違

	質　　権	譲渡担保
法的性格	法定担保権	所有権的構成か、担保的構成か 手続上は権利の移転
登録の意義	（特許権）登録は効力要件であり必須 （著作権）登録は対抗要件であるが、実務的には必須	
登録免許税	（特許権）債権額の0.4％ （著作権）　同　上＊	1件当たり15,000円 1件当たり18,000円＊
関連情報の収集 （特許権）	無効審判、権利侵害、第三者への実施許諾等につき直接は知り得ない	左記事項の当事者となるため、状況把握が可能

＊プログラム著作権の場合、別にSOFTICへの手数料30,000円

③　周辺の権利の担保化

前述のように、ソフトウェアにせよ技術にせよ、様々な権利が一体となって価値を産み出していると考えられるため、権利移転に不可欠と考えられるものについてはプログラム著作権や担保権と合わせて担保化しておく必要がある。担保化が可能な権利については表5にまとめた。

ただし、知的財産の場合、不動産のように共同抵当の制度があるわけではな

く，複数の権利を担保化する場合には，その都度登録免許税を払う必要があるため，常にこの全てを徴することは，事務コスト等を考えると必ずしも現実的ではないが，最低限，ソフトの場合には，商標権の担保契約と，対象となるプログラムの複製物，マニュアル，ドキュメント類の写しの交付を受けること，特許権の場合は，製品の商標権に加え，製造に不可欠な特殊設備がある場合はこの設備を担保化することが必要であろう[10]。

表Ⅷ-5　担保化が考えられる権利等

○ソフトウェアの場合

プログラムの著作権
ユーザーリストの著作権
設計書等の著作権
マニュアルの著作権
ブランドの商標権
第三者が著作権を有する部品プログラム著作権の利用許諾権

○特許権の場合

核となる特許権
出願中の特許
製品の商標権
第三者の特許の利用権
特許に至らない技術の実用新案権
デザインの意匠権
製造に関する設備

④　他社の権利が含まれる場合

ソフトウェアの場合，プログラムの一部に第三者の作成したモジュール(部品プログラム)を利用していることが多い。このため，担保権実行後も引き続き当該第三者から使用許諾を得られるかどうか確認しておく必要がある。

特許権の場合も，その特許が第三者の特許発明を利用するものであったり，

基本特許を取得したものの製品化に必要な特許を第三者に押さえられている場合があり，同様に担保処分後も使用許諾を得られかどうか確認しておく必要がある。また，大企業とベンチャー企業との共同開発などの場合，特許権自体が共有となっていることもあり，この場合，その共有持ち分だけを担保化することは可能であるが，特許法第73条第2項によれば，特許発明の実施については共有者の同意を必要としないため，他の共有者が独自に事業展開をして市場を支配してしまう恐れなしとしない。従って，こうした場合は共有者の持ち分も合わせて担保化しておくことが望ましい。

⑤ 外国特許がある場合

企業活動のグローバル化に伴い，ベンチャー企業といえども同一発明について外国でも特許出願するケースは珍しくない。中でも日本に比べて審査期間が短いと言われている米国への出願が多くなっている。

工業所有権の国際的保護を目的としたパリ条約では三大原則の一つとして「特許独立の原則」が定められており，同一の発明について各国で取得された権利は，権利の発生・変更・消滅やその効力について，それぞれ影響を及ぼすことはない。従って同一の発明を複数の国に出願している場合でも，一国の特許のみを担保の対象とすることに問題はない。

担保評価の対象は特許製品に係る市場性であるため，例えば日本市場での価値を評価するならば，担保の対象は日本における特許で足り，外国特許は直接には日本での経済価値には関係しない。外国特許が成立しなかったり，将来処分されることがあった場合でも，それによって外国における他社による特許製品の生産・販売は避けられないとしても，その製品を日本に輸入する際には国内特許を侵害することになる(特許法第2条第3項)。外国特許を対象に加えれば海外市場も評価の対象に加えることができ，担保価値が高まることもありえようが，担保評価には海外での市場性の調査も必用になることから，現在の状況では現実的とは言い難い。

ただし，国内特許が登録前である場合に，例えば米国特許が成立しているならば，米国で新規性などの要件が審査された結果であるので(米国では先発明主義をとるため先願主義の日本とは条件は同じではないが)，国内でも特許が成立する可能性を補強する一つの材料にはなり得るであろう[11]。

⑥ ソフトウェアに特許が成立している場合

　ソフトウェアの場合，プログラム自体は著作権によって保護されることになっているが，特許権が成立している場合もある。従前は，ソフトウェアは特許の要件を満たさないという考え方が主流であったが，最近の実務では相当広い範囲に渡ってソフトウェアの特許性が認められるようになっている。

　特許権がある場合，著作権の保護する範囲（プログラムそのもの）と，特許権の保護する範囲（プログラム自身というより，その背後にあるアイデア，アルゴリズム）が異なるため，この両方を担保化しておく必要がある。

(2) 管理段階

　担保管理についても，一般物件よりもきめ細かなフォローが必要となる。主な留意点は以下の通り。

① 知的財産は陳腐化リスクが高いため，適時評価の見直しを行う。特に，ソフトウェアの場合のOSの大規模な変更など，担保価値に大きな影響を与える可能性のある事象に注意する。仮に担保価値が下落していることが判明した場合，そのような状態で追加担保を徴求することは現実には困難かもしれないが，少なくとも現在の保全状況をできる限り認識しておくことが望ましい。

② ソフトウェアの場合，頻繁なバージョンアップによりその内容が常に変化しているため，バージョンアップの際には報告を受け，二次著作物となることが想定される場合には，新しいバージョンを追加して担保化する。特許権の場合も，改良製品を開発した場合には関連する権利を随時追加して担保化する。

③ 特許権の場合，特許料を毎年納付する必要があるため，納付状況を確認する。

7　知的財産担保の実例

　最後に，筆者の勤務する日本開発銀行にて，ベンチャー企業を対象に知的財産を担保に融資を行った例を以下に示す。

表Ⅷ-6　日本開発銀行における知的財産担保融資の実例（抜粋）

会　社　名	対象プロジェクト概要	担　　保
A社 （設立：平成6年 　従業員数：13人）	半導体ウエハーID番号読取装置の企業化開発 〜　光学系の高い技術で半導体検査機器の市場を狙う。ユーザーのニーズに合わせた自動化機器を開発中。	出願中特許
B社 （設立：昭和58年 　従業員数：54人）	多機能型図面情報管理システムの開発 〜　CADソフトの開発会社。CADの図形処理技術を活かして，パソコン用図面情報管理システムを開発。	プログラム著作権 商標権他
C社 （設立：平成3年 　従業員数：8人）	特許検索システムの開発 〜　特許関連ソフト開発会社。CD-ROM特許情報を利用した特許検索・コメント管理システムを開発。	プログラム著作権 出願中特許他
D社 （設立：平成元年 　従業員数：17人）	統合業務管理パッケージソフトウエアの開発 〜　我が国初の本格的な統合型業務用パッケージソフト開発会社。各システム間のデータ連携とパッケージ化を実現。	プログラム著作権 商標権
E社 （設立：昭和56年 　従業員数：35人）	高性能電子体温計の企業化開発 〜　210日分のデータ蓄積が可能で，荻野式等のソフトを内蔵した婦人用体温計を開発。	特許権 意匠権
F社 （設立：昭和56年 　従業員数：150人）	高性能電動スクーターの企業化開発 〜　自動車関連技術の研究開発会社。航続距離最高速度等で高性能かつ低価格の量産型電動スクーターを開発。	出願中特許
G社 （設立：昭和61年 　従業員数：26人）	ISDN利用のマルチメディアネットワーク開発 〜　ISDN回線を用いてリアルタイムに動画像が送受信可能な新たな通信ネットワークシステムの開発およびネットワークサービスの提供。	特許権他

(1) 米国の実例をみると，ベンチャー企業への資金供給は直接金融によるものが大半であり，銀行融資というケースは殆どない。

また一般に，銀行が知的財産を担保に取るケースは多いが，これは処分によって回収を図るためというより，債務者にとって重要な資産を担保化することで債務者に圧力をかけることが主な狙いであり，あくまで他の担保の補完的な位置づけとされている模様である。

(2) 知的財産の担保化について，本稿ではベンチャー企業への資金供給という観点に絞っているが，ハイテク関連以外の知的財産（音楽，映像など）についても興味深い問題は尽きない。

(3) 現状，ソフトウェアが転売されるケースとしては，①経営破綻したソフトハウスの持つ著作権を同業他社が買い取る場合（この場合買い取り価格は相当低水準となることが多い），②販売力のないソフトハウスが大手業者に開発済みのソフトを持ち込む場合（持ち込まれた大手業者では，ソフトの市場性などを評価の上，同様のソフトを自社開発する場合のコストを勘案して購入価格を決定する），等がある。

また，ソフトウェア等の権利の流通機構として(財)日本テクノマートがあり，技術やソフトの流通情報を登録している。また，商社の仲介も行われているが，これまでのところは成約率は必ずしも高くない模様である。

(4) 我が国では，ソフトウェアの転売の際，開発技術者も一緒に移転するケースが多いが，米国ではソフト技術のレベルの高さと技術者の層の厚さを背景に，ソフトの権利のみの移転も多いと言われる。我が国の事情が米国に近づいて行くならば，ソフトの流通もより容易となっていくだろう。

(5) 特許庁の調査によれば，民間企業数百社で構成された知的財産協会加盟企業の中で紛争提起された経験のある企業は約7割。

(6) 特許権の中には経済的には些末なものも多く，製品の価値に殆ど寄与していない特許権を担保化しても無意味である。どの特許が中核であるかを金融機関が把握するのは容易ではないが，一つの目安として，公開，成立後も他社からまったく引き合いのない特許権については，そもそも価値がない場合が多いと言われる。

(7) 企業にとって最も重要な技術の核心は，あえて特許出願せず企業秘密として秘匿しているケースも多く，特許権が技術の核とは限らないこともある。この場合，担保処分の際にこうしたノウハウを含めて移転させることが必要であるが，実際問題としては困難な場合が多いと考えられる。

(8) データベース等は，同じ内容のデータベースを構築するための開発費は開発者の如何を問わずほぼ同等と想定しうるため，復成現価法での評価も一応可能と思われる。

(9) 国税庁財産評価基本通達による無体財産の評価基準
- 特許権の実施権…補償金×年8％の率による複利現価の合計額
- 実用新案，意匠権，商標権…特許権に同じ
- 著作権…3年間の印税収入の平均額×0.5×年8％の利率による複利年金現価率
- 鉱　山…（償却前利払前税引後利益×0.5－企業者報酬）×年8％の利率による複利年金現価率
- 営業権…次の算式によるAと前年の所得の何れか低い額によって評価

　　　　税引前利払前償却前利益（インフレ調整後過去3年間平均）×0.5×企業者報酬額－総資産額×0.08＝超過利益

　　　　超過利益×原則10年間8％の複利年金現価率＝A

(10) 商標については，商標法第3条1項の規定により，「自己の業務に係る商品又は役務について」のみ商標登録が受けられることになっており，当該商品に関連のない金融機関に対する商標登録は認められない。このため，商標権については譲渡担保とすることはできず，質権で対応することになる。

(11) この項は「工業所有権担保に関する検討（第3版）日本開発銀行新規事業支援室（1997年3月）」によった。

（参考文献）

1. 高石義一監修「知的所有権担保」（銀行研修社，1997年）
2. 田代泰久「知的財産権担保融資の理論と実務」（清文社，1996年）
3. ㈶知的財産研究所「知的財産権担保価値評価手法研究報告書」（1996年）
4. 日本開発銀行新規事業支援室「工業所有権担保に関する検討（第3版）」(1997年)
5. 日本開発銀行新規事業支援室「特許権担保に関する検討」（1996年）
6. 日本開発銀行産業企画審議役室「ソフト担保に関する検討」（1995年）
7. 堀浩「こうすれば，ベンチャー企業融資は成功する」（金融財政事情，1997年2月10日号　37〜42頁）
8. 土生哲也「ベンチャー支援の新手法「知的所有権担保」の要点」（金融ビジネス，1996年11月号　36〜39頁）

Ⅸ　総合商社における知的財産ビジネスの実情と問題点

市 原 俊 一
森 松 秀 樹

1 総　　論

1 はじめに

　現在，総合商社の取り扱っている商品・サービスについて，特許・商標・ノウハウ等々の知的財産権が関係しない商品はほとんどないといっても過言ではない。単なる商品の売買であっても，その商品に特許がある場合，その商品の一手販売権を取得することは，とりもなおさずその特許製品の販売にかかわる独占的実施権を実質的に取得することになる。

　また，総合商社自身が知的財産権を獲得するべく投資を行う場合もあり，更にはその製品の製造技術について特許問題が発生したり，当該商品に付されたブランドが商標権に関する紛争を発生させる可能性も秘めている。従って，いわゆるライセンス，または仲介業務という知的財産権そのものを取引の対象とするビジネスの形態についてだけを特に知的財産権ビジネスと捉えるのは，もはや非常に狭い考え方と言わねばならない。いまや知的財産権は，あらゆる分野のビジネスにおいて考慮すべき問題となっており，商社マンに限らず，すべてのビジネスマンが知的財産権についての基本的なセンスを身につける必要があると考える。

　しかしながら，知的財産権そのものを取引の対象とするビジネスについては，その取引客体が無体物だけに通常の取引とは異なってわかりにくい部分または不明な部分が多いのも事実であり，通常のビジネスセンスでは対応できない点が多々存在する。

　そこで，ここでは知的財産権そのものを取引の対象としたビジネスについて，

総合商社が関わっている形態及びその問題点について担当者の目から検討を進めていきたいと思う。

2 総合商社における知的財産権関連ビジネス

世界中に構築されている総合商社のネットワークに着目し、国内、海外を問わず、知的財産権の権利者である個人や企業が、その権利の有効活用のために、その実施についての仲介業務を総合商社に依頼し、総合商社が、依頼を受けた技術をさまざまな形態で仲介している。総合商社は、従来からの取引先であるメーカー群にこのような知的財産権を紹介したり、新規取引先開拓のきっかけとしてこのような知的財産権の紹介を利用している。

また、場合によっては、総合商社は、単なる仲介に限らず、自らもパートナーを選定して、知的財産権の実施者としてさまざまな形態で新規事業開拓を行っている。即ち、総合商社が持つオルガナイザー機能を発揮し、一つの知的財産権を中心としてビジネスを展開していくという総合商社にとって最も得意とする場面でもある。

さらに、総合商社は金融機関と同じくファイナンス機能を有しているが、取引先に対する投資・融資にあたり、その取引先の保有する知的財産権に担保権を設定することも行っている。

このように、総合商社における知的財産権を利用・活用したビジネスには種々の形態があるが、本稿では、総合商社における知的財産権の仲介を中心として、投資、担保についても述べていきたい。

3 総合商社による知的財産権関連ビジネスの諸形態の概要

① 知的財産権の仲介

総合商社が行う知的財産権の仲介としては、2つの代表的な方法がある。一つはライセンシング・エージェント型であり、もう一つはサブライセンス型である。

(a) ライセンシング・エージェント型

ライセンシング・エージェント型とは、仲介業者たる総合商社が、権利者と実施者の間の契約関係に直接的に介入せずに、権利者の代理人として実施者を選

定し，権利者と実施者間のライセンス契約をコーディネートする形態である。仲介業者（総合商社）は，権利者からのコーディネート業務の対価により収益を上げる。

　(b)　サブライセンス形態

　サブライセンス型とは，仲介業者たる総合商社が権利者より権利の実施許諾を受け，この実施権をメーカー等に再許諾（サブライセンス）する形態である。権利者からの実施許諾には専用実施権，独占的通常実施権，非独占的通常実施権等種々の形態がある。仲介業者（総合商社）は，再実施者から得られる実施料から自己の手数料相当額を控除して，残金を権利者に送金する。仲介業者（総合商社）は，この手数料分の使用料収入により収益を上げる。

　②　知的財産権の投資

　総合商社が行う知的財産権に関する投資形態として代表的な方法は，共同開発及び開発委託の開発事業型，権利取得型，そして新会社設立型があげられる。但し，権利取得型については，後述するように単なる投資というよりは，仲介と言ったほうが適切な場合もある。

　(a)　開発事業型

　ａ．共同開発

　共同開発事業の典型例としては，開発成果に関する特許・ノウハウ等の知的財産権を事業参加者間で共有し，当該成果を利用して商品を製造・販売するケースが挙げられる。この形態で総合商社が占める役割は，主に実施品の販売業務の担当であるが，実施品の製造に必要な商品原料の納入等を行って利益を上げることもある。

　ｂ．開発委託

　開発委託の典型的な例は，ある成果の開発をメーカー等の第三者に委託して，自らは開発費用を負担し，開発受託者より成果の権利を譲り受ける。総合商社は，このようにして取得した成果を，メーカーにライセンスしたり，OEM生産させたりする。この場合，当該成果の権利について実施実績に応じて実施者より実施料を徴収したり，メーカーとメーカーの客先間の売買に介入する場合もある。

　また，開発成果を用いて自らが第三者に製造を委託し，これを自ら販売する

という形態もある。

　ここで注目すべきなのは，総合商社は，開発費を負担するにもかかわらず，開発成果の権利を開発委託者より譲り受けないケースがあるということである。このような場合，総合商社は開発成果の権利をそのまま開発受託者に留保させ，その譲り渡しを要求しない。そして開発受託者との開発委託契約に基づき，開発受託者に成果に基づく商品を製造させ，総合商社はその一手販売権を取得して当該商品を一手に取り扱うのである。

(b) 権利取得型

　権利取得型には投資目的の取得と，仲介目的の取得がある。

　ａ．投資目的

　この形態では，権利者より知的財産権を譲り受け，総合商社自らが権利者として直接権利を実施することによって収益を上げるほか，当該権利を転売して売却益を得ることを目的とする。

　ｂ．仲介目的

　この形態では，権利者より権利を譲り受け，当該権利を第三者に実施許諾する。したがって，投資目的というよりは，仲介の一形態として用いられることもある。資力がなく，運転資金の調達に四苦八苦しているような権利者が希望する形態である。この形態の大きな特色は，総合商社は，権利は譲り受けるが，権利者としてよりも，原権利者の指示を受けて実施許諾の戦略を練る参謀の役目を果たすというケースが多いということである。つまり総合商社は，権利譲受後もなお原権利者の強い影響下にあるのである。実際問題として，総合商社が知的財産権に詳しいというケースはほとんど皆無であるから，権利譲り受け後も誰かに技術指導をしてもらわねばならない。それが，権利者ということである。

(c) 新会社設立型

　これは，上記の権利取得型のうち，投資目的の形態をさらに発展させたものと位置づけることができる。この形態には２つのパターンがある。その一つは，ある知的財産権を利用して総合商社が中心となって事業を行うに当たり，パートナーを選定し，そのパートナーと合弁会社を設立して当該合弁会社で事業を行う形態であり，もう一つは単独で子会社を設立し，そこが当該権利を用いた

事業を行うという形態である。

総合商社が従来の取引形態での機能を失いつつあり，その重点を投資事業に移行させている現状では，本形態は，権利取得型ビジネスでは一度は検討される形態であるといってよい。

③ 知的財産権の担保

最後に，知的財産権の担保について代表的な方法としては，譲渡担保及び質権の設定がある。但し，これらの制度を利用する狙いは，上記仲介と投資を円滑に遂行するためであったり，相手方支援のために融資するためであったりするので，単なる取引とは趣旨が異なることになる。

(a) 質　　権

信用力のない中小企業・ベンチャー企業・個人発明家などに対し融資するにあたり，担保として提供できるような財産をほとんど有していないこれらの中小企業等から，彼らが所有する知的財産権に質権を設定するものである。

(b) 譲渡担保

質権の場合と同じく，信用不安のある中小企業・ベンチャー企業・個人発明家等を支援するに当たり，これらのものが所有する唯一の財産といっても過言ではない知的財産権を当該企業から融資金の担保とするため譲り受けるものである。

以上①～③について，以下具体的に検討を加えていくことにする。

2　仲　　介

1　ライセンシング・エージェント型

① 概　　要

ライセンシング・エージェント型とは，仲介業者たる総合商社が権利者から仲介業務の委託を受けて，適当な実施者を選定・交渉し，権利者と実施者の間のライセンス契約締結までの交渉を行うものである。

権利者はライセンス契約に基づくロイヤルティ収入，仲介業者は権利者との仲介業務委託契約に基づく仲介手数料，実施者は実施した製品の販売等により得られる利益よりそれぞれ収益を上げる。

本形態の特色は，仲介業者たる総合商社が権利者の代理人として，実質的に

も形式的にも仲介業務に徹することである。つまり，ライセンス契約に関しては，権利者・実施者間の法律関係には基本的に立ち入らない。

本形態を図解したものが以下の図IX-1である。

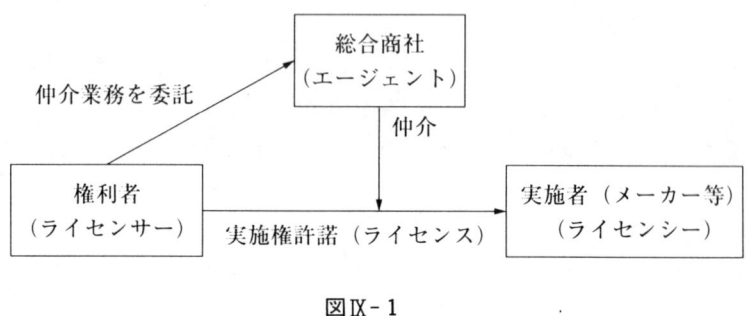

```
                  総合商社
                 (エージェント)
    仲介業務を委託 ↗    ↓ 仲介
  権利者                     実施者（メーカー等）
 (ライセンサー) ─実施権許諾（ライセンス）─ (ライセンシー)
```

図IX-1

② 主体と客体

(a) 主　体

本形態の当事者は，権利者，仲介業者（総合商社），実施者（メーカー等）の三者である。

(i) 権 利 者

総合商社が仲介業務を行う権利者には，国内大手企業というよりは，国内のベンチャー企業などの中小企業，個人発明家または海外のベンチャー企業であることが多い。その他，製造設備の規模など自らの権利を実施する能力に問題があるため第三者に実施を任せざるを得ないメーカー，製造等の実施能力に問題はないのだが，より多くの収益を求めるため第三者に実施させることを希望する企業，日本進出の足がかりを作りたい海外企業，日本市場が自分たちの市場と競合しないので，適任者に自らの技術を実施させたいと考えている海外企業などの権利を仲介することもある。

(ii) 仲介業者（総合商社）

総合商社は，仲介業者として権利者と実施者とのライセンス契約締結までの仲介業務を行う。

(iii) 実施者（メーカー等）

実施者は，権利者より許諾を受けた権利を実施する。

このような実施者は，仲介する総合商社の従来からの取引先であることが多く，これまで総合商社自身が全く付き合いのなかった会社との仲介をすることはほとんどない。ただし，このような仲介業務を足がかりにして，総合商社が新規客先を開拓することもある。

また，権利者が実施者たるメーカーを指定し，当該メーカーとの仲介を行うこともある。海外企業の場合は，特定の国内メーカーとの提携の足がかりに自社の技術ライセンスを行おうとして総合商社に仲介を申し出るところもある。

(b) 客　体

本形態で対象となるのは，特許権，実用新案権，意匠権，ノウハウ，商標権，著作権その他の知的財産権一般である。しかし，特許権や実用新案権などのような技術系の知的財産権については，当該権利だけのライセンスというケースは少なく，実施に際して必要最小限度のノウハウも一緒にライセンスされるケースが多い。勿論，特許権や実用新案権だけのライセンスが全くないわけではない。

③　契約形態

本形態では，権利者・仲介業者間の仲介業務委託契約及び権利者・実施者間のライセンス契約の2つの契約が成立することになる。

仲介業者・実施者間には何らの契約関係は発生しないが，総合商社は，ライセンス契約が締結された後，当該実施者との間で，実施品の製造に必要な原料の取引や，実施品の一般市場への販売権を獲得するケースもある。

④　仲介手数料

(a) 仲介手数料の分類

仲介業者たる総合商社は権利者との仲介業務委託契約に基づく仲介手数料を収益の源とする。この業務委託料の算定方法にはさまざまな方法があるが，大別すると，(i)契約締結時に一括でもらう定額一時金方式と，(ii)成功報酬方式とに分けられる。そして，成功報酬方式は更に，(ii)-a 実施許諾契約締結一件あたりいくらという定額ベースと，(ii)-b 実施許諾契約で権利者が得る実施料の数％相当額を継続的に手数料としてもらう定率ベースに分けることができる。以下それぞれの算定方式についてその特色を検討する。

(i) 定額一時金方式

　定額一時金方式では，仲介が成功するしないに関わらず仲介業者は報酬を得ることができるというメリットがあるが，何件仲介に成功しても最初にもらった仲介手数料以上の報酬を得ることはないので2件目以降の仲介業務に対するインセンティブに欠けるところがある。

　一方で，権利者にとっても，ライセンス契約締結まで到達するかどうかわからない仲介業務に対して対価を支払うこととなるので，仲介手数料が無駄な出費となってしまうリスクがある。そのため，仲介業者の選定には慎重にならざるを得ない。

(ii) 成功報酬方式

　成功報酬方式では，権利者にとってはライセンス契約が締結されない限り仲介業者に対して何ら報酬を支払う必要がないというメリットがあるが，反面，仲介業者の立場としては，苦労して仲介をしても，契約が成立しない限り何の報酬も得られないので骨折り損のくたびれもうけになってしまうというリスクがあり，その地位は非常に不安定である。この成功報酬方式は，更に次の2つの方式に大別することが出来る。

(ii)-a 定額ベース

　この算定方式では，ライセンス契約が締結されれば，その締結の事実をもって仲介業者は一定の報酬を得ることができる。契約締結ベースなので，その後実施が失敗したとしても一応無関係でいられるため気軽ではある。しかし一方で，継続的な収入を望むことはできない。また，本算定方式の場合，算定基準は仲介成立であるから，総合商社は仲介成立後の実施がうまく行くことよりも仲介がうまく行くことに重点が行きがちである。つまり，極端な話，ライセンス契約を締結させることだけが目的となり，その後は知らん振りになることも考えられ，権利者にとっては能力的に問題のある実施者との契約締結に至るというリスクも考えられる。

(ii)-b 定率ベース

　この算定方式では，仲介が成功してもその時点では報酬は支払われず，実施実績があって初めて報酬が支払われる。仲介業者は継続的に収入を得ることができるというメリットがある反面，その収入は実施料ベースなので，実施まで

に時間がかかったり，契約締結が失敗に終わったりした場合，または，契約締結はしたが，実用化の段階で結局実施に至らなかった場合には，何の収入も得られないことになる。

そこで，仲介業者としては，実施が成功しないと報酬が支払われないので，実施者の選定を慎重に行うことになるから，権利者にとっては望ましい算定方式であるといえよう。但し，慎重になる結果，仲介成立が遅くなりがちになるという難点がある。

　(b)　検　　　討

このように，仲介手数料にはさまざまな特徴があり，実際の仲介手数料の算定方式は，これらを仲介の目的・内容によって，さまざまに組み合わせたものになっている。

例えば，権利者が専用実施権や独占的通常実施権の許諾を目的とする場合には，仲介業者としては，(i)や(ii)-aでは十分な対価が支払われないのであればまるで魅力がなく，どうしても(ii)-bの方式を選択しがちである。また，できるだけ多くの通常実施権を許諾するのを目的とする仲介であれば，(i)では仲介業者にとってあまり魅力のあるものではない。なぜなら，何社仲介が成功しても対価に変わりはないからである。したがって，逆に(ii)の方式のほうが仲介業者にとっては魅力的であり，仲介業務にも熱が入る結果，仲介が成功する可能性も高くなる。

また，技術が実施実績のあるものであれば，(ii)でも(ii)-bのような方式が仲介業者にとっては魅力的であり，仲介業務にも熱が入ろう。

一方で，技術的な実績がまるでなく，特許権は登録されたが，実用化はこれからというものであれば，仲介業者としては，(ii)-bだけでは上記でも述べたように，骨折り損となるリスクがあるので，(i)の方式の併存を望むであろう。

総合商社が仲介を行う場合に仲介手数料として要求する最もポピュラーなパターンは，(i)+(ii)-bである。

　(c)　その他の算定方式

このほかにも，実施者となる可能性のある者を紹介すると，紹介料を権利者が仲介業者に支払い，ライセンス契約締結のあかつきには，さらに上記(i)～(ii)-bの方法による仲介手数料を支払うという算定方式もあるが事例は少ない。

⑤　各当事者のメリット・デメリット

　上記③で説明したとおり，本形態では，ライセンス契約は権利者と実施者間で直接締結され，仲介業者たる総合商社は，仲介業務委託契約を権利者と締結し，総合商社は権利者の完全な代理人として活動するところに特色がある。

(a)　メリット

各当事者にとってのメリットは，以下の通りである。

(i)　権利者

　　a．直接技術理解力のある実施者と契約を締結するので，技術情報の交換及び指導をスムーズに行うことができる。

　　　　また，実施に伴う不都合や改善箇所なども早期に発見しやすく，この結果当該箇所が早期に改善されやすい。ゆえに，実施が比較的早期かつ容易に行われやすい。

　　b．実施後も，実施者に対して直接対応できるため，実施に関し不都合が生じても迅速な対応をすることができる。また，技術者同士の直接交流により改良技術の発明も期待できる。

　　c．実施者との間で中間業者が介入しないため，実施者の進捗状況を明確に把握できる。

　　d．上記の結果，早期に的確な実施が可能になることにより，多額の実施料を早期に得られる可能性が高い。

　　e．仲介業者には仲介手数料という名目で手数料を支払うが，サブライセンス型と比べてその金額が低いことが多く，実施権許諾に見合った正当な対価を得やすい。

　　f．権利者自身に営業能力がない場合，総合商社の有する営業力を活用することができる。また，総合商社も単なるライセンスの仲介だけではあまりメリットがないので，常にその後の取引のことを考えている。そのため場合によっては権利者自身に更なる営業機会がもたらされることもある。

　　g．その他総合商社の持つ法律・税金・外為等の各種ノウハウを利用することができる。

(ii)　実施者（メーカー等）

a．ライセンス契約が直接権利者と実施者との間で締結されるため，実施者に対する技術指導及びノウハウの提供を権利者に契約上の義務として負わせることができる。
　　b．的確な技術指導を権利者から直接受けられる結果，許諾を受けた知的財産権の実施が早期に可能となり，事業の早期実現を達成できやすい。
　　c．技術的な問題が発生した場合に，直接権利者に連絡・協議して問題解決を図ることができる。連絡をいちいち仲介業者を通じて行っていると，情報が誤って伝わるおそれがあるし，権利者と直接契約関係になければ，一番技術のわかる権利者と協議をすることを明確に要求できる権利はないので不安定な地位に陥るおそれがあるが，この心配をする必要がない。
　(iii)　仲介業者（総合商社）
　　a．知的財産権の実施に関しての権利関係に直接立ち入らないため，無用な知的財産権紛争，第三者損害などの訴訟及び権利関係の紛争について責任を負わなくてもよい。
　　b．仲介が成功し，ライセンス契約が権利者と実施者の間で締結された後は，簡単な連絡業務を行うぐらいで，取り決めによっては，基本的には何もしなくても安定して仲介手数料が得られる可能性がある。
　　c．権利者又は実施者に営業能力がない場合，単なるライセンスの仲介だけでなく，実施品の販売等その後の取引にも関与でき，更にビジネスチャンスをつかむ可能性がある。
(b)　デメリット
一方でデメリットとしては，以下の点が考えられる。
(i)　権　利　者
　　a．総合商社は，マーケティングのプロであったとしても，技術の専門家ではないため，仲介業務を行う際に，権利者が仲介業者に伝えた技術情報が不正確に実施候補者に説明されるおそれがある。この結果，実施候補者が実施に消極的になり，仲介が失敗に終わるおそれもある。
　　b．仲介業者が予想通りの働きをしてくれない場合，契約締結が大幅に遅れたり，契約条件について必ずしも権利者に有利な条件を勝ち取ってくれないという結果を招いてしまうおそれがある。

c．広いネットワークコネクションがあるといっても，総合商社が紹介するメーカー等の実施者は，だいたいにおいて総合商社の従来からの取引先である場合が多い。

　この結果，(i)権利者が取引を希望しない相手とやむを得ず契約を締結せざるを得ない場合や，(ii)総合商社が従来の取引先との取引関係を引きずってしまい，必ずしも当該取引先に対して強い態度で交渉できるとは限らず，結果として，権利者の望む条件での契約締結が難しくなってしまうという場合がある。

d．権利者が中小企業や個人の場合，仲介までは仲介業者が間に入って交渉をしてくれたが，契約締結後は，基本的には仲介業者にはアフターケアをする義務はないので，大手メーカーに実施許諾した場合，もともと交渉力がないのとあいまって，実施者との力関係で不利な立場に陥る可能性がある。

(ii) 実施者（メーカー等）

a．仲介業者（総合商社）が仲介するといっても，所詮仲介にすぎないので総合商社に技術保証は勿論，金銭的保証等の責任を追求できない。

b．権利者が個人発明家などの場合，通常のビジネスの常識では通じないこともあり，このようなことが原因でトラブルが発生したとしても，ライセンス契約締結後は，権利者との関係しかないので，仲介業者を信用して契約したという面があっても，実際に仲介業者が世話をしてくれるとは限らない。

c．実施に関して第三者との間で紛争が生じ，敗訴の結果損害賠償責任を負った場合，たとえライセンス契約で権利者が保証することになっていたとしても個人発明家のように権利者に資力がない場合，それを求償することができず，泣き寝入りせざるをえない可能性がある。

(iii) 仲介業者（総合商社）

a．仲介業務を苦労して取りまとめ，実際に権利者と実施者との間で契約が締結された後は，その役目を終えるので，契約締結時に報酬をもらった後は，たとえその後に仲介手数料として実施料の数％を権利者あるいは実施者から受け取るという契約をしていても，権利者及び実施者は，

仲介業者による契約成立までの貢献を軽視しがちである。それどころか，逆に現在何のサービスも提供していないことを理由として報酬の支払を拒絶又は割引を要求してくる場合がある。つまり，ライセンス契約形態で，契約当事者になっていれば，必ず得ることができた安定的な収入を，本形態では，ライセンス契約形態と実際に行う業務はほとんど変わらないにもかかわらず，得られなくなる可能性がある。
　　b．ライセンス契約が締結されたとしても，仲介による報酬が成功報酬方式で且つ実績ベースとした定率ベースである場合，権利者と実施者との間にトラブルが発生した結果実施に到らなかったり，実用化に到らなかった場合には，仲介業者は何の収入も得られないこととにる。
⑥　対象となる権利
　上記②で本形態の客体については簡単に触れたが，どのような知的財産権が実際に客体になるのかにつきもう少し具体的に述べてみたい。
(a)　大手メーカーの知的財産権
　大手メーカーには，自ら製造能力があるので，技術ノウハウに関する秘密情報が漏洩する危険を冒してまで第三者にライセンスする必要性はあまりない。
　したがって，大手メーカーが第三者にライセンスするのは，次のようなケースが多い。
(i)　自社が既に従事している専門分野の技術をライセンスする場合
　特許が対象とされているのであれば単なる特許権の明細書の範囲内についてのみのライセンスである。したがって，ノウハウぬきの単純な特許ライセンスということになろう。
(ii)　自社の専門分野以外の技術をライセンスする場合
　これまで権利者が取り組んだことのない分野の新技術を開発した場合であって，自ら製造するにはその分野に精通していないというリスクがあるときに，その分野に精通している第三者にやらせてみようという場合である。
(b)　中小企業・個人発明家の知的財産権
(i)　実施実績のある場合
　実施実績のある技術については，既にある程度客観的な評価がなされている。したがって，その価値というものも判断しやすい。もし非常に有効な技術であ

れば，実施をしたいと希望する者が多いであろうから，わざわざ権利者は総合商社に仲介業務を依頼することはないであろう。したがって，仲介を依頼してくるのはどうしても実施実績のないものが多い。また，このようなものはよほど注意しないと使えない技術であるか，実用化が非常に難しい技術であることが多い。但し，非常に有効な権利であっても，メーカーが中小企業や個人を相手とするときに慎重であるとき総合商社の交渉力を頼りにして仲介を依頼してくるケースもある。

(ⅱ) 実施実績のない場合

実施実績がないということは，客観的な評価がほとんど不可能ということである。しかも，このような場合，実用化までには更に検討・開発が必要なことが多い。つまり，全部が全部「有効な技術」であり，また「すぐに使える技術」であるというわけにはいかないということである。有効性や実用性の判断は技術の素人である商社マンには非常に難しい判断である。すぐに実用化できない場合は，実施者に開発リスクを負担してもらわざるを得ない。

(c) 海外の技術

次に，海外の技術を導入する場合が考えられる。このような場合には，依然総合商社にもある程度の役割の重要性は存在しようが，現在ではメーカーも積極的に海外に人材を派遣しており，別段海外企業との交渉ができないというわけでもなくなってきている。また，総合商社の広いネットワークに着目し，世界各地に支社・駐在員事務所を有している結果，世界各地から技術の導入ができるというのが総合商社の機能としてありそうであるが，技術導入元が発展途上国であるということは実際問題としては考えにくく，導入元はやはり欧米の先進諸国である。現在このような先進諸国にはメーカーも支社・駐在員事務所を設けているので，総合商社の持つ広いネットワークの利用もあまり必要がない。

また，大手メーカーの技術開発担当部署は日夜先進技術の情報を仕入れているのだから，総合商社の方が詳しいということも少ない。

したがって，大手メーカーが海外技術を導入する場合の総合商社の役割は，大手メーカーが新規事業分野に進出しようとする場合に限られてくることになる。

(d) どのような技術が仲介の対象とされやすいのか。

上記で検討したように，もしある程度実施実績のあるものであれば，総合商社に仲介を依頼する必要性は大幅に減じられる。わざわざ総合商社に仲介業務を依頼しなくても，そのような実施実績のある有効な技術については，実施者側のほうから実施を申し込まれるからである。

　もちろん，実施実績のある有効な技術であっても，中小企業や個人が大手メーカーと交渉する際の後見人として総合商社を起用する場合がある。

　しかしながら，総合商社に仲介業務の依頼が来るのは，中小企業や個人発明家からでそれも実施実績のない権利についてがほとんどである。しかも，実施者たるメーカー等の大手企業は，仲介業者たる総合商社を信用して取り引きすることが多く，必ずしも権利者を信用していない面がある。また，万一の時の保証を総合商社に求めようとしていることも多く，ライセンス契約が直接権利者と締結される本形態はあまり好まないようである。

⑦　実　　情

　以上のように，ライセンシング・エージェント型の形態をとる多くの場合が，実施実績のない知的財産権である。

　したがって，ライセンス契約を締結したとしても，実施者は締結後にさらに実用化または量産化のための検討・開発作業を経てそれが成功したうえでなければ，実際に当該知的財産権を実施することができないのが実情である。そして，そのような更なる実験・研究が必要であるから，当然コストがかかることになり，これが実施者側にとっては重い負担となる。

　つまり，成功するしないに関わらず，実施者側は重い負担を強いられるが，実施許諾を受けた権利について商業性のある商品を生産することができるかどうかというのは正直なところやってみないとわからない。つまり，実施者側にとっては実は非常にリスクの高い投資事業なのである。

　また，仲介業者の方も，仲介業務が成功した場合の報酬は，一時的な収入より，継続的な収入を期待してこのような仲介業務を行うものであり，このような継続的に得られる報酬は，成功実績ベースで支払われることが多く，上記のように結局実施に到らなかった場合，総合商社の努力が徒労に終わってしまう。

　このように見てくると，総合商社が昔から行ってきている知的財産権の仲介が今一つ活発にならないものもうなづけるものがある。しかし，最近では総合

商社でも，いきなり仲介を引き受けるケースは減ってきている。つまり現在では総合商社の中に設置されている技術調査専門の部門を有効に活用し，ここで担当者が積極的に技術調査を行い，有効そうな技術について権利者と交渉し，秘密保持契約を権利者と締結の上，技術情報の開示を受け，これを検討し，検討結果に従い仲介するというケースが増えてきている。

2 サブライセンス型
① 概　要

サブライセンス型とは，仲介業者たる総合商社が権利者より権利の実施許諾（ライセンス）を受け，この権利をメーカー等の実施者に再許諾（サブライセンス）するという形態である。

本形態の特徴は，仲介業者たる総合商社が，ライセンス契約の当事者となるところにあるといえる。

権利者より仲介業者たる総合商社に対し許諾されるライセンス権の内容は，専用実施権，独占的通常実施権，非独占的通常実施権等様々である。しかし，いずれの場合であっても，第三者に実施権を許諾する権利をもらうことが前提となる。総合商社は，権利者と締結したライセンス契約で定められた実施料を支払い，メーカー等の実際の実施者からは，これら実施者とのサブライセンス契約で得られる実施料を得る。

それを図解したものが以下の図IX-2である。

| 権利者 (ライセンサー) | →実施権許諾 (ライセンス)→ | 実施権者 総合商社 (ライセンシー) | →実施権再許諾 (サブライセンス)→ | 再実施権者 メーカー等 (サブライセンシー) |

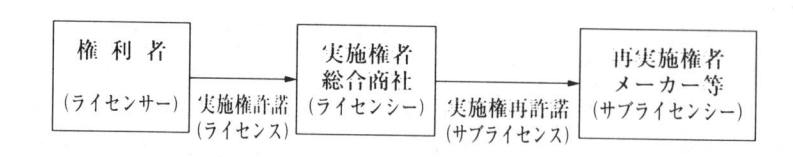

図IX-2

② 主体と客体
(a) 主　体

本形態の主体となるのは，権利者，実施権者(総合商社)，再実施権者(メーカー

等）である。
　(i)　権利者

　権利者はライセンサーとして総合商社等の仲介業者に自らの権利をライセンスする。本形態における権利者は，ライセンシング・エージェント型の場合と同様，大手企業というよりは，中小企業や個人発明家の場合が多い。また，海外の権利者の場合は，ライセンシング・エージェント型よりもこのサブライセンス型が圧倒的に多い。これは，日本側のメーカー等の実際の実施者が直接海外企業とライセンス契約を締結することを望まない場合が多いからである。その理由は，ａ．海外企業がベンチャー企業であるなど企業規模や信用力に問題がある，ｂ．海のものとも山のものともわからない海外企業と直接契約したくない，ｃ．知的財産権紛争・第三者損害も含め何らかのトラブル等が発生した場合，契約上海外企業が責任を負う旨を規定してあったとしても，その実行の為には多くの労力を要する為，そのリスクヘッジを総合商社に求めるからである。また，逆に海外企業の強い要望でサブライセンス型にする場合もある。即ち，海外企業にしてみれば，日本の国内事情・商慣習・各企業の信用力等につき不明な点が多く，その為に国際的に名の知れた信用力のある総合商社に仲介させ，その履行を保証させようとする場合である。

　(ii)　実施権者（総合商社）

　総合商社は，権利者とのライセンス契約に基づき実施権者（ライセンシー）たる地位を獲得する。そして，ライセンスを受けた範囲内で，メーカー等の実際の実施者（サブライセンシー）にサブライセンスを行う。しかし，その実態はライセンシング・エージェント型の場合と何ら変わりはなく，総合商社はライセンシーとしての実施行為は行わず，専らサブライセンス契約の成立及びサブライセンシーであるメーカーとの折衝，権利者とサブライセンシーの間の連絡業務に徹する。

　(iii)　再実施権者（メーカー等）

　再実施権者は，実施権者たる総合商社との間でサブライセンス契約を締結し，サブライセンシーとして権利を実施する。本形態の場合も，サブライセンシーとなるメーカー等は，ライセンシング・エージェント型の場合と同様総合商社の従来からの取引先であることが多い。

(b) 客　体

本形態の客体となるのは，ライセンシング・エージェント型の場合と同様，特許権，実用新案権，意匠権，商標権，著作権，ノウハウその他すべての知的財産権である。

③　契約形態

契約形態は，権利者と総合商社間でライセンス契約が締結され，総合商社と再実施権者たるメーカー等間でサブライセンス契約が締結される。

④　各当事者のメリット・デメリット

(a)　本形態のメリット

(i)　権　利　者

　a．ライセンシング・エージェント型のように，権利者が直接メーカーにライセンスする場合には，基本的に総合商社は実施についての契約上の責任を負わないので，実施料不払いやノウハウなどの秘密情報が漏洩した場合の損害賠償請求はメーカーにしか請求できなかったが，本形態であれば，契約当事者である総合商社に対し，契約上の責任を追求することができる。これは大変なメリットである。

　b．権利者が中小企業や個人発明家の場合で実施者が大手企業の場合，両者が実質上対等な立場で契約交渉を行うことは困難であることから，権利者としては交渉上不利な立場に陥る可能性があるが，実施者たるメーカー等に規模の上で引けを取らない総合商社が契約当事者となれば，対等な立場での交渉が可能となり，また権利者としては契約締結前のみならず締結後も実施者との各種交渉を総合商社に行わせることができる。

　c．たとえサブライセンス契約締結に至らなかった，またはサブライセンスしたが実施がうまく行かなかったとしても，権利者は総合商社とのライセンス契約で，イニシャル・ロイヤルティを徴収することが多いから，これによる最低限の利益を確保することができる。

(ii)　実施権者（総合商社）

ライセンシング・エージェント型と違い，ライセンス契約の当事者となるため，ロイヤルティという形で継続的な収益を得ることができる。これは，ライセンシング・エージェント型であると，権利者又は再実施権者から継続的な収

入を得る根拠に苦労することを考えると大変なメリットである。
　(iii)　再実施権者（メーカー等）
　　　ａ．実施権者に信用力のある総合商社が契約当事者となっているので，権利者が中小企業や個人の発明家等契約の履行に問題又は不安がある場合でも，一応安心して契約を締結することができる。
　　　ｂ．知的財産権紛争や第三者損害(PL紛争等含む)が発生した場合，それを契約上権利者にリスクヘッジしていたとしても，権利者の資力の問題で，結局は100％自己で責任を負わざるを得ない場合があるが，総合商社を契約当事者として仲介させることにより責任・リスクを総合商社に負わせるか又は分散させることができる。
　(b)　デメリット
　(i)　権　利　者
　総合商社は必ずしも技術について専門家ではないのでどうしても風通しが悪くなり，契約締結交渉及び締結後の実施段階で，技術伝達の際に，総合商社を通すことで技術情報が正確に伝わらないという危険性がある。
　(対策)
　総合商社が実施候補者に技術を紹介する際に，権利者が自ら出向いて実施候補者に直接説明したり，権利者がテストプラント等を所有していれば，これを見学させたりして，技術の紹介に積極的に総合商社に協力するとともに，サブライセンス契約締結後は，契約外といえどもサブライセンシーに対して総合商社と一緒になって，又は総合商社の委託を受けて積極的に技術指導を行う方法が採られている。
　(ii)　実施権者（総合商社）
　　　ａ．ライセンシング・エージェントの形態であれば，契約締結後はライセンス契約自体については何ら契約上の責任を負う必要はないが，本形態ではライセンス契約の当事者となるので，一方でライセンシーとしてのリスク，もう一方でサブライセンサーとしてのリスクを負うことになってしまう。
　　　　つまり，契約当事者になるため，権利者側からはロイヤルティの支払いを，また再実施権者側からは知的財産権の保証や，知的財産権紛争，

第三者損害等が発生した場合の責任の分担を求められる。

また，たとえサブライセンス契約上でこのような責任を免れる，または権利者とのライセンス契約で責任を権利者に負わせるとしても，権利者に資力がない場合には，事実上は責任を実施者または第三者に対して負わざるを得なくなってしまう可能性がある。

（対策）

権利者との間のライセンス契約において，権利者に紛争が生じた場合の責任を負わせるのはもちろんのことである。しかし，たとえライセンス契約で権利者に責任を負わせることが出来たとしても，上記で述べたように，権利者に資力があるとは限らないからこれをもって安心することは出来ない。

そこで，メーカー等の間のサブライセンス契約において，総合商社は仲介の便宜のために契約当事者となっているという趣旨を明らかにするためにも，一切責任を負わないという規定を設けるのがよい。これは総合商社としてリスクを回避するためには絶対に必要な規定である。しかし，ここで総合商社が免責されるということは，上記で述べた本形態における再実施権者たるメーカー等のメリットが大幅に減殺されることを意味する。また，十分な額のPL保険や知的財産権紛争保険を付保するなどして自衛策を講じる方法もあるが，実際問題としてこれらの保険には，様々な制約や条件がついており，必ずしもリスクをカバーすることにはならないので注意する必要がある。

b．総合商社が特定の相手先に仲介する目的でライセンスを受け，当該相手方とサブライセンス契約締結交渉をしたが失敗に終わった場合，既に権利者とのライセンス契約に基づき，一時金として多額のロイヤルティを支払っているケースが多く，それが返還されないというリスクがある。返還されない理由としては，契約上返済義務が権利者にない場合と，契約上の責任はあるが，権利者の資力の問題から事実上回収不能に陥るという場合とがある。

また，たとえ実施されたとしても，実施実績は再実施権者任せにならざるを得ないので，仲介業者が一旦一時金を全額負担し，後日再実施権

者からの実施実績をベースとしたランニングロイヤルティで資金回収を図るような場合は，そのような一時金相当額の回収もできないということになる可能性もある。
（対策）
　　イニシャル・ロイヤルティやアドバンス・ロイヤルティの支払いは極力避けるとともに，ロイヤルティの支払いはあくまで実績ベースを基本とする。また，どうしても上記のような一時金を支払わざるを得ない場合には，サブライセンス契約と同時並行的に契約締結交渉を進めるか，ライセンス契約の発効条件としてサブライセンス契約の締結を条件とするか，あるいは，サブライセンス契約の締結に失敗した場合などには一時金の返還をライセンス契約で規定するなどの方策が必要である。
ｃ．サブライセンシーからのロイヤルティの支払いの遅延または不履行があるにもかかわらず，権利者に対するロイヤルティ支払い義務を免れない場合がある。
　　また，実際上，サブライセンス型だと，再実施権者からの実施料の徴収義務は仲介業者にある。つまり総合商社は債権回収リスクを負うことになる。故に，再実施権者が破産・倒産等した場合には，技術は実施されているのに実施料を得られないということになるというリスクがあるとともに，実施実績に対する実施料を権利者に請求されるというリスクがある。
（対策）
　　ライセンス契約において，総合商社が権利者に対してなすロイヤルティの支払いは，総合商社による実施者たるサブライセンシーからのロイヤルティの受領に基づき支払われるように規定する。また，サブライセンシーの倒産リスクについては，多くの場合総合商社の従来からの取引先であり，まず心配ないが，場合によっては複数の調査機関から信用調書をとることも必要であろう。
(ⅲ) 再実施権者（メーカー等）
　ａ．権利者と同様，総合商社は必ずしも技術について専門家ではないので，どうしても風通しが悪くなり，契約締結交渉時及び契約締結後の技術伝

達の際に，総合商社を通すことで技術情報が正確に伝わらないという危険性がある。
（対策）
　権利者から直接説明を受けることを希望したり，権利者がテストプラント等を所有していれば，この見学を希望したりして，権利者が技術説明を行ってくれるように仲介業者に要請することが必要となる。
　b．理由の如何に関わらず権利者と総合商社間の契約が解除された場合，総合商社はサブライセンスする権限を失い，サブライセンス契約も効力を失ってしまう。実施者たるメーカー等は実施に伴い相当な設備投資をしている場合もあり，実施を継続できるかどうか非常に不安定な地位に陥る。
（対策）
　権利者と総合商社の間のライセンス契約が終了してしまうため，権利を実施できなくなってしまうというリスクを回避することは難しい。この場合，確かに総合商社はサブライセンスする権限を失ってしまう。サブライセンシーが総合商社に対して請求出来ることは債務不履行に基づく損害賠償請求権ぐらいである。
　従って，このリスクを回避するためには，三者契約にしてライセンスを直接権利者から受けるしかないが，これでは本形態の趣旨からはずれてしまう。
⑤　実　　情
(a)　仲介形態としてサブライセンス型が用いられるのは，ベンチャー企業などの中小企業や個人発明家が有する知的財産権を，比較的大規模なメーカー等にライセンスする場合が大半である。即ち，中小企業や個人発明家は総合商社を後ろ盾にすることを目的とし，一方メーカー等は総合商社をリスク分担先とすることを目的として本形態を採用するのである。
(b)　サブライセンス型では，実施者に権利を許諾するのは，仲介業者たる総合商社であるから，権利者としては，ライセンス契約においてサブライセンシーの選定及びサブライセンス契約の条件については権利者の同意を得た上で行うようにとの制約を課す場合がある。権利者としては自分の唯一の財産である

から，このような制約を課したくなるのは理解できる。しかし，一方で総合商社としては，サブライセンスするとはいっても，実態は単なる仲介業務であるから，その仲介について権利者の意向があまりにも強く働くと本来の仲介業務遂行に支障を来たすことになる。実際にそのような理由により，仲介業務がとん挫することも多い。従って，このような仲介業者に対する権利者の強い制約は仲介を失敗に追い込むものであるので極力避けるべきであるが，この点を権利者に納得してもらうことはなかなか容易ではない。

3 仲介業務に関するまとめ
① 問 題 点

さて，これまで仲介業務としてライセンシング・エージェント型及びサブライセンス型についての検討を行ってきたが，仲介業務について共通の問題点を指摘してみたい。

(a) 仲介業者としての対策

権利者は，一般に自分の技術について盲目的なほど自信過剰であることが多い。従って，「ライセンス契約の締結＝莫大な実施料収入」と考えがちである。

しかし，何度も述べるように，たとえ特許権を取得したからといって，その商業化については，更なる技術の開発が必要であったり，コスト面・事業性などの諸条件の検討が必要である場合等，必ずしも当該特許権をすぐに実施できるとは限らない。また，特許権自体の権利範囲が非常に狭く，実は特許権としての価値（実用的価値及び金銭的価値）があまり高くないものも実在する。ゆえに，直ちに実施料収入を望むこと自体無理なケースが多々存在する。

つまり，本当は実用化までまだまだの技術であったとしても，権利者としては，技術に対しての思い込みもあり，ライセンス契約締結をもって，直ちに実施料収入があると誤解してしまう。一方で，実施者は実用化のために種々の検討・作業を行わねばならず，どうしても実用化が遅れがちになる。そうなると，両者の間に誤解が生じ，権利者が仲介業者及び実施者にクレームするという事態に発展することになる危険性もある。

権利者の期待が大きければ大きいほど紛争に発展していく可能性が高くなるのである。

実施者が思った通りの活動をしなかったり，実施者の能力に限界があることが契約締結後に明らかになったが容易には契約解除できないときは，権利者と実施者間の交渉で解決することになるが，このような交渉には時間がかかり，どのような結論が出たとしても，技術自体の陳腐化は当事者間の話し合いに関係なく進行していく。

大手メーカーが開発コストを積んでそれなりに努力をした上で実用化が失敗したのであれば，技術自体がだめだったとあきらめることもできるかもしれないが，権利者としては，なかなか容易には納得できないものである。

この点で，仲介業者は，いつも権利者と実施者との間で板挟みとなる。そこで，仲介業者はそのようなリスクの回避のために，依頼を受けた場合には，権利者との間でまず秘密保持契約を締結し，対象となる権利及び技術を社内の専門部門及びメーカー等の専門家を起用して慎重に評価・検討し，その結果が良ければはじめて仲介業務を引き受けるという方法を採用している。そうすることにより，かなりの数のいわゆる「使えない技術」の仲介依頼を回避することができるようになる。

これは実施者側にとっても同様であり，まず仲介業者が実施を打診してきたとしても，すぐにライセンス契約を締結するのではなく，十分に権利者と技術分野について交渉し，場合によっては権利者と別途秘密保持契約を締結して対象となる権利及び技術について十分に検討した上でライセンス契約を締結すべきということになる。

(b) 利用の実情

仲介形態としてのサブライセンス型は，ライセンシング・エージェント型よりも盛んに利用されている。その理由はなぜかを考えていきたい。

まず，仲介が利用される理由としては，ベンチャー企業などの中小企業や個人発明家が彼らの有する知的財産権を有効活用しようとしても，彼らには実施能力はないし，第三者へ実施許諾しようにも自分には営業能力も交渉能力もなく権利を有効に実施できるようなメーカーとは，対等に交渉することが困難であるという事情がある。その一方で，メーカー等の実施者側としては，そのような権利に興味はあるが，海のものとも山のものともわからないベンチャー企業の知的財産権を実施するのは，少々危険性があるのでためらってしまうとい

う事情がある。そしてそこに総合商社が仲介の役割を担う意義が出てくる。
　しかし，ライセンシング・エージェント型では，総合商社は，自己の持つ営業力と情報力を利用して仲介業務に徹するだけであり，実施については原則として何の保証もしないし，実施者側としても保証を求めにくい。しかしながら，サブライセンス型では，総合商社の持つ信用力を大いに利用することが出来る。即ち，総合商社は契約当事者となるので，契約上権利を許諾する地位にあるから，実施者は総合商社に対して保証を求めることができる。また一方で，ベンチャー企業などの中小企業や個人発明家も，総合商社を起用にすることによって，メーカー等の実施者と対等な立場で交渉をやってもらえるという大きなメリットがある。従って，仲介形態としては，ライセンシング・エージェント型よりサブライセンス型が利用されるのである。
　(c)　仲介の限界
　知的財産権の仲介の根本的な問題点は，仲介する客体である知的財産権が，実用化の為には更なる開発が必要であるものが多いことにある。つまり，実施するまではまだまだ時間のかかるものであり，実用化が可能か否かも必ずしも明らかではないという点である。技術的に不可能な場合もあろうし，又技術的に実用化が可能であってもコストの面，ニーズの面から言って実用化するのが困難な場合もある。
　このように考えると，総合商社がこれらのリスクを回避するためには，結局，商標権・商品化権・著作権などの使用にあたり特に更なる技術を要さない権利か，技術的な知的財産権（特許，実用新案など）の場合は，ある程度実施実績のあるものを対象とせざるを得ない。事実，これらのものについての仲介実績はかなりの件数に達している。
　しかし，総合商社が仲介業者として活躍できる本来の場面は，中小企業や個人発明家などのベンチャーが大きくはばたくのを手助けするときである。つまり，総合商社の仲介機能よりも，その保証・ファイナンス機能を利用している場合である。また，それが権利者と実施者双方の要請するところでもある。
　(d)　結　論
　以上で検討してきたように，技術内容に必ずしも明るくない総合商社が技術の仲介を行うのには様々な問題がある。とはいえ，商標権などの権利について

は仲介業務も行いやすいし，また将来有望な技術であるにもかかわらず，権利者の資力の問題だけで実施することが出来ない技術について，総合商社が当該権利者の後見人として保証またはファイナンスすることで当該権利に陽の光を当てるのは，ベンチャー企業育成という面からも意義深いものではないだろうか。

3 投　　資

1　開発事業型

① 共同開発型

(a)　概　　要

この形態は，ある技術対象について共同開発を行い，開発に基づく成果を利用して，各当事者がそれぞれの特色を生かした事業展開をしようとするものである。

各当事者は共同事業者として契約で定められた業務を分担する。

これを図にしたものが次の図Ⅸ-3である。

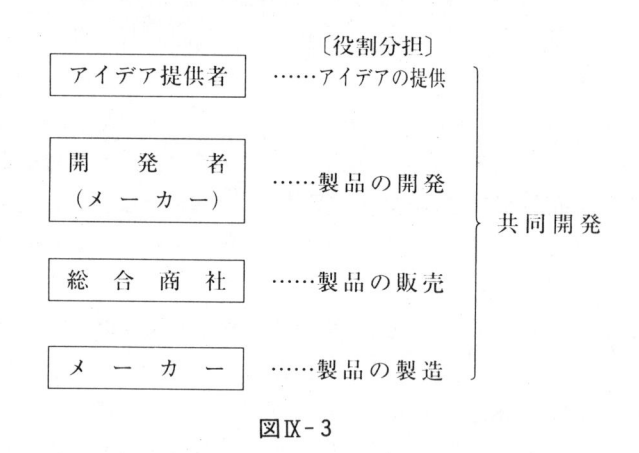

```
                          〔役割分担〕
    ┌─────────┐
    │ アイデア提供者 │……アイデアの提供
    └─────────┘
    ┌─────────┐                      ┐
    │   開 発 者   │……製品の開発        │
    │  （メーカー） │                      │
    └─────────┘                      ├ 共同開発
    ┌─────────┐                      │
    │  総 合 商 社  │……製品の販売        │
    └─────────┘                      │
    ┌─────────┐                      │
    │  メ ー カ ー  │……製品の製造        │
    └─────────┘                      ┘
                図Ⅸ-3
```

(b)　主な形態

共同開発の主な形態として次の2つを挙げることができる。

(i) 中小企業・個人発明家がアイデアを総合商社に持ち込み，総合商社がメー

カーを共同開発のパートナーに引き込む。メーカーが開発を行い，かつ製造も行う。アイデアを持ち込んだ中小企業・個人発明家は，アイデア提供料をロイヤルティの名目で受領する。また，総合商社が市場のニーズに合致した製品を完成させるために自らがアイデアを提供することもある。

(ii) メーカーが，開発費用の捻出のために，総合商社に共同開発に基づく事業が成功した場合に，開発成果に基づく商品の販売権を約し，総合商社は開発費用を負担する。メーカーは開発及び製品の製造業務を行う。

(c) 開発と実施の役割分担

本形態は３つの段階に分けることができる。

(i) まず，第一段階は開発である。開発は，開発対象アイデア提供者のアイデアに基づき，共同事業者のうちの一社ないし数社からなる開発担当者により担当される。この開発業務は主にメーカーによって担当される。他の当事者は，アイデアや市場のニーズ等の情報提供や，開発費用の分担をする。

(ii) その次の段階は，製造である。共同事業者のうちの製造能力を有するものが，開発成果に基づく製品の製造を行うことになる。実際の製造業者は，開発を担当したものであることが多い。したがって，開発を担当したメーカーということになる。

(iii) 最後の段階が市場への販売である。総合商社が実働部隊として登場するのはこの段階である。販売業者は，製造業者により製造された製品を一般顧客に販売する。

(d) 主体と客体

(i) 主　　体

本形態の主体となるのは，アイデア提供者，開発担当者，製造業者，販売業者である。

ａ．アイデア提供者

アイデア提供者は，中小企業や個人発明家であることが多いが，大手企業であっても，当該企業がこれまで行っていなかった異業種の新分野についてのアイデアの場合はアイデア提供者となりうる。

ｂ．開発担当者

開発担当者は，大体の場合においてメーカーである。但し，必ずしもメーカー

が開発業務を担当するわけではなく，例えばソフトウェアの開発については，製造能力はないが高い開発能力を有するソフトウェアハウスが行うなど，その開発の対象によって開発業務の担当者は変わってくる。

　ｃ．製造業者

　製造業者とは，開発成果に基づく製品を製造するものである。開発担当者がそのまま製造業者になることも多いが，上記の通り必ずしも同一であるとは限らない。開発担当者と製造業者が異なる場合には，製造業者は必ずしも共同開発事業者であるとは限らず，開発担当者ないしは販売業者からの製造下請けであることが多い。

　ｄ．販売業者

　販売業者は総合商社がこれを行うのが一般的である。

　(ii)　客　　体

　本形態の客体となる開発の対象は様々であるが，基本的には未だアイデアにとどまるものや，特許権などの知的財産権は取得したが実用化はまだといったものが多い。

　(e)　契約形態

　共同開発事業者間での共同開発契約が締結される。共同開発契約締結に先立ち，共同開発事業の事業性検討のための契約（Feasibility Study Agreement）が締結され，事業化するか否かについての検討期間を設け，その結果に基づき事業化を開始することもある。

　(f)　開発費用の分担

　共同事業の場合，その開発費用は，(i)共同事業者がそれぞれの役割分担を遂行するのに必要な費用をそれぞれ負担する，(ii)共同事業者が全ての費用について平等に分担する，(iii)開発費用については総合商社が原則負担する，という3つの形態が主な分担の形態である。

　(g)　成果の帰属

　共同開発の成果は，共同事業者の共有にすることが多い。しかし，場合によっては総合商社は権利を共有しない場合もある。

　アイデア提供者としては，アイデアが命綱であるから，それが権利として確立された場合，権利者となることは譲れないようである。

また，メーカーとしても，たとえ開発費用を総合商社に全額負担してもらったとしても，自分が実用化の開発をしたものだという気持ちが強いし，共同事業が御破算になった場合にも開発した成果を利用する道をできるだけ残しておきたいとして権利の所有を主張する。また，権利を共有できるからこそ，共同事業を行い，また開発することに力が入るというものらしい。

　しかし，総合商社は必ずしも権利の共有にはこだわらない。総合商社にとっては，技術上の権利を共有するよりも，技術的なことはすべてメーカーに任せて，実用化した製品の販売権さえもらえれば良いとする例が多い。

(h)　開発成果の活用（実施）

開発成果をどのように活用するかで，次のように分類することが出来る。

(i)　開発成果を共同開発事業者がそれぞれの特色を生かして共同事業化する。

　　もっとも基本的な形態である。各事業者は自らの役割を果たすときに収益を得る。

(ii)　開発成果の実施のために共同開発事業者の出資による新会社を設立し，その新会社自身が事業化を図る。

　新会社に権利又は製造設備を集中させることにより，その事業に専念させることが出来るし，一方で各事業者は特別な場合を除き，その出資額を限度として事業の責任を負担すればよく，責任限度額が明確になるというメリットがある。

　また，共同事業者は，新会社から配当を得られるほか，製品原料の供給，製品の販売物流への介入，製造設備のメンテナンスなどの付随的利益も期待できる。

(i)　問　題　点

(i)　開発リスク

　共同開発における最大のリスクは，開発が失敗終わることである。失敗に終わるとこれまでに要してきた作業が全て無駄となってしまうわけであるから，これを出来るだけミニマイズするような方法を採ることが必要である。例えば，開発を何回かの段階に分けて，その段階毎に評価を下し，次の段階に進むかどうかを決定するといった方法である。

(ii)　アイデア提供者のクレーム

共同開発事業が失敗したような場合，アイデア提供者は他の共同開発事業者に対し，不満を持つことも多い。開発作業を誠実に履行してくれないというものが大半であるが，中には開発失敗後に当事者の一人が同様の技術の開発に成功したような場合，自己のアイデアを盗用されたとして紛争に発展したケースもある。

(iii) 共同事業の解消

開発成果を事業者の共有とする場合には，共同事業解消後の権利の取り扱いについて，共同開発契約書であらかじめ取り決めておく必要がある。また，事業解消後の秘密情報の取扱についても同様である。

② 開発委託型

(a) 概　　要

この形態は，総合商社が開発費及びアイデアをメーカー等に提供して一定の成果の開発を委託し，当該成果を利用して事業展開するものである。総合商社と開発者の間で開発委託契約が締結される。これを図解したのが以下の図Ⅸ-4である。

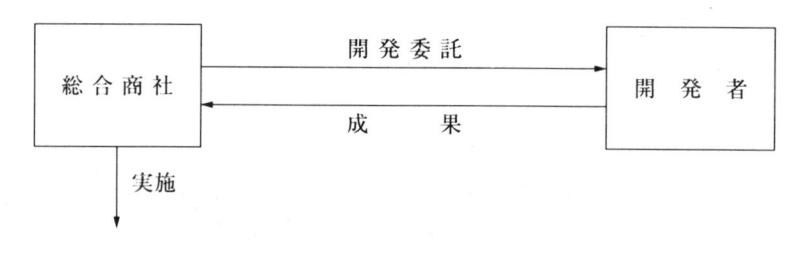

```
                開 発 委 託
┌─────────┐ ←──────────── ┌─────────┐
│ 総 合 商 社 │                │ 開 発 者 │
│         │ ────────────→ │         │
└─────────┘    成    果    └─────────┘
      │
      │ 実施
      ↓
```

図Ⅸ-4

(b) 開発受託者

総合商社が開発を委託する者は，開発能力がありかつ製造能力のあるメーカーであることが多い。なぜなら，総合商社自体には製造能力がないので，開発後の製造についても開発者に任せたいと思うからである。

但し，ソフトウェアなどの開発は，必ずしも製造能力を有するメーカーが廉価で優秀なソフトを開発・制作できるとは限らないため，小さなソフトウェア

ハウスに開発委託することもある。

(c) 本形態の特徴

本形態の特徴のひとつに、総合商社は必ずしも開発委託の成果に関する権利の帰属についてはあまりこだわらないということがある。つまり、総合商社の機能としては、販売能力しかないので、その製品の販売権さえ取得できれば権利は開発者単独又は開発者と共有でも構わないという傾向にある。その際は、開発費用の一部を開発者に負担させるような場合が多いが、開発費用を全額負担した上に、権利も開発者に帰属させてしまい、そこまでお膳立てをして開発者から一手販売権を「もらう」という知的財産権ビジネスのセンスがまるで欠如した契約を締結しているケースも残念ながら結構多い。

このように、総合商社には、いまだ知的財産権の権利者となってその権利を積極的に活用しようという思考よりも、当該権利に基づき製造される製品の一手販売権を獲得することにしか重点がない。つまり、自らが権利者になるという感覚が欠如しているのである。これは従前の古い商取引の概念から総合商社が脱却できていないことと、一方で事実問題として権利を有していても単独では製造する能力がないのであるから、価値を見出せないという事情があるからである。

(d) 実　情

本形態は総合商社が知的財産権を利用したビジネスを行うにあたって比較的利用されている形態である。但し、総合商社の方で積極的に企画・立案して開発業務を第三者に委託するというよりは、客先の要望に応えて開発委託をするというケースが多いようである。また、純粋な開発委託というよりは、開発に成功した際は、開発者にその製造を委託するというケースが圧倒的に多い。

2　権利取得型

① 概　要

本形態は、権利者より知的財産権を譲り受け、又は知的財産権の実施権を取得し、総合商社自らがその知的財産権を実施して収益を上げたり、又は当該権利を第三者にライセンスして実施料収入を得る方法である。なお、総合商社自らが実施するといっても総合商社には製造能力はないので、この形態の多くの

場合は，第三者たるメーカーにその製造を委託することになる。本形態の最大の特徴は，前述の仲介型とは異なり，総合商社自らが主体となって権利者となって知的財産権ビジネスを行うということである。つまり，誰かのために仲介するとか，ライセンスするのではなく，自分で権利を積極的に利用していこうというものである。

これを図にしたのが，以下の図IX-5，図IX-6及び図IX-7である。

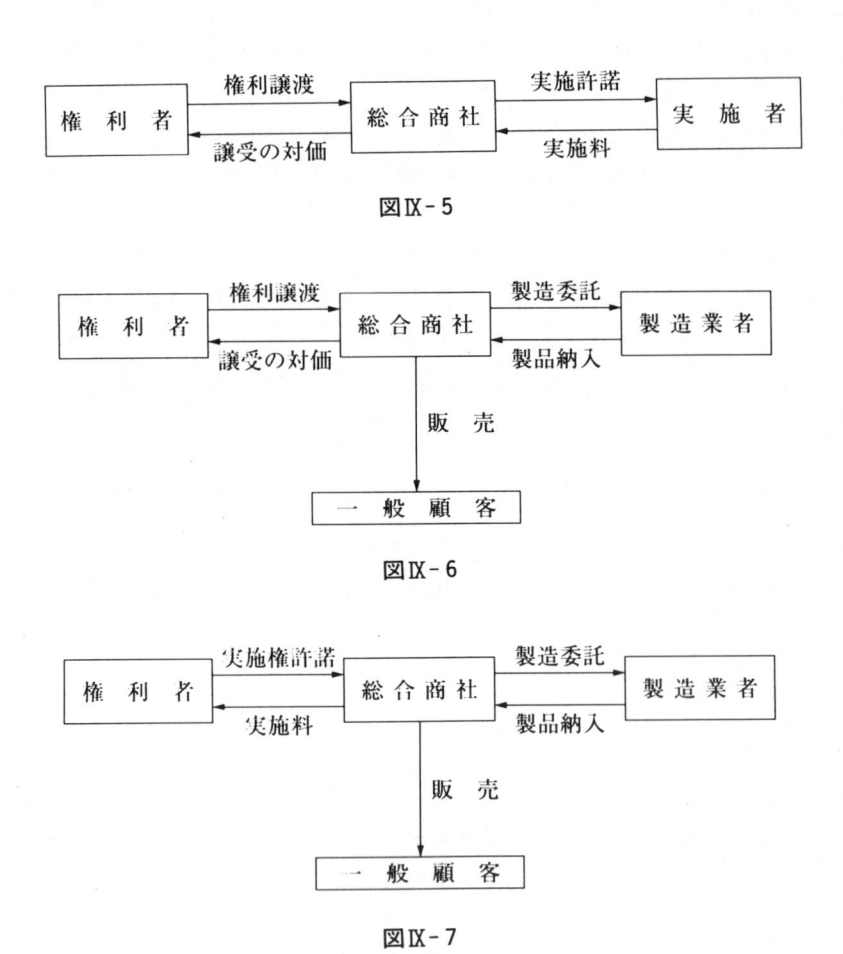

```
権利者 ──権利譲渡→ 総合商社 ──実施許諾→ 実施者
       ←譲受の対価─          ←実施料─
```

図IX-5

```
権利者 ──権利譲渡→ 総合商社 ──製造委託→ 製造業者
       ←譲受の対価─          ←製品納入─
                    │販売
                    ↓
                  一般顧客
```

図IX-6

```
権利者 ──実施権許諾→ 総合商社 ──製造委託→ 製造業者
       ←実施料─             ←製品納入─
                     │販売
                     ↓
                   一般顧客
```

図IX-7

② 実　情

　総合商社が権利を譲り受け，これをライセンスする（図Ⅸ-5）の形態は，総合商社に技術力がなく，従って，実施者に対し適切な技術開示・技術指導等がほとんどできずライセンサーとしての責任を果たすことが出来ないので，ほとんど実績はない。よって，本形態は，（図Ⅸ-6）及び（図Ⅸ-7）の形態が主となる。しかし，この場合も，総合商社には製造能力がないので，総合商社が主体となってこのような事業を実質的に行っていくことは困難な場合も多い。そこで，当該事業を行うためだけの目的でメーカーと共同で子会社を設立し，当該子会社に製造設備を保有させて事業を行わせることも多い。

　しかしながら，一方で，自ら実施する場合が全くないわけではない。ソフトウェア等のコピーするだけで製品化が可能なもの，商標権を利用したブランドビジネスなどは総合商社が主体となって製造またはライセンスを行っている。

③　問 題 点

(a)　メリットとデメリット

　権利の譲渡を受けた場合，総合商社にとっては，権利者として，譲り受けた権利を自由に利用・処分することができるというメリットがある。しかし，その反面，総合商社は技術については専門家ではないので譲り受ける権利の価値を判断することができないから，使いものにならない権利を譲受けてしまうという危険性があると共に，たとえ価値がある知的財産権であっても総合商社には使いこなせない権利を譲り受けてしまうという危険性がある。もちろんそれは，権利の実施権を取得する場合も同じである。したがって，いずれの場合にも御意見番としてパートナーとなるメーカー等の専門家を起用しなければならない。

(b)　対価の妥当性

　権利者から譲受ける権利の対価についてその妥当性の判断が非常に難しい。不動産であれば，路線価や公示価格のように，ある程度相場を構築する上での客観的な判断基準が存在するが，知的財産権の場合はこのような客観的な価値判断基準が存在しない。したがって，当該権利の価値を判断するのが非常に難しい。実際にはロイヤルティ収入等の実施実績，当該権利の属する技術分野の将来性等を勘案して決定されているようである。また，実施権を取得する場合

のロイヤルティの金額についても同じような問題があるが，実施料率につき，それぞれの業界で一定の基準があるようである。

(c) 本形態の客体

総合商社は技術のプロではない。したがって，本形態において対象となる権利は，商標権などの技術を要しない権利であることがほとんどである。

3 新会社設立型
① 概　　要

本形態は，実用化等の研究，権利の第三者への実施許諾または権利を実施して製品の製造・販売等をする目的で新会社を設立し，当該新会社で事業を行う形態である。

権利者は，新会社へ自己の有する権利を譲渡又はライセンスし，同時に新会社の出資者となる。また，その他の出資者は，総合商社，メーカーなど様々である。

新会社設立型を図に示したものが以下の図IX-8 である。

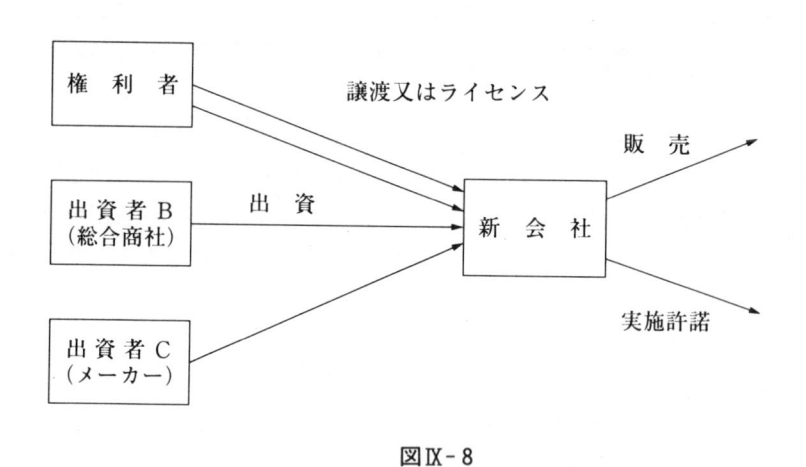

図IX-8

② 実　　績

この形態を採る案件が最近多くなってきている。それは，これまでのような

ライセンス事業，製造・販売事業をそれぞれの当事者が別々に分担するよりも，当該事業を行うことを目的とする会社を新設してこれに当該事業に専念させた方が効率的でかつ各当事者に一体感が生まれ，また機動力も発揮できると思われるからである。また，リスクの分散という意味でもこの形態が採られることが多いようである。

③ 問題点

新会社設立の最大の問題点は，共同出資者の中の誰かが，共同事業から脱退したときに発生する。このような新会社は，それぞれの出資者がそれぞれの役割を果たすことを前提として設立されているから，そのうちの一人でも抜けると新会社での事業継続自体が困難になる危険性がある。

4 担　保

1 質権設定型

① 概　要

本形態は，中小企業や個人発明家等に融資するにあたり，担保として提供できるような不動産等の資産を彼らが有しないため，彼らの有する知的財産権に質権を設定するものである。

② 客　体

ベンチャー企業等の中小企業・個人発明家等が有する知的財産権である。但し，知的財産権といっても，質権が設定されていることが公示できる権利である必要があるから，特許権・実用新案権・意匠権・商標権のいわゆる工業所有権及び著作権のうちソフトウェアプログラム等の公示方法を備えた権利である。ちなみにソフトウェアプログラムについては，財団法人ソフトウェア情報センターでその登録が行われている。

また，出願中の工業所有権については，まだ権利が発生していないので公示方法がない。したがって，質権を設定することはできない。

③ 契約形態

質権者たる総合商社と質権設定者たる中小企業等との間で質権設定契約が締結される。但し，登録原簿への質権設定の旨の登録が必要である。

④ 特　徴

知的財産権の質権とは，実際は抵当権に近いと考えるのが相当である。

(a) 本来の質権と異なり留置的効力を有さず，これに代わる手段として登録手段が規定されており，登録原簿への登録が効力発生要件となっている。これは，知的財産権は無体物であるという性質上，占有が不可能であるからである。ゆえに質権という名目であるにもかかわらず抵当権と同様の非占有担保物権という構成となっている。

更に，留置的効力を有しないので，権利者は従来通り権利を利用して収益を上げることが可能である。これも，抵当権において，抵当権設定者は引き続き目的物を利用して収益を得ることができるのと同様である。

(b) 契約に別段の定めが無い限り，対象たる知的財産権の質権者による使用は認められず，当該知的財産権の権利者が実施・使用を継続できる。

(c) 質権設定後であっても，当該知的財産権の権利者は質権者の承諾を必要とせずに，専用実施権，通常実施権の許諾又は権利そのものの譲渡をなしうる。権利者が質権者の承諾を必要とする場合は，当該権利を放棄しようとする場合だけである。

⑤　設定登録手続

特許権，実用新案権，意匠権及び商標権については特許庁に対し，また著作権の対象であるコンピュータ・プログラムについては財団法人ソフトウェア情報センターに対し，質権設定の登録申請を行う必要がある。

⑥　問題点

(a) 評価上の問題点

知的財産権は，実施してこそ価値があるものであり，その評価に当たっては実施の可能性（実用化が可能か否か）や権利の有効性等，総合的な判断が必要である。しかし，これを客観的に評価するのは非常に難しいのが実情である。したがって，現実には，担保価値については，いくらが妥当かどうかではなく，先に必要な金額が決まっており，後は将来何かの問題が生じないようにいかに理由づけをするかを検討することが多い。

(b) 出願中の権利

公示方法の問題から，知的財産権についての質権の登録は，登録された権利についてしか設定できないので，出願中のものは対象とすることができない。

しかしながら，実際に質権設定のニーズが多いのは出願中のものであることが多い。

(c) 質権設定登録費用

質権設定登録に要する登録免許税が債権額の1000分の4とされ，被担保債権額によっては，高額となり，質権者にとっては大きな負担となる場合がある。

(d) 実行手続

実行の際には裁判所がイニシアティブを取るため，手続が厳格かつ裁判所のペースで進み，また，知的財産権の評価額を裁判所がいったん定めると異議を唱えにくい。その反面，裁判所任せで手続が進み，また評価額等をめぐる決着が明確につき，これらの点では楽ともいえる。

(e) 権利の処分

知的財産権の権利者は，質権設定後も質権者の承諾なしに当該知的財産権について第三者に専用使用権や通常使用権を与えることができるのみならず，当該権利自体を移転することも出来，場合によっては当該権利そのものの評価が大幅に変わる可能性がある。

⑦ 実　　情

質権設定を検討する機会は多いものの，実際に設定するまではいかないのが実情である。その最大の理由はやはり担保としての知的財産権の価値を客観的に評価することが非常に難しいからである。また，技術の陳腐化による知的財産権の評価額の低減も大きな問題点の一つである。

2　譲渡担保

① 概　　要

総合商社が譲渡担保の方法を用いるのは，質権の場合と同じく，信用力のないベンチャー企業等の中小企業・個人発明家に対し，資金上の支援をするにあたり，彼らが不動産等の資産を有しないため，彼らの知的財産権を担保目的で譲り受ける場合である。当該知的財産権が出願中である場合や，当該知的財産権の実施の確保を目的とするような場合に利用される。

② 客　　体

質権の場合と同様，ベンチャー企業等の中小企業・個人発明家等が有する特許

権・実用新案権・意匠権・商標権及びコンピュータ・プログラム等の著作権のうち公示方法を備えたものである。また，譲渡担保の客体は，譲渡性を有していればよいので，出願中の特許・意匠・商標であっても客体となりうる。

但し，特許庁は，「譲渡担保」という名目での登録原簿への登録を認めていない。

そこで，これらの権利を譲渡担保の目的物とする場合には，特許庁に対しては「譲渡」という名目で届出をし，当事者間で当該権利の譲渡は譲渡担保の目的でなされたものであるという趣旨の契約書を取り交わすこととなる。しかし，登録原簿には「譲渡担保」という名目で公示できないので原権利者としては第三者対抗要件を有しないという不安定な地位に陥ることとなる。

また，商標法では，「自己の業務に係る商品又は役務」に使用する商標であることが登録の前提条件となっており，他人に使用させる目的での商標登録出願は登録されないことになっている。そこで，銀行については，銀行業法の規制で銀行業務以外は行えないことになっており，銀行業務以外の役務又は商品を指定している商標権を譲り受けても自己の業務に係る商品・役務に使用することがないという理由で特許庁は銀行が当該商標権を譲り受けることを認めていない。実務上大いに問題のあるところである。

③ 契約形態

債権者である総合商社と，債務者（場合によっては物上保証人）であるベンチャー企業等の中小企業又は個人発明家等との間で譲渡担保設定契約が締結される。

④ 設定登録手続

特許庁が「譲渡担保」を原因とする登録を認めてないので，登録上の手続は，通常の特許権等の移転登録申請手続と何ら変わることはない。

但し，コンピュータ・プログラムの登録機関である財団法人ソフトウェア情報センターでは，「譲渡担保」を登録原因とする登録も認められている。

⑤ 問題点

(a) 評価上の問題

質権の場合と同様，知的財産権の客観的評価が大きな問題である。

(b) 出願中の権利

譲渡担保の場合，質権と異なり，出願中の特許権等であっても担保の目的物とすることが出来る。しかし，万一権利が認められなかった場合，担保物が消滅してしまい，無担保状態に陥ってしまうことになるので注意が必要である。この場合，別の担保を差し入れてもらえるように譲渡担保設定の際に債務者に約させる必要があるが，そもそもそのような担保がないから出願中の権利についてまで担保に差し出すのであり，実際は泣き寝入りになってしまうことも多い。したがって，出願中の権利については，その登録可能性について調査・検討を行うなど慎重な対応が必要である。

(c) 知的財産権の処分

登録上の権利者が設定時より債権者＝総合商社となっているわけであるから，債務者は当該知的財産権を債権者の同意なく譲渡，ライセンス，質権設定等の処分することは当然不可能となり，債権者が当該権利を管理することが非常に容易となる。したがって，債権者にとっては強力かつ安定した担保手段といえる。

しかし，一方で，債務者にとっては，形式上完全に権利を失うことになり，また，第三者対抗要件の面でも，債権者が権利者なので，債権者は，債務者に無断で第三者に権利を譲渡したり専用実施権等を設定することが可能になってしまう。そのため，譲渡担保設定契約においてそのようなことをしないように取り決めておくことになろう。しかし，それでも債権者が権利を第三者に譲渡してしまった場合，契約上の責任を債権者に追求できても，もはや権利は戻ってこない。このように債務者にとっては危険もあり，この方法を採ることを嫌う傾向にある。

(d) 清　算

譲渡担保においては，帰属型と清算型の2つの形態があるが，帰属型であっても，担保物の価値が債権額よりも高額な場合，その差額を清算する必要がある。したがって，担保権実行の際に，差額分を債務者に支払わなければならない。つまり，担保の価額が高額で，被担保債権額が小額の場合，その差額を用意しなければならない。その差が大きければ大きいほど債権者にとっては逆に負担となるわけである。

⑥ 実　績

ここ数年で増加傾向にあり，金額も従来に比べて極めて高くなってきている。但し，上記の通り権利者の抵抗も大きく，本方式を採用できるのは，権利者が本当に資金的に困っており，やむを得ず承諾するといった場合がほとんどである。

3 知的財産権の担保価値の評価

① 評価方法

知的財産権を担保とするには，当該知的財産権の担保価値を評価する必要がある。現在様々な試みがなされているが，理論的に構成された普遍的ガイドラインといったものは確立されていないようである。したがって，権利の技術分野，ロイヤルティ収入や対象商品の売上高等からケース・バイ・ケースで算定せざるをえない。しかし，この算定は専門家を起用しても困難なものであり，かつ客観的な完全性も期しがたいと言わざるをえない。

② 権利期間

商標権を除く知的財産権には権利の存続期間というものが定められている。つまり，知的財産権の権利は有限なものである。

したがって，どんなに価値があると評価できる権利であっても，その担保価値は最大でも権利の存続期間内しか持続しないということである。

各権利の存続期間は，特許権では出願日より20年であり，意匠権は登録より15年間，著作権については，個人による著作物であれば著作者の死後50年，法人著作物であれば公表から50年，実用新案権にいたっては，出願からたったの6年である。

但し，商標権については，登録から10年間だが，更に10年間毎に存続期間を更新することが出来るので，不使用を理由に登録を取り消されない限り，半永久的に権利を存続させることも可能である。

商標権については，使用が継続されればされるほどその商標としての信用や名声が上がり，価値が上がる可能性もある。

しかし，その他の権利については，技術の陳腐化という権利そのものが持つ性質上，一度下がった価値は上がらないケースが大半であろう。

③ 権利の評価について

次に，いくつかの知的財産権に関し，その担保価値を評価する上で注意すべき点について述べてみたい。

(a) 特許権・実用新案権・意匠権の場合

(i) これらの権利については，当該権利が用いられて製造される製品が商品性を有するかどうかをまず検討する必要がある。技術的にどんなにすばらしい発明であっても，その発明を利用した製品が商品性を有しなければ利益を上げることは出来ないから，担保としての評価は低くならざるを得ない。

(ii) 次に，当該権利の実用化にどのくらいの労力と時間を要するかがポイントになってくる。というのも，すぐに実用化が可能な技術とその実用化のためには更なる開発やノウハウ，そして設備が必要な技術とでは，自ずからその評価は大きく違ってくる。つまり，評価に際しては，まず，技術的な観点から実用化できるか否か，次に，実施のためには莫大な実用化開発及び製造設備への投資が必要か否か等総合的な判断が必要である。

したがって，既に実施実績のある権利については，比較的評価することが容易のようである。

(iii) その権利残存期間を斟酌する必要がある。権利残存期間が残り僅かな権利については，絶対的な担保価値が減少するのは当然である。

(iv) 特許権等の知的財産権については，陳腐化という問題を斟酌しなければならない。現在どんなにすばらしい技術であっても，権利期間の終了間際までその価値が持続されていると考えるのは難しい。知的財産権の価値は相対的に評価されなければならない。つまり，権利の内容自体は一定であるが，技術の進歩，特許製品に対するニーズなど周囲の環境及び状況の変化によってその価値は変化していくのである。すなわち，このような知的財産権については，新築の建物が年月の経過とともにその価値を減少させていくのと同様に考えるべきである。特に意匠権の場合，流行に左右されやすい。

(b) 商標権の場合

商標権の価値は，使用中の商標といつ取り消されるかわからない不使用の商標とでは当然異なってくるし，使用中の商標でも，自分が使用しているか，第三者に使用させているかでは大いに異なってくる。

また，その商標自体の種類によってもその価値は異なってくる。即ち，会社

名やその略称のような商標やデザイナーズブランドのように個人の名前を商標として登録したものは、これらのものが権利者であってこそ本来の価値があるものであるといえる。

したがって、商標権の客観的な担保価値の判断は非常に難しい。しかし、その中でもっとも客観的に価値判断できるのは第三者に使用させてロイヤルティの収入実績のある商標であろう。キャラクターズブランドがこれに該当する代表的なものである。

なお、デザイナーズブランドの中には、そのデザイナーが既に引退・死亡していることが周知の事実となっているが、その商標自体が周知・著名となっており、そこに価値が認められるものと、商標よりも特徴のあるデザインとが一体になって使用されていることで嗜好性が高まり価値が認められるものとがある。後者の場合、デザインあっての商標であり、商標そのものの担保価値は当然低くならざるを得ない。

更に、商標権の担保化に関する一番の問題点は、商標が商品・サービスに使用する単なる標識であり、技術的な問題ではないため、ある商品を製造する上で必要不可欠ということはなく、もしその商標が何らかの理由で使用できなくても、いくらでも他の商標を採択することが出来る、いわゆる代替が容易という点である。したがって、周知・著名な商標は別として、一般的には商標権の担保価値は特許権等と比べてかなり低いと言わざるを得ない。一方で、商標は使用が容易であり、使用にあたっての技術的困難性は少ないので、担保に適しているという一面はある。

いずれにしても、従来の経験からすれば、上記でも述べたように担保として一番馴染む商標は、キャラクターズブランドやデザインを必ずしも必要としないデザイナーズブランドであって、しかも第三者に対し、使用権を許諾して一定のロイヤルティを現に取得中のものである。

X 金融担保実務における知的財産担保の展望

堀　　龍兒

1 金融担保実務の現状

　バブル経済崩壊後の金融担保実務は，様変わりになっている。それまでは，不動産担保が中心であり，右肩上りの不動産価格をベースにして，金融機関が先順位の担保権者となっていて，それなりの担保価値を有していた。商社においては，先順位の担保権者となることもあるが，金融機関が担保設定した後の，後順位の担保権者となることが多いが，後順位であっても，不動産担保の先順位担保権の被担保債権金額次第によっては，それなりの担保価値が生じてくることもあった。ところが，バブル経済崩壊によって不動産価格が極端に下落したがために，先順位や上順位の金融機関の債権について担保不足となったり，後順位や下順位の商社等の債権について担保余剰価値が全く出ない，というケースが増えている。そこで担保不足となった金融機関や商社等の債権者は，有価証券や金融機関の預金債権等の担保価値の見込まれる担保を取得しても，まだまだ担保不足は解消しないことも多く，債権担保，集合債権担保，動産担保，集合動産担保のような対抗要件が万全でなくて，担保としての信用力に欠ける担保を取得せざるを得なくなっている。それでも担保として安心できないので，他に担保となるものの一つとして，今まであまり対象にならなかった知的財産担保に目が向けられるようになってきている。

　知的財産担保については，以上のような場合だけでなく，発展している情報産業ビジネスやヴェンチャービジネス等において，かかる分野の企業が保有している財産と言えば，知的財産しかないこともあり，当該企業の将来性を見込んで知的財産を担保として，取引を行うというケースも出てきているのである。

2　知的財産担保の問題点

1　担保価値が読めないこと

　知的財産については，特許権でも，著作権でも，いずれにしても担保価値の評価が難しいということが，大きな問題である。それなりの評価方法によって評価を出したとしても，市場性がなく，いざと言う場合に担保処分が出来るかどうか分からない。

2　属人性が強いこと

　知的財産については，まさに人の知的な部分が財産となっているのであり，属人性が強いので，知的財産を形成した人から離れて知的財産の価値を保有し続けることが難しいことも多いと思われる。

3　技術の進歩や変化が激しいこと

　知的財産について技術に関するものであれば，技術の進歩や変化が激しく，今の知的財産を担保として押えていても，将来的には陳腐化してしまうことになりかねない。絶えず担保取得している知的財産をフォローして行かなければならない。

4　専門性が強いこと

　知的財産には専門的な知識がないと分からないことが多く，知的財産に財産価値があるかどうかをしかるべき専門家の意見を聞かないと分からないということである。特に知的財産にかかる書類やデータを読み取る能力も必要であり，他の担保とは大きく異なるのである。

5　担保管理と担保実行が難しい

　知的財産については，ノウハウ以外は，しかるべき担保設定登録をして対抗要件を備える必要があるが，登録だけでは物足らず，日進月歩する技術の情報やデータを入手するようにして，場合によっては追加担保設定をして登録もして行く必要がある。ノウハウについても，登録はできないものの，常に情報やデータを入手して行く必要がある。

　債務者が債務不履行をした場合に，単純に担保実行をして担保知的財産を換価することができるかと言えば，そんなに簡単ではない。知的財産には市場性がないだけに，予め興味ある買受人を探して，担保知的財産に関する書類やデー

タ等を示して，いくらの価格で買受けてもらえるのかを確認しておくことが必要である。

3 これからの知的財産担保について

1 担保取得する際の留意点

担保権者としては，知的財産に担保設定するには，知的財産の種類に合わせた担保設定契約書をとりかわし，対象知的財産に関するデータ等の書類を受け取り，ノウハウを除いて対抗要件を備えるための登録をすることが必要である。しかし，実務的にはこれだけでは済まない。債務者が債務不履行をした場合を想定して，担保権者が知的財産担保を実行して，思うような価格で換価するには，専門家に予め評価をしてもらうことが必要である。また，めまぐるしく変わる技術等を対象とした特許権や著作権等については，属人性，専門性が強いので，常にこれをフォローして関係書類を入手して，場合によっては追加担保設定をすることが必要であり，さらには，対象知的財産を保有している会社の株式に質権を設定して，いざという場合に，その会社を買収することを考えることも必要である。或いは，対象知的財産を保有している人や対象知的財産を取り扱うことができる人を，いざという場合に雇い入れることを考えることも必要である。そうすれば，担保権者としては，対象知的財産の扱い方を知らなくても，無用の長物とはならないのである。

それから，知的財産の担保取得をするのに，例えば，ある特許権に担保設定しようとするときに，それに関連して著作権が必要であり，その特許権とその著作権とを組み合わせて仕上った商品を販売するのに名前の通った商標が必要である，と言った場合には，特許権，著作権，商標権のすべてに担保設定する必要があり，それぞれの権利が途切れることのないように実務対応する必要がある。

2 知的財産担保を金融担保実務においてより実用化するためには

知的財産担保については，金融担保実務において，ようやく関心が持たれるようになり何とかより実用化するべく考える必要がある。しかしながら，2で述べたように知的財産としての問題がある。また，複合の知的財産を担保に取

ることが必要である場合も多く，さらには知的財産のいわゆるソフトだけでなく，機器や工場等のいわゆるハードも担保取得することが必要である場合も多い。これらの問題点をクリアーにすれば，金融担保実務において知的財産担保がもっと信頼される担保となるであろう。そこで，知的財産担保について，どのようにすれば，より実用的な担保となるのかを簡単に述べることとする。

① 知的財産情報・データ等に関する信託機関を設け，知的財産にかかわる専門家の人材登録機関を設けること。

知的財産に関する情報等については，登録されているものに関しては特許庁，文化庁に集約されているが，さらに担保設定されているもの，これから担保に供したいもの，について別に信託機関を設けて，情報やデータの最新分を次々にインプットしていくシステムを作ることがよいと思われる。そうすれば，担保設定後の新しく開発されたものも入ってくるし，担保提供して何とか事業資金を借りたい企業にも，また，担保設定して事業資金等を貸そうとする金融機関等にも，役に立つことになろう。もちろん，対象知的財産につき担保権者，担保権設定者以外の者は，権利者の同意がない限りは見れないようなシステムにしておく必要はある。

それからもう一つは，知的財産に関して，どのような専門家がいるのか一般的には分からないので，人材をインプットしておくのがよいと思われる。そうすれば，金融機関等としては，どの専門家に相談したり，信頼をすればよいのか等が明白になってくるからである。

以上のような，情報やデータ，人材データの集中があれば，いざという場合に知的財産担保の実行もスムーズに行われ，市場性も出てくるのではないかと思われる。

② 将来的な知的財産の担保設定

知的財産に担保設定するには，現状の知的財産を対象としており，将来的な知的財産については，当然には担保設定ができない。約定はできたとしても，担保設定登録はできない。しかし，日々新たに進歩して行く技術等にかかる知的財産について，一々改めて登録するのを待って担保設定していては間に合わない。そこで，基本である知的財産について担保設定登録をすれば，これから派生する知的財産についても効力が及ぶとする方法を考えるべきである。追加

の情報やデータについては，①で述べたような信託機関にインプットすることを義務づけることも一方法ではないかと思われる。

③　知的財産を工場財団に組成できるようにすること

知的財産については，工場の機械等と合わせて成り立つものも多い。そこで，既存の工場財団に組成できるようにすれば，担保実行において，工場財団として換価されるので，知的財産としての価値もそれなりに評価されやすいのではないかと思われ，金融担保実務上メリットがあると思われる。ただ，知的財産にかかる機械等は，必ずしも工場内にあるとは限らない。その場合には，工場財団の範囲を広げることが必要となる。工場の概念について，コンピュータシステム等を利用するような建物についても及ぶような考え方をとるのも一方法である。いずれにしても，工場財団にかかる法律を改正する必要が出てくる。

［資料 1］ 質権設定契約の雛形（特許権の場合）[1]

　株式会社○○銀行（以下甲という）と株式会社△△（以下乙という）とは，乙の所有する特許権及びその他の知的財産権並びに関連文書及びそれに係る著作権[2]に関し次のとおり契約（以下「本契約」という）を締結する[3]。

第1条（質権の目的たる権利等の特定）
　乙は，銀行取引約定書の各条項を承認の上，平成　　年　　月　　日付け金銭消費貸借契約証書に基づいて負担する債務(元金，利息，損害金，その他一切の債務を含む）（以下「本件債務」という）を担保するため，甲に対し，下記の特許権及びその他の知的財産権並びに関連文書及びそれに係る著作権（以下「本件特許権等」という）に質権（以下「本件質権」という）を設定する。
記

［質権の目的たる特許権の表示[4]］
　(1)　発明の名称
　(2)　特許権の登録番号[5]
［質権の目的たるその他の知的財産権の表示[6]］
　(1)　知的財産権の名称
　(2)　知的財産権の登録番号
［質権の目的たる実施権の表示[7]］
　(1)　専用（通常）実施権が設定されている発明の名称
　(2)　専用（通常）実施権が設定されている特許権の登録番号
［関連文書の表示[8]］

第2条（質権設定手続）
　乙は，本契約締結後直ちに質権設定登録手続[9]に必要な一切の書類を甲に交付する。なお，実施権に対して質権を設定する場合は，乙は直ちに特許権者の

承諾を取得し，承諾書を甲に提出する[10]。

第3条（瑕疵担保責任・処分の禁止）

乙は，本件特許権等につき，現に登録料の滞納及び本件質権に優先する又は本件質権を害すべき一切の権利の設定又は契約の存在しないことを確約する。また，乙は，本件特許権等につき，本件質権の存続中は，甲の書面による承諾を得ずに，本件特許権等の譲渡若しくは放棄又は実施権その他の権利の設定その他本件質権又はその担保価値を害する行為をしない。

第4条（侵害対応）

1．乙は，本件質権の存続中[11]に，本件特許権等が侵害され若しくは侵害のおそれがあると判断したとき，又は第三者によって本件特許権等の有効性が争われたときは，直ちにその概要を書面で甲に報告する。
2．乙は，前項の報告をした場合には，遅滞なく，甲と協議のうえ，侵害排除及び危険防止の手段並びにその他必要な手段をとるものとし，甲の指示があるときには，これに従うものとする。
3．乙は，前2項の場合，甲の承諾なく，第三者との和解又は示談に応じないものとする。

第5条（債権譲渡）

1．乙は，本件質権の存続中に，本件特許権等に関し，第三者から補償金その他の給付を受ける債権を取得したときには，直ちにその旨を甲に通知する。
2．甲は，前項の質権を，甲に対して譲渡させることができる。この場合において，甲の請求があれば，乙は，直ちに債権譲渡手続又は代理権授与の手続に必要な一切の書類を甲に提出する。
3．甲は，前項の規定に基づいて第三者より金銭等を受領したときは，本件債務の弁済期到来前であっても法定の弁済充当の順序又は方法にかかわらず，その金銭等を裁量に基づいて本件債務の弁済に充当することができる。
4．甲は，第1項の債権につき，特許法96条等に基づく差押を行うことができる。

第6条（改良条項）

1. 本契約締結後に，乙が，本件特許権等を改良し新たに特許権等を取得したとき及び本件特許権等に関連する特許権等を新たに取得したとき（以下「改良された特許権等」という）は，乙は，改良された特許権等が，本契約に基づく質権の目的に加えられることに同意する。
2. 乙は，前項の改良された特許権等の出願を行う場合には，甲に事前に通知し，その指示に従うものとする。また，当該改良された特許権等が登録された後は速やかに第1条の表示の追加を行い，また，第2条の手続を行うものとする。

第7条（流質条項）

乙が本件債務を履行しなかった場合には，甲は，法定の手続によらず本件特許権等を取得し，又はこれを任意売却してその代金を本件債務の弁済に充当することができる[12]。

第8条（質権実行に伴う権利移転の手続と費用）

1. 乙は，前条の規定に従って本件特許権等が移転する場合には，本件特許権等の移転登録手続に必要な一切の書類を譲受人に交付する。
2. 前項に関する手続費用その他一切の費用は譲受人の負担とする。

第9条（技術指導）

本件質権が実行されて本件特許権等が甲又は第三者に移転した場合には，乙は，甲の指示に従って，直ちに，本件特許権等の譲受人に対してその実施に必要と認められる技術資料の一切を開示し，かつ必要な技術指導を行う[13]。

第10条（第三者所有特許権に係る実施権の仲介[14][15]）

乙は，甲又は本件特許権等の譲受人の要求があるときには，本件特許権等の利用にとって必要又は有益な知的財産権の実施権が譲受人に対し妥当な条件で与えられるよう誠実に仲介する。

第11条（費用負担）

本契約の作成及び調印，本件質権の設定及び実行に伴う登録手続，本契約の

履行に関する一切の費用は，第8条2項の規定を除き乙が負担する。

第12条（事情変更）

　当事者の一方から契約変更の申出があったときは，両当事者は誠意をもって協議するものとする。

第13条（協議）

　本契約に定めのない事項又は本契約の定めにおいて生じた疑義については，甲と乙は協議の上信義誠実の原則に則り誠意をもって解決するものとする。また仮に協議の整わないときは，甲と乙は民法，商法，特許法等の規定に従ってこれを解決することに合意する。

　上記合意を証するため本契約書弐通を作成し，各当事者それぞれ記名押印の上その壱通を保有する。

　　平成　　年　　月　　日

　　　　　　　　　　　　　　　　　　　東京都・・・・・・
　　　　　　　　　　　　　　　　　　　甲　株式会社○○銀行
　　　　　　　　　　　　　　　　　　　　　代表取締役：□□　印
　　　　　　　　　　　　　　　　　　　東京都・・・・・・
　　　　　　　　　　　　　　　　　　　乙　株式会社△△
　　　　　　　　　　　　　　　　　　　　　代表取締役：××　印

(1) 上記契約はある製品に中心となる特許権に対して質権の設定を行い，併せてその特許権利用に付随する知的財産権等に対しても質権の設定を行った場合を想定している。
(2) 著作権の質権の設定は，契約のみによって効力が発生する（文化庁への登録は第三者対抗要件）（著作権法77条2号）。なお，ここでの著作権は担保の本体たる知的財産権に付随する文書等に係るものであるから，あえて登録までしなくとも可（(3)参照）。
(3) 関連文書については，権利質の設定と併せて動産質を設定する（民法352条以下）ことにより，債務者が倒産した場合等のリスク（例えば文書の分散等）の回避を行う。
(4) 周辺特許権に対して債務者が質権設定を拒否する場合もあろうが，例えば実施権を確約する等の方式も考えられよう。
(5) 登録番号のみで特許権の全ての内容把握が可能。
(6) 特許権利用に付随する知的財産権がある場合，併せて担保にとること。
(7) 特許権利用に付随する実施権がある場合，併せて担保にとること。実施権に対して質権を設定するためには特許権者の承諾が必要である（特許法77条4項，94条2項）。また，専用実施権に係る質権の設定は登録が効力発生要件であり（特許法98条1項3号），通常実施権に係る質権の設定は契約のみによって効力が発生する（登録は第三者対抗要件）（99条3項）。なお，特許権以外の知的財産権の場合も同様（実用新案法18条3項，24条2項，25条，意匠法27条3項，34条2項，35条，商標法30条4項，31条4項，34条）。
(8) 文書化可能な以下の文書に関して列記をすること。
・設計図
・開発時のデータ，テスト結果等の文書類
・使用マニュアル
・改良・メンテナンス等の履歴
・ユーザーリスト，販売関係資料　等
これら文書は契約時にその複製物の引渡しを受けておく方が望ましい。
(9) 工業所有権の質権の場合，原簿への登録を行うことが効力発生要件（特許法98条1項3号，実用新案法25条3項，意匠法35条3項，商標法34条3項）。なお登録の申請は，登録権利者及び登録義務者とが共同して行うのが原則である（特許登録令18条）が，実務的には，委任状によって登録権利者が実際の申請行為を

[資料 1] 質権設定契約の雛形

　　　行うのが通常。
(10)　これらの書類は，実務上は，貸付を実行する前に取得することが望ましい。
(11)　本件質権の実行後に侵害等が生じたときには，当該侵害等の原因が本件質権の存続中に生じていた場合に限り，乙はその解決に協力することが必要となろう（契約上その旨を明記することも可）。
(12)　質権の場合，処分の簡略化のために設けられる規定。債務者が商人である場合に限って認められる（民法349条，商法515条）。
(13)　本件担保が処分された場合に，譲受人に対し本件担保の実施に必要な技術指導を行うことの約束。
(14)　特許権に係る専用実施権の移転は，通常，特許権者の承諾が必要である（特許法77条3項）ため，承諾書を別途とっておくことが望ましい。また，専用実施権に質権を設定することも，特許権者の承諾を得れば可能（特許法77条4項）。その他の知的財産権に係る専用実施権（なお，商標権では専用使用権）でも同様の取扱いとなる（実用新案法18条3項，意匠法27条3項，商標法30条4項）。なお，この際の専用実施権を目的とする質権も，特許権に対する質権の設定と同様，登録することが効力発生要件となる（特許法98条1項3号）。
(15)　特許権に係る通常実施権の移転も，専用実施権と同様に，通常，特許権者の承諾が必要であり（特許法94条1項），通常実施権に質権を設定することも特許権者の承諾を得れば可能（特許法94条2項）。通常実施権の質権は契約によって効力が生じるが，登録しなければ第三者に対抗できない（特許法99条3項）。なお，その他の知的財産権の通常実施権（なお商標権では通常使用権）でも同様の取扱いとなる（実用新案法25条4項，意匠法35条4項，商標法34条4項）。

（出所＝「知的財産担保価値評価手法研究会報告書」資料8）

［資料 2］ 質権設定契約証書

　以下の契約書例は，あくまでも一般的な参考資料にとどまるものであり，実際の契約書を作成するには具体的取引における利害状況や交渉相手との交渉の経緯等を考慮して必要な修正を加えることが必要であること，従って以下の契約書例を利用した結果については，本報告書の関係者は一切責任を負わないことに留意されたい。

（質権のケース）

質権設定契約証書

　○○○○○銀行（以下「甲」という。）と○○○○○株式会社（以下「乙」という。）とは，著作権を目的とする質権の設定に関し，以下のとおり合意し契約（以下「本件契約」という。）した。

（質権の設定）
第1条　乙は，甲との間で締結した平成○年○月○日付○○○○○○契約（以下「原契約」という。）に基づき甲に対して負担している債務（元本債務金○○○○○円及び利息，損害金その他これに付随する一切の債務を含む。以下「本件債務」と言う。）を担保するため，乙が権利を有する末尾記載の著作物（以下「本件著作物」という。）に関する著作権（著作権法第20条乃至28条全ての権利を含むとともに，本件著作物に関し乙が日本国外に有する全ての著作権を含む。以下「本件著作権」という。）に第1順位の質権（以下「本件質権」という。）を設定する。

（効力）
第2条　本件質権設定の効力は，本契約締結時に発生するものとする。

(登録手続)
第3条　乙は，甲の指示に従い本件契約締結後直ちに本件質権設定登録手続を行うものとし，登録完了後，登録の完了を証する書類を甲に提出する。なお，乙は，甲からの要請に応じ本件質権設定登録に必要な一切の書類を甲に交付する。

(保証)
第4条　乙は，甲に対し，質権の目的たる本件著作権につき，本件質権に優先する又は本件質権を害すべき一切の権利の設定又は契約の存在しないことまた本件著作権の行使を妨げるような権利及び事実が存在しないことを確約し保証する。

2．乙は，甲に対し，本件著作物を全て自ら創作したものであり，著作者であること，本件著作物が他の者の権利を侵害していないこと，本件著作物に関し，プログラムが関連資料に記載通り稼働するものであることを確約し保証する。

3．著作物が第三者が権利を有するプログラム等と結合したり，組み込まれるなどして製品となる場合，乙は，本件著作物の譲受人が同様に結合したり，組み込まれるなどして製品を製造販売するのに必要な許諾を当該第三者から得ていることを保証する。

(権利侵害)
第5条　乙は，甲の事前の書面による承諾がなければ，本件著作権を譲渡し，担保権を設定し，又は本件著作権を目的とする利用権等を設定してはならない。

2．本件著作権が侵害され又は侵害されるおそれが生じたとき，又は本件著作権に関し紛争が生じたときは，乙は直ちにその旨を甲に通知し，且つ侵害の排除又は危険防止の手段をとらなければならない。なお，甲からの指示があるときはこれに従う。

(補償金等)
第6条　乙は，本件著作権につき契約，法令その他の原因によって補償金，清

算金，譲渡・利用権設定の対価その他の給付を受ける金銭債権を取得したときは，直ちにその旨を甲に通知し，甲が請求したときは，その権利を甲に譲渡する等甲が直接これを受領するために必要な手続をとらなければならない。但し，通常のユーザーに対する本件著作物の複製物の販売，使用許諾により取得する金員を除くものとする。

2．甲は，前項に基づき金銭を受領したときは，本件債務の弁済期限のいかんにかかわらず，本件債務の弁済に充当することができる。

（本件著作権の保全・利用）
第7条 乙は，本件著作権を善良なる管理者の注意をもって管理するものとし，本件著作権の価格を減少させたり，全部又は一部について滅失・毀損を生じさせるおそれのある行為をしてはならない。

2．本件著作権について重要な滅失・毀損又は著しい価格の減少があるときは，乙は，直ちにその旨を甲に通知する。

3．前項の場合において甲が請求したときは，乙は甲の指示するところに従って，担保若しくは代り担保を提供し，又は原契約に基づく債務の全部若しくは一部を繰上弁済する。

（複製物の交付）
第8条 乙は，甲に対し，本件契約締結後直ちに，下記のとおり本件著作物の複製物を所定の媒体に記録して交付する。

記

著作物の名称	媒体の種類
○○○○○○○○○○○	○○○○○○
○○○○○○○○○○○	○○○○○○
○○○○○○○○○○○	○○○○○○
○○○○○○○○○○○	○○○○○○

2．甲は，善良なる管理者の注意をもって前項の複製物を保管するものとする。

(バージョンアップ等)
第9条　本件契約締結後，乙が，本件著作物に関しバージョンアップその他の変更を行い，新たに著作権等（二次的著作物に関する著作権及び新規著作権も含む。以下「追加著作権等」と言う。）を取得した場合は，甲及び乙は，追加著作権等も本件債権の目的となることに同意する。
　2．乙は，追加著作権等についても取得後直ちに第3条の手続を行うものとする。
　3．バージョンアップ等変更後の本件著作物の複製物についても，前条の規定を適用する。

(報告義務)
第10条　乙は，甲の要請に応じ，すみやかに甲に対し下記事項に関する報告を書面で行い，本件著作物の内容，本件著作権の権利関係等の状況を明らかにするものとする。

記

(1) 技術的事項（開発技術者，保守技術者，バグ及びデバッグ，バージョンアップ，技術的事項に関するクレーム及びその処理状況）
(2) 権利関係事項（使用許諾契約内容，顧客リスト，販売代理店契約内容，販売代理店リスト，権利関係に関するクレーム及びその処理状況）
(3) 前各号に関連する事項
　2．甲は，本件質権の実行前は，前項により知り得た乙の秘密を第三者に漏らさない。但し，事前に乙より承諾を得た場合はこの限りでない。

(質権の実行)
第11条　乙が本件債務の履行を怠ったときは，甲は，法定の手続きによらず一般に適当と認められる方法，時期，評価，価額等により本件著作権を取得し，又はこれを任意売却して，その代金を本件債務の弁済に充当することができる。
　2．前項により本件著作権を処分した場合，その取得金額が甲の債権額を超過したときは，甲はその超過額を乙に返戻し，また甲の債権額に不足し

たときは，乙は，直ちにその不足額を甲に弁済する。
3．甲が質権の実行として自ら本件著作権を取得するときは，本件著作権を第1項に基づき適正に評価した評価額を弁済に充当して，その旨を乙に書面をもって通知するものとする。上記の評価額について余剰金又は不足金が生じたときの取扱は前項と同様とする。
4．本件質権が実行され本件著作権が甲又は第三者に移転する場合，乙は，甲の要請に応じ，本件著作物が製品としての市場価値を保持するのに必要な技術資料の開示，技術指導，技術者の確保，顧客の確保その他必要な措置を甲，甲の指定する者又は本件著作権の譲受人のために講じる。

（質権実行に伴う権利移転の手続）
第12条　乙は，前条の規定に従って本件著作権が移転する場合，甲の指示に従い，直ちに甲又は譲受人に本件著作権の移転登録手続を行う。なお，乙は甲からの要請に応じ本件著作権の移転登録手続に必要な一切の書類を甲又は譲受人に交付する。

（著作者人格権）
第13条　乙は，本件質権実行後，甲及び本件著作権を取得した者に対し，著作者人格権を行使しないものとする。

（協議）
第14条　本件契約に定めのない事項又はこの契約の定めにおいて生じた疑義については，甲と乙は協議の上信義誠実の原則に則り誠意をもって解決するものとする。
2．当事者の一方から契約変更の申し出があったときは，両当事者は誠意をもって協議するものとする。

（費用の負担）
第15条　乙は，本件契約書の作成及び調印，本件質権の設定及び実行に伴う登録手続，その他本件契約の履行に関する一切の費用を負担する。

（原契約の適用及び準用）

[資料 2] 質権設定契約証書

第16条　本件契約に関しては，本件契約書に別段の定めがあるもののほかは，全て原契約書記載の各条項を適用又は準用する。

本件契約の成立を証するため，本件契約書正本2通を作成し，甲乙それぞれ記名押印の上その1通を保有する。

　　平成　　年　　月　　日
　　　甲
　　　乙

本件著作物の表示

1　プログラムの著作物の表示
1-1
　　　著作物の題号
　　　著作者の名称
　　　創作年月日
　　　最初の公表年月日
　　　著作物の種類
　　　著作物の内容
　　　著作権登録の登録年月日
　　　著作権登録の登録番号
1-2
　　　・
　　　・
　　　・

2　上記プログラムに関する関連資料に関する著作物の表示
2-1
　　　著作物の題号
　　　著作者の名称

　　　　創作年月日
　　　　最初の公表年月日
　　　　著作物の種類
　　　　著作物の内容
　　　　著作権登録の登録年月日
　　　　著作権登録の登録番号
2 - 2
　　　　・
　　　　・
　　　　・
3　その他の著作物の表示
1 - 1
　　　　著作物の題号
　　　　著作者の名称
　　　　創作年月日
　　　　最初の公表年月日
　　　　著作物の種類
　　　　著作物の内容
　　　　著作権登録の登録年月日
　　　　著作権登録の登録番号
1 - 2
　　　　・
　　　　・
　　　　・

　　　　　　　　　　　　　　　　　　　　以　　　上

(出所=「ソフトウェア担保融資研究会報告書」資料4)

[資料 2] 譲渡担保契約証書

以下の契約書例は，あくまでも一般的な参考資料にとどまるものであり，実際の契約書を作成するには具体的取引における利害状況や交渉相手との交渉の経緯等を考慮して必要な修正を加えることが必要であること，従って以下の契約書例を利用した結果については，本報告書の関係者は一切責任を負わないことに留意されたい。
（著作権についての譲渡担保のケース）

譲渡担保契約証書

○○○○○銀行（以下「甲」という。）と○○○○○株式会社（以下「乙」という。）とは，著作権を目的とする譲渡担保に関し，以下のとおり合意し契約（以下「本件契約」という。）した。

（譲渡担保）
第1条　乙は，甲との間で締結した平成○年○月○日付○○○○○○契約（以下「原契約」という。）に基づき甲に対して負担している債務（元本債務金○○○○○円及び利息，損害金その他これに付随する一切の債務を含む。以下「本件債務」と言う。）を担保するため，乙が権利を有する末尾記載の著作物（以下「本件著作物」という。）に関する著作権（日本国著作権法第27条，28条及びその他の全ての権利を含むとともに，本件著作物に関し乙が日本国内外に有する全ての著作権を含む。以下「本件著作権」という。）を甲に譲渡した。（以下本条所定の担保目的の本件著作権の譲渡を「本件譲渡担保」と言う。）

（効力）
第2条　本件譲渡担保の効力は，本契約締結時に発生するものとする。

（登録手続）
第3条　乙は，甲の指示に従い本件契約締結後直ちに本件譲渡担保に基づき本件著作権の移転登録手続を行うものとし，登録完了後，登録の完了を証する書類を甲に提出する。なお，乙は，甲からの要請に応じ本件譲渡担保に基づく本件著作権の移転登録に必要な一切の書類を甲に交付する。

（保証）
第4条　乙は，甲に対し，本件譲渡担保の目的たる本件著作権につき，本件譲渡担保に優先する又は本件譲渡担保を害すべき一切の権利の設定又は契約の存在しないこと並びに本件著作権の行使を妨げるような著作権，特許権その他一切の権利及び事実が存在しないことを確約し保証する。

2．乙は，甲に対し，本件著作物を自ら創作したものであり，著作者であること，本件著作物が他の者の権利を侵害していないこと，本件著作物に関し，プログラムが関連資料に記載通り稼働するものであることを確約し保証する。

3．本件著作物が第三者が権利を有するプログラム等と結合したり，組み込まれるなどして製品となる場合，乙は，本件著作物の譲受人が同様に結合したり，組み込まれるなどして製品を製造販売するのに必要となる許諾を当該第三者から得ていることを保証する。

（権利侵害）
第5条　乙は，甲の事前の書面による承諾がなければ，本件著作権を譲渡し，担保権を設定し，又は本件著作権を目的とする利用権等を設定してはならない。

2．本件著作権が侵害を受け又は侵害を受けるおそれを生じたとき，又は本件著作権に関し紛争が生じたときは，乙は直ちにその旨を甲に通知し，且つ侵害の排除又は危険防止の手段をとらなければならない。なお，甲からの指示があるときはこれに従う。

（補償金等）
第6条　乙は，本件著作権につき契約，法令その他の原因によって補償金，清

算金，譲渡・利用権設定の対価その他の給付を受ける金銭債権を取得したときは，直ちにその旨を甲に通知し，甲が請求したときは，その権利を甲に譲渡する等，甲が直接これを受領するために必要な手続をとらなければならない。ただし，第8条第1項所定の販売代金，使用料を除く。

2．甲は，前項に基づき金銭を受領したときは，本件債務の弁済期限のいかんにかかわらず，本件債務の弁済に充当することができる。

（本件著作権の保全・利用）

第7条　乙は，本件著作権を善良なる管理者の注意をもって管理するものとし，本件著作権の価格を減少させたり，全部又は一部について滅失・毀損を生じさせるおそれのある行為をしてはならない。

2．本件著作権について重要な滅失・毀損又は著しい価格の減少があるときは，乙は，直ちにその旨を甲に通知する。

3．前項の場合において甲が請求したときは，乙は甲の指示するところに従って，担保若しくは代り担保を提供し，又は原契約に基づく債務の全部若しくは一部を繰上弁済する。

（通常の利用行為）

第8条　乙は，第5条及び第6条にかかわらず，第13条の譲渡担保権実行時までは，本件著作物をそのままあるいはバージョンアップ等の変更を加えた上，複製物を製造・販売し，通常のユーザーに対する使用を許諾し，販売代金・使用料を回収する等通常の利用行為を行うことができる。

2．乙は，将来甲の請求があるまでは，その都度甲の承諾を得ることなく，前項の取引により取得した金員を自己のために収受することができる。

（複製物の交付）

第9条　乙は，甲に対し，本件契約締結後直ちに，下記の本件著作物の複製物を所定の媒体に記録して交付する。

記

著作物の名称	媒体の種類
○○○○○○○○○○	○○○○○○
○○○○○○○○○○	○○○○○○
○○○○○○○○○○	○○○○○○
○○○○○○○○○○	○○○○○○

2．甲は，善良なる管理者の注意をもって前項の複製物を保管するものとする。

（バージョンアップ等）

第10条　本件契約締結後，乙が，本件著作物に関しバージョンアップその他の変更を行い，新たに著作権等（二次的著作物に関する著作権及び新規著作権も含む。以下「追加著作権等」と言う。）を取得した場合は，乙は直ちにその旨甲に通知するものとし，甲及び乙は，追加著作権等も本件譲渡担保の目的とすることに同意する。なお，乙は，追加著作権等について甲の指示に従い著作権登録を行うものとする。

2．乙は，追加著作権等についても取得後直ちに第3条の手続を行うものとする。

3．バージョンアップ等変更後の本件著作物の複製物についても，前条の規定を適用する。

（報告義務）

第11条　乙は，甲の要請に応じ，すみやかに甲に対し下記事項に関する報告を書面で行い，本件著作物の内容，本件著作権の権利関係等の状況を明らかにするものとする。

記

(1) 技術的事項（開発技術者，保守技術者，バグ及びデバッグ，バージョンアップ，技術的事項に関するクレーム及びその処理状況，その他関連事項）

(2) 権利関係事項（使用許諾契約内容，顧客リスト，販売代理店契約内容，販売代

理店リスト，権利関係に関するクレーム及びその処理状況，その他関連事項)
(3) 前各号に関連する事項
2．甲は，本件質権の実行前は，前項により知り得た乙の秘密を第三者に漏らさない。但し，事前に乙より承諾を得た場合はこの限りでない。

(譲渡担保権の実行)
第12条　乙が原契約に基づく債務の履行を行ったときは，甲は，一般に適当と認められる方法(自ら本件著作権を取得し，又はこれを任意売却して，その代金を本件債務の弁済に充当する方法を含む。)，時期，価格等により，本件著作権につき譲渡担保権を実行し，処分費用を控除した取得金額を原契約に定める弁済期限にかかわらず原契約に基づく債務の弁済に充当することができる。
　2．前項により本件著作権を処分した場合，その取得金額が甲の債権額を超過したときは，甲はその超過額を乙に返戻し，また甲の債権額に不足したときは，乙は，直ちにその不足額を甲に弁済する。
　3．甲が譲渡担保権の実行として自ら本件著作権を取得するときは，本件著作権を第1項に基づき適性に評価した価額を弁済に充当して，その旨を乙に書面をもって通知するものとする。上記の評価額について余剰金又は不足金が生じたときの取扱は前項と同様とする。
　4．本件譲渡担保が実行され本件著作権が甲又は第三者に移転する場合，乙は，甲の要請に応じ，本件著作物が製品としての市場価値を保持するのに必要な技術資料の開示，技術指導，技術者の確保，顧客の確保その他必要な措置を甲，甲の指定する者又は本件著作権の譲受人のために講じる。

(著作者人格権)
第13条　乙は，本件質権実行後，甲及び本件著作権を取得した者に対し，著作者人格権を行使しないものとする。

(協議)
第14条　この契約に定めのない事項又はこの契約の定めにおいて生じた疑義

については，甲と乙は協議の上信義誠実の原則に則り誠意をもって解決するものとする。

2．当事者の一方から契約変更の申し出があったときは，両当事者は誠意をもって協議するものとする。

（費用の負担）
第15条　乙は，本件契約書の作成及び調印，本件譲渡担保に基づく本件著作権の移転登録手続，本件著作権の処分その他本件契約の履行に関する一切の費用を負担する。

（原契約の適用及び準用）
第16条　この契約に関しては，本件契約書に別段の定めがあるもののほかは，全て原契約書記載の各条項を適用又は準用する。

　本件契約の成立を証するため，本件契約書正本2通を作成し，甲乙それぞれ記名押印の上その1通を保有する。

　　　平成　　年　　月　　日
　　　　　甲
　　　　　乙

本件著作物の表示

1　プログラムの著作物の表示
1-1
　　　著作物の題号
　　　著作者の名称
　　　創作年月日
　　　最初の公表年月日
　　　著作物の種類
　　　著作物の内容

[資料 2] 譲渡担保契約証書

            著作権登録の登録年月日
            著作権登録の登録番号
   1-2
            ・
            ・
            ・
   2　上記プログラムに関する関連資料に関する著作物の表示
   2-1
            著作物の題号
            著作者の名称
            創作年月日
            最初の公表年月日
            著作物の種類
            著作物の内容
            著作権登録の登録年月日
            著作権登録の登録番号
   2-2
            ・
            ・
            ・
   3　その他の著作物の表示
   1-1
            著作物の題号
            著作者の名称
            創作年月日
            最初の公表年月日
            著作物の種類
            著作物の内容
            著作権登録の登録年月日
            著作権登録の登録番号

[資料 2] 譲渡担保契約証書　243

1-2
　　　・
　　　・
　　　・

以　　上

(出所=「ソフトウェア担保融資研究会報告書」資料4)

[資料3] 知的財産権の担保化の状況

1 質権の設定・移転

	昭和63年	平成元年	平成2年	平成3年	平成4年	平成5年	平成6年	平成7年
特 許 権	17	31	90	94	19	8	6	13
実用新案権	5	1	1	7	2	5	13	7
意 匠 権	5	0	0	1	0	1	18	11
商 標 権	1	1	5	0	22	28	7	98
合 計	28	33	96	102	43	42	44	129

(出典:特許庁公報)

権利別推移

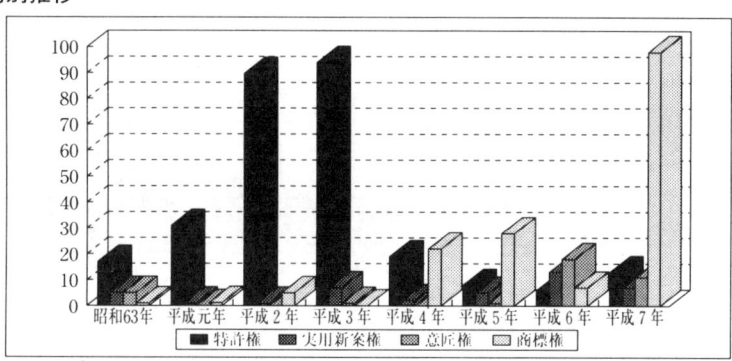

総数の推移

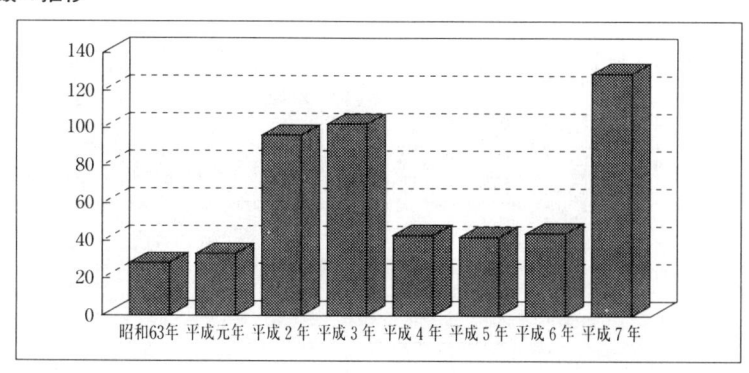

[資料3] 知的財産権の担保化の状況

2 権利の移転（相続，合併を除く）

	昭和63年	平成元年	平成2年	平成3年	平成4年	平成5年	平成6年	平成7年
特 許 権	1,781	1,515	1,450	1,571	1,654	2,400	1,975	1,700
実用新案権	17	31	90	405	356	450	571	538
意 匠 権	359	516	469	275	312	445	361	363
商 標 権	4,977	4,996	5,304	5,365	5,380	6,020	5,959	7,042
合　　計	7,134	7,058	7,313	7,616	7,702	9,315	8,866	9,643

（出典：特許庁公報）

権利別推移

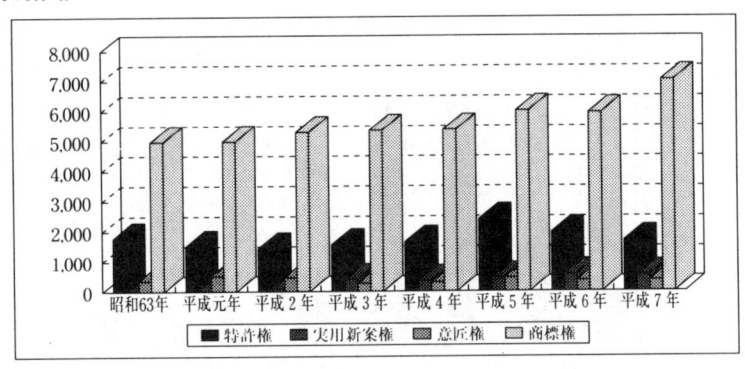

総数の推移

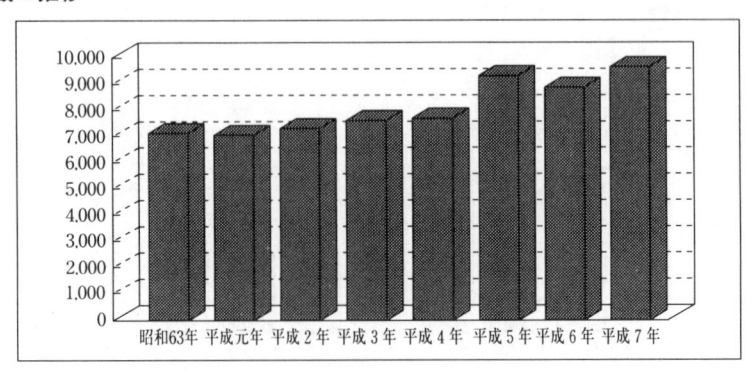

[資料 4] 知的財産権担保価値評価手法研究報告書

平成 8 年 3 月
財団法人　知的財産研究所

1　はじめに

(1)　知的財産権担保の意義

　今後，我が国経済が発展していくためには，経済フロンティアの拡大を通じて我が国経済構造の改革を図る必要がある。そのためには，ベンチャー企業等の新規事業者の成長が不可欠である。

　ところで，現在，我が国の新規事業者に対する資金供給に関しては，いわゆるエンジェルが存在しない，ベンチャーキャピタルの活動も不十分である，公開店頭市場も始まったばかりである，といった状況が存在しており，重要な資金ソースとして，銀行等の金融機関に期待がかけられている。

　しかしながら，これら金融機関からの融資に際しては担保が必要であるところ，ベンチャー企業等においては，おうおうにして不動産，動産，有価証券等の有形担保が乏しいことが指摘されている。このような状況を打破する対策の一つとして，ベンチャー企業等が有する知的財産権を担保として活用することが考えられる。

　この知的財産権の担保化については，現行でも制度的には可能であるが，その評価が難しいこと，セカンダリィマーケット（知的財産権の売買・流通市場）がないこと等から，新規事業者に対する知的財産権を担保とした融資はあまり進んでいない。このため，知的財産権の評価手法についての考え方を以下に検討することとする。なお，評価手法の確立は，セカンダリィマーケットの発展にも資するものと考えられる。

248　［資料 4］　知的財産権担保価値評価手法研究報告書

(2) 評価手法の性格

　知的財産権の評価が必要となる局面は種々あると思われるが，本報告書で示す評価はもっぱら知的財産権を担保とする場合を念頭に置いたものである。したがって，ロイヤルティ算定や損害賠償算定等に直接結びつくものではない。

　対象となる知的財産権は，特許権・実用新案権を中心に，必要に応じ著作権（コンピュータプログラム等）にも敷衍した。もっぱら商標権や意匠権のみを担保とする場合については，特段の考慮をしていない。

　また，この報告書で示す知的財産権の価値評価手法は，融資の際に担保となる知的財産権の価値評価手法として，本研究会が合理的と考えるものである。ここで示す手法以外の評価手法を否定するものではないが，各融資主体がこれを参考にして，実務上でより良いものへと発展させていかれることを期待したい。

　　（注）　ベンチャー・キャピタルと金融機関

　　　　ベンチャー・キャピタルも金融機関も，投資又は融資の対象として一事業者の審査を行う場合には，当該事業者の将来の収益を基本とすることから，そこでは当該事業者の将来の事業の成否が大きな関心事項となる。そのため，この場合には，両者とも，当該事業者の個別事情（経営者の能力，事業展開基盤（立地条件等））を踏まえた上で当該事業の将来性の審査を行うこととなる（この点においては両者とも変わりはない）。

　　　　ただし，両者の違いは，
　　　① 　ベンチャー・キャピタルは，投資によって相当高いリターンを期待できる反面，相応のリスクを負担しなければならないが，
　　　② 　金融機関による融資は，あまり多くのリターンを期待できない上，その性格上，リスクの負担も相当小さいもの（回収の確実性が確保されたもの）でなければならず，このため，担保をとって保全を図る必要がある，
　　　　というところにある。

　　　　そのため，金融機関が融資を行う場合には，事業の将来性の審査に加え，担保についての評価を行うことが必要となるのである。

2　知的財産権担保の基本的考え方

　知的財産権は権利そのものであり，一般的には，それ自体では現実の世界に

2 知的財産権担保の基本的考え方 249

おいて収益を得るものではなく（ロイヤルティ収入を除く），それが製品に体化して初めて収益が上がるものである。このため，知的財産権の価値評価はその製品に注目して行うこととなるが，「製品」の生産等には複数の知的財産権，さらにはノウハウ等が関与しており，その中の一つの知的財産権のみでは生産等が自由に行えない（すなわち将来において収益を得ることができない）場合がある。

したがって，知的財産権を担保にとる場合においては，単に当該知的財産権のみならず，当該知的財産権が関与する製品に着目し，当該製品の生産（必要に応じて販売まで）に係る知的財産権を一括して担保にとる必要がある。

換言すれば，知的財産権の担保化とは，その知的財産権が関与する製品に係る経済活動全体を営業体（going concern）とみなし，その営業体を担保として捉えることに近い（注；この意味で，知的財産権の担保化は，制度上存在しない営業権に係る担保を，制度上存在しうる知的財産権担保を媒介として現実化させるものと観念されよう）。

以上の考え方に基づけば，知的財産権担保を設定する際に担保として融資側が押さえるべき権利（及びその周辺の権利関係等）としては，以下のようなものが考えられる。

1) 当該製品の中心となる知的財産権（特許権，実用新案権，著作権等）
2) 当該製品の生産等に係るその他の知的財産権（周辺特許権又は実用新案権等）
3) 当該製品の生産又は当該知的財産権の実施等に関連するノウハウ（例えば操作マニュアルや，当該技術開発の際の開発データ等）等
4) 製品に特殊な商標等がついており，権利移転後その商標等が販売等に極めて重要な要素となる場合は，必要に応じ当該商標権等
5) 製品販売に係る重要な情報（例えば顧客リスト）等

また，知的財産権は法定寿命又は技術進歩に伴う陳腐化リスクがあるが，他方で権利者はこのリスクを回避するため随時改良等を行うことから，この過程で発生する上記の知的財産権に関連する改良特許，周辺特許等についても，それらが開発されたときに，順次担保に組み入れることができるようにしておくことが望ましい（なお，この場合において，担保に組み入れられる改良特許等が相当の価値を持つときは，必要に応じ，担保価値の見直しが行われることとなろう）。

[資料4] 知的財産権担保価値評価手法研究報告書

なお、これらの担保の客体については、あるものは法定の担保権として設定し、第三者への対抗要件等を具備し得るが、多くは契約上の対応となろう（契約上の留意点については4参照）。

3 知的財産権担保の評価

知的財産権を担保にとる場合には、まず「当該知的財産権が担保となるにふさわしいものであるか否か」を判定する必要がある。

次いで、その判定をクリアしたものについて、「当該知的財産権を将来第三者が譲り受けた場合に、それによってどの程度のキャッシュフローを創出することができるか」が推計されることとなる（これを現在価値化したものが当該知的財産権の担保価値と考えられる）。

以下では、まず、当該知的財産権が担保となるにふさわしいものであるか否かの判定を「担保性判定」とし、それに続く当該知的財産権担保の具体的な価値の算定を「価値評価」として、その各々の内容について検討する。

(注) 金融機関が事業者に融資を行う場合には、当該事業者の事業全体から十分な収益が期待できることが大前提となるが、これは当然のことであるので、その判断の方法についてはここでは扱わない。なお、担保となる知的財産権の関与する事業が当該事業者にとって唯一の事業である場合には、結果として、収益性判断の対象となる事業と担保性判定の対象となる事業が同一となるが、融資を行うか否かの判断の基礎となる収益性判断が具体的事業者に基づいて行われるのに対し、知的財産権の担保性の判定は一般的な譲受人を念頭において行われることに留意する必要がある。

(1) 担保性判定

「当該知的財産権が担保となるにふさわしいものであるか否か」を判定するには、

① 当該知的財産権が権利として確実なものか、
② 当該知的財産権がその関与する製品の競争力の源泉となっているか、
③ 当該知的財産権の関与する製品が市場性（収益性）を有するか、

を判断する必要がある。

① 権利としての確実性

3 知的財産権担保の評価

　知的財産権（及びその関連する権利等）を担保としてとるためには，まず原則としてこれら知的財産権が適法に成立しており（理論的には成立前でも譲渡担保とすることは可能であるが，その場合は更に別途の考慮も必要），かつ担保権実行時を考慮すれば，移転可能性が確保されることが必要となる。
　この観点から，以下の諸点を確認することが求められる。
1）権利者が債務者（担保権設定者）本人か。
　　これについては，特許登録原簿（出願中のものは申請書，公開公報）等で確認する必要がある。特に，名義が企業や社長の場合は問題ないが，従業員名義の場合は担保化について当該従業員の合意があることを確認すること等が必要となろう。
　　なお，共有の場合は，共有者から，担保権設定についての承諾書及び担保権実行時には共有者の権利も併せて譲受人に移転（又は共有者の持分について譲受人に実施権を許諾）する旨の念書又は約束をとっておくことが望ましい。
　　また，第三者の特許等を使用している場合にあっては，担保権の設定について当該第三者の承認を得ることが望ましい（質権の場合は不可欠（特許法第77条第3項等））が，あわせて，担保権実行時には譲受人に対しても同様のライセンスを行う旨の承諾書又は約束を当該第三者から得ておくことが望ましい。
2）登録は確実になされているか。
　　上記1）とも関連するが，特許ならば特許登録原簿に載っているかの確認が必要となる。また，登録料・特許料の納付状況も確認の必要がある。
　　なお実用新案にあっては，平成6年1月以降のものについては無審査登録主義により登録をもって成立するが，その執行に際しては，別途特許庁が発行する技術評価書が必要となることから，担保化に際しては，この技術評価書をあらかじめ取得させ，適切に権利執行できるかの確認が必要となる。
　　また，著作権については，登録は権利発生の要件ではなく，登録が行われていない場合があることから，担保化に際しては登録させることが必要となる（なお，これは担保化した際の第三者対抗の観点からも必要となる）。

3）異議申立等の状況はどうか。

　特許等について異議又は無効の申立てが出ているかについて見る必要がある（特に特許については，平成8年1月より付与後異議に変わることから，特許登録されても異議は出てくる）。なお，異議又は無効の申立てが出てくるかどうかについては，後述の先行技術調査及び審査基準又は従来の審査例から判断されよう。

　また，著作権については，登録が効力発生要件ではないことから，担保にとろうとする著作権が他人の著作権に抵触するか否か不明な場合がある。このため，事業者に対して，その製作過程に関するヒアリング（例えば，製作段階で参考にした著作物はないか等）を行うことが必要である。

いずれにせよ，他の権利を侵害する知的財産権は担保たり得ないので，念のため，権利に瑕疵のないことについて債務者の確約を契約上とっておくことも考えられる。

4）権利を確実に執行できるか。

　権利として確立していても権利が執行できないような状況では意味がない。この観点から，当該知的財産権が侵害等に対して正当に対応できるかが問題となる。

　具体的には，例えば，権利として成立しているが，別途再許諾権付きの実施権設定を行っているとか，親会社等に無償での実施を黙認しているような場合は，権利執行に疑問が残る。

　また，対象となる権利がクロスライセンスの対象となっているときは，当該権利を担保とすることは基本的には困難である。ただし，例外的に，①そのクロスライセンスが相手方から技術を得るのに不可欠であり，②相手方から得られる技術があってこそ当該権利の排他性が完全になり，③それが製品の競争力の重要な源泉となるような場合には，当該権利を担保とする意味があると言えよう。

なお，以上の議論は既に権利が成立していることを前提にしているが，特に特許の場合はその審査に時間がかかることもあり，対象となる特許が審査中の場合があり得る。（このように審査中案件であっても特許を受ける権利を客体として担保を設定することは可能である。なお，この場合は権利として成立していないこと

から質権の設定は不可能であり，譲渡担保となろう。）

このように審査中のものは，そもそも特許として成立するかが問題となり，その場合のチェックポイントは，以下のようになろう。

1）先行技術との関係

先行技術に抵触すれば特許として成立しない。

2）審査基準又は従来の審査例

申請中のものが特許庁でどう扱われるかは極めて重大である。そしてそれは単に特許の成否にとどまらず，そのクレームの範囲等にも影響する。

この関連で，審査官からの指摘事項等も債務者から聞いてチェックしておくことが必要であろう。

3）その他

その他不特許理由に該当しないこと（例えば公序良俗に反しない等）。

（注）本報告書では，外国で成立している知的財産権については，原則として考慮していない。その理由は，本報告書においては，国内の銀行が知的財産権担保融資を行い，債務が履行されない場合には，当該知的財産権を国内の譲受人に対して処分することを想定しているからである。

ただし，技術となる知的財産権が外国で成立していれば，当該知的財産権が関与する技術・製品に新規性等があることが推定されることとなるほか，特に当該知的財産権が我が国において成立していない場合には，我が国においても将来それが成立する可能性があることが示されることにもなるであろう（もっとも，国によって運用が異なることもあるため，国内での権利成立の可能性については，別途検討することが必要となろう）。

② 製品競争力に対する知的財産権の貢献性

知的財産権が権利として確実に成立している（又は成立する見込みのある）場合でも，担保となる知的財産権がその関与する製品の競争力の源泉となっていなければ，当該知的財産権自体には価値を見出しがたい（例えば，ある製品の製作過程で利用される技術に特許権が関与していたとしても，その特許権が当該製品の競争力を生み出すほどの技術的効果をもたらすものでない場合，または，その技術が他の技術によって代替可能である場合等には，当該特許権自体には担保性を認めがたい）。

そのため，知的財産権を担保にとる前提として，製品に対する当該知的財産

権の貢献性(すなわち,当該知的財産権があるからこそその製品が競争力を持っている,と言えるだけの関係があるか否か)を検証する必要がある。
　それに関連して,以下の諸点をチェックすることが必要となろう。
1）技術・製品に新規性があるか。
　　ある技術・製品に対して知的財産権が密接に関与しているか否かの判断要素の一つとして,当該技術・製品に新規性があるか否か,が挙げられる。具体的には,当該技術・製品がどのような新規な特色を持つか(例;生産機能・品質向上,コスト低減,補修容易性等)の分析が必要となる。また,この新規性が高いほど,2）の優位持続性が強くなる。
　　なお,当然の前提として,技術自体が,工業的完成性(単に理論にとどまらず現実の生産活動に活用できること)や実施容易性(生産技術(原材料,周辺技術を含む)上,現実に実行できること)をクリアしていることが必要である。このとき,これらが事業者固有の要因によって初めて満たされるような場合(例えば,移転困難なノウハウが用いられていたり,事業自体が特殊な許認可事業であったりするような場合)には,担保性が低い(又は無い)ということになろう。
　　また,同様に,社会的又は法制度的に実施できるかも重要なポイントとなる。この場合においては,社会的受容性,例えば公害をまき散らすものではない等の常識としての観点からのチェックも必要となろう。
　　さらに,当該技術の応用範囲の広さも,将来の実施拡大又はロイヤルティ収入への期待から,一つのチェックポイントとなろう(注;後述の価値評価においては,いまだ実現していない実施やライセンスによる収入を評価することは担保評価の際の保守主義に反することとなるが,担保権を実行する場合の処分を考慮する際,応用分野が広ければ,事実上,その処分可能範囲が広がる可能性があると思われる)。
2）技術・製品の優位持続性
　　ある技術・製品に対して知的財産権が密接に関与しているか否かのもう一つの判断要素は,当該技術・製品が他よりも相当程度に優位であり,かつ,その優位性を相当期間維持できるか否か,である。具体的には,以下についての考慮が必要となる。

・知的財産権の性質

特許の場合であれば，基本特許か応用特許か，物の特許か方法の特許か，クレーム（特許請求の範囲）が広いか狭いか，新技術か改良か，代替技術があるかないか，等（基本特許的であり，物の特許であり，権利範囲が広く，新技術であり，代替性が乏しいほど，いわゆる強い特許となろう）。

・他社の動向

技術は不断の開発競争が行われていることから，他社の関連技術の権利取得動向，技術開発動向，代替技術の開発動向等も一つの評価のポイントとなろう。

・延命計画

当該権利者がこの技術優位を維持するためどのような改良やバージョンアップを行おうとしているのか，そのスケジュールはどうなっているのか，等について調べることが必要であろう。

③ 製品の市場性（収益性）

次の問題点は，知的財産権の関与する製品が市場に送り出された場合に果たして収益を上げることができるか否か，である。すなわち，当該製品が市場で売れる（またはロイヤルティ収入を得ることができる），という見通しが立って，初めて知的財産権が担保となるのである。

そこで，この段階において，まず，以下のような側面から比較的ラフに収益性の有無を判定し，更に詳細な評価（どれだけの収益が期待できるか等）は，後述の価値評価において行うこととする。

1) マクロ市場分析

マクロ市場分析としては，当該知的財産権が内容とする技術又はその製品がよって立つところの技術的パラダイムの継続の可能性の検討を行う。例えば，ある知的財産技術が特定のJISに対応した製品作成に係るものである場合は，当該JIS標準がいつまで続くのか，または，ソフトにおいてウィンドウズ等のOSがベースになっている場合は，このOSがいつまで続くのか，といったことが問題となる。

なお，経済全体又は対象業界全体の生産動向や最終需要動向等もマクロ

分析の要素となる。これについては，政府や業界で集計している各種の統計が参考となろう。

2）ミクロ市場分析

　　ミクロ市場分析としては，当該知的財産権の関連する製品そのものが市場で受容され，収益を上げ得るか否かの検討を行う。その際，過去における市場動向や当該製品の需要動向から，将来の市場状況を想定する。ここでも政府統計や業界統計が参考になろう。

　　また，ここでは，マーケティング分析や，同種の製品のライフサイクルがどのようなものであるかの分析も重要である。

　　なお，当該知的財産権が他にライセンスされている場合には，当該ライセンスの対象製品についても同様の見通しをたてる必要がある。

（参考）
・マーケティング分析

　　当該知的財産技術を使った製品をどのような販路で，どのような分野（市場）でマーケティングするかを分析する。例えば，既にライバルが旧式ではあれ市場を支配している場合等は，相当のマーケティング力がないと市場確保は難しいというケース等が想定しうる。

・ロイヤルティ収入の見通し

　　ライセンスはどの程度可能か，ロイヤルティ収入がどの程度見込めるかについて分析する。なお，この場合，その技術の内容，適用範囲，その市場の広さ，成長度合い等が評価ファクターとなろう。

（注）　自ら製造を行わないファブレス型の事業者に係る知的財産権の価値評価は，もっぱら他社からのロイヤルティ収入を基に行われることとなるが，この場合においても，当該事業者のライセンスを受けて製造されている製品の市場性について判断する必要がある。

《担保性判定の実施》

以上が担保性判定の際の評価事項であるが，具体的にはどのようなデータを使い，またどのような主体が行うか等について概述すれば以下のとおり。

1）使用データ

　　特許・実用新案については，その権利の登録状況については，特許登録

原簿又はPATOLISがある。

　当該技術の進歩性や先行技術の状況については，PATOLISや専門家の意見等が有効であろう。

　その実施可能性又はビジネス上の評価については統計，市場情報，顧客情報，原材料入手先情報，マーケットリサーチ等が有効であろう。

(注)　PATOLIS (Patent On-line Information System)
　　㈶日本特許情報機構（JAPIO）が提供するオンライン特許情報検索システム。国内特許文献の検索に利用される。

2）判定主体

　これは各融資主体の判断であるが，担当（審査部門）が行うのは当然として，外部専門家の活用（例えば特許の関係であれば弁理士，技術そのものの内容であれば大学教授や研究者等）も重要。

　また，当該知的財産権者の取引の相手方からのヒアリング，同じ業界の有力者，類似のビジネスを行っている別の取引先等に聞くことも有益であろう。

3）判定の実行方法

　実際にどのような方法で判定を実行するかも，各融資主体の判断であろう。

　参考までに他の者がどのような方法をとっているかについて見てみると，例えば特定新規事業実施円滑化臨時措置法（新規事業法）に基づく債務保証を行うか否かの判断の場合は（ここでは後述の知的財産権の具体的価値評価等が行われているわけではないが，当該債務保証に係る新規事業が成功するか否かの判断は重要），対象となる事業について，通商産業省又は（必要に応じて）外部の技術等相談員が新規性・市場性を評価するとともに，事業者から提出される「特定新規事業の実施に関する計画書」の妥当性を，主要販売予定先や業界団体からのヒアリング（産業基盤整備基金が実施）によって検証している。

　いずれにせよ，担保性の判定に当たっては，外部の専門家や取引先等からのヒアリングを精力的に行うべきであろう。

　また，具体的な判定のやり方に関しては，例えば，一部企業で行われて

いる特許管理におけるポイント方式（あらかじめ作成しておいた点数評価表に基づいて個々の発明を採点し，それによって出願等の是非を判断する方式）が参考になり得る。この方式によれば，リスクがある程度点数評価されることから，後述の価値評価の際のリスクプレミアの判断の際の一つの指標となる可能性もあろう。

(2) 価値評価

以上の担保性判定から，担保化される知的財産権が担保となるにふさわしいものであると判断されたとする。

ここでは，その判定を受けて，具体的に担保としてとる知的財産権の価値の評価を行う。具体的には，「当該知的財産権を将来第三者が譲り受けた場合に，それによってどの程度のキャッシュフローを創出することができるか」を推計し，その現在価値を求めることとなる。

① 総論

〈インカムアプローチ及びディスカウント・キャッシュフロー法〉

知的財産権の価値評価については，おおまかに見て，

・コストアプローチ：当該知的財産権の創出にいくらかかったか（費用）をもってその価値とする方式

・マーケットアプローチ：市場における類似のものの取引価値をもって当該知的財産権の価値とする方式

・インカムアプローチ：当該知的財産権を活用して将来得られる価値をもってその価値とする方式

等のアプローチがある。

しかるに，担保価値は，担保権実行時における処分を前提にすることからすれば，その知的財産権の創出に要したコストは飽くまで債務者にとっての関心事項であっても，その処分における譲受人にとっての関心事項ではない。譲受人の関心は，むしろ，当該知的財産権がどれだけの市場価値を持っているか，又は生み出すかである。

この点に関しては，もし知的財産権取引のための市場が存在すればその価値をもって知的財産権の価値とすることができ，簡便であるが，残念ながらそのような市場はいまだ未発達である。したがって，ここでは，インカムアプロー

チの考え方に基づき，知的財産権が将来生み出すキャッシュフロー（正確にはそれを現在価値に割り戻したもの）をもって知的財産権の価値とする手法（ディスカウント・キャッシュフロー法）を採用することが妥当であると考える。

〈譲受人の想定〉

以上より，知的財産権の価値は，その将来の収益をベースに考察することとするが，ここで注意すべきことは，担保は，第三者に譲り受けられて初めてその価値が実現されるものであって，その第三者が当該担保を譲り受けるか否かは，当該第三者が当該知的財産権によっていかなる収益を期待できるかにかかっている，ということである。

そのため，知的財産権の担保価値評価においては，現実の事業者をベースにするのではなく，譲受人たる第三者を想定した上で分析を進める必要がある。

(注) インカムアプローチ及びその一形態としてのディスカウント・キャッシュフロー法は，M＆Aの際の評価等に広く用いられる考え方である。今回の知的財産権の担保価値評価では，知的財産権を中心とする営業体（going concern）の価値を評価するというアプローチをとっているが，これはある意味でM＆Aに近い側面を持つ。

　　ただし，注意すべきことは，M＆Aの場合は，買収等の対象となる事業体を（事業のベースとなる資産等も含めて）包括的に承継するため，当該事業体が事業を続行することを前提として収益を考えることになるのに対して，担保の場合は，結局譲受人における収益が問題となることから，想定した譲受人が知的財産権を実施することを前提として収益を考える必要がある，ということである。

(参考) 超過利益方式

今までに，知的財産権の価値評価に当たって，国税庁の相続税に係る営業権の価額算定方式を発展させた「超過利益方式」が用いられた例がある。その概要は以下のとおり。

・国税庁相続税法財産評価に関する基本通達（国税庁方式）

営業権の価額は，以下の方式で算出された額と課税時期を含む年の前年の所得金額のいずれか低い方の金額

営業権の価値＝超過利益金額×営業権の持続年数に対する年8分の複

260 〔資料 4〕 知的財産権担保価値評価手法研究報告書

$$\text{超過利益金額} = \text{平均利益金額} \times 0.5 \text{（危険率）} - \text{企業者報酬の額} - \text{総資産価額} \times 0.08$$

・超過利益金額に基づく知的財産権算定方式（国税庁方式の発展型）

$$\text{知的財産権の価額} = \text{超過利益金額} \times \text{特許権等の利用しうる年数に対する年8分の複利年金現価率}$$

$$\times \frac{\text{知的財産権}}{\text{資本力} + \text{営業力} + \text{知的財産権}} \quad [\text{利益三分法}]$$

$$\times (1 \pm \text{修正係数})$$

$$\times \text{全ての知的財産権中の当該知的財産権の割合}$$

超過利益金額の考え方

 a 平均利益金額×0.5 － 企業者報酬額 － 総資産×0.08
 b 当該企業の利益 － 同種同規模の他企業の利益

しかしながら，この超過利益方式については，相続税評価をベースに発展したものであることのほか，

 ⅰ）具体的事業者（債務者）をベースとした価値評価であり，担保としての評価（すなわち一般的な譲受人を想定した評価）ではないこと，

 ⅱ）超過利益のみを評価しても，営業体全体の価値を評価したことにはならないこと（例えば超過利益が0であっても営業体としての価値はプラスとなる場合もある），

等の指摘がなされており，担保価値の評価手法としては，必ずしも適切ではない面がある。

　ただし，本方式は，知的財産権を譲渡又は実施許諾する場合の評価手法として実際の鑑定等で用いられていることからディスカウント・キャッシュフロー法を補完するためのクロスチェック材料として用いることも考えられよう。

　② ディスカウント・キャッシュフロー法の具体的適用

　インカムアプローチ及びディスカウント・キャッシュフロー法の発想の根本は，譲受人が当該知的財産権から将来どれだけの利益を得られるか，である。

　この将来の収益を想定するには，まず，今後の当該知的財産権が関与する製品に係る市場動向分析を受けて，将来，譲受人が，当該知的財産権の関与する

製品によって，どれだけの売上げを期待できるか〔収入予測〕，コストがどれくらいかかるか〔費用予測〕，結果的にどの程度の収益を獲得し得るか〔収益予測〕，を算定することとなる。

なお，将来の収益の価値は，現在のそれとは同等ではない（例えば，今日の1万円の価値は，通常，来年の1万円の価値よりも大きい）。このため，将来の収益を現在価値に割り引く必要がある。〔割引率〕

以上が基本的な流れであるが，これによって求められる数値はいわば理論値であり，現実世界により近づけるためには，検証等の追加的作業も必要となろう。〔検証等〕

以下，これらの項目について，説明する。

1）収入予測

ここでは，担保となる知的財産権が関与する製品について，将来，具体的にどれだけの収入（売上げ等）が見込めるかを推測する。すなわち，担保性判定の際に行った市場性に係る定性的分析（特にミクロ面）から一歩踏み込んで，定量的分析を行う。

ここでの収入予測は，理論的には一般的な譲受人を想定して行うこととなる。ただし，現実には，特にベンチャーが扱う新製品については，その履歴データの制約等もあるため，結果として，通常債務者側が作成する売上計画等をベースに，その妥当性等を金融機関の目からチェックすることとなろう。

もちろん，この場合，債務者側に特段の事由がある場合は，それを差し引いた形で予測する必要がある。例えば，担保の対象のところで，going concern を仮定したことから，理論的には販売等に係る要素も原則として担保にとることとなるが，具体的事例において，製品に係る商標権が担保にとれなかった場合や，移転が不可能な強力な販売支店網等が存在する場合等は，これらの影響を捨象した形で売上げを想定する必要がある。

また，売上げは市場における需要数と単価との積であり，需要数については市場想定において分析するが，単価はおうおうにして低下すること等から，その推移をどう予想するか（減価傾向）が一つのポイントとなる。また，逆に，事業者としてはこの減価に対抗して，技術改良やバージョンアッ

プ等を行うことも想定されるため（延命要素），その点についても考慮する必要がある。

したがって，実務上は，減価傾向について，類似製品の原価カーブを外挿するか，同業者のヒアリング等から推定するとともに，延命要素については事業者からのヒアリング等によって（その確実性を精査しつつ）織り込んでいくこととなろう。なお，延命要素に関しては，延命作業の成果が担保の目的物として契約上押さえられていることが前提となる。

さらに，事業関連収入として，ロイヤルティ収入や，当該知的財産権の関与する製品の販売から直接派生する収入（例えばメンテナンス収入等）も考慮する必要がある。

（注1） 対象製品の選定

　一つの知的財産権が複数の製品に利用されている場合には，基本的にはその全ての製品を対象として価値評価を行うこととなる。すなわち，複数の製品に利用されている知的財産権を担保に供し，債務不履行が生じ，担保権が実行された場合には，当該知的財産権自体が譲受人に移転され，譲受人はそれを利用して同じく複数の製品を生産することになると考えられるからである。

　ただし，対象となる製品は，価値評価時点において，担保となる知的財産権がその競争力に決定的に関与することが明らかである製品に限られるべきであり，そうでない製品についてまで価値評価の対象とすることは望ましくない（なお，価値評価後に同一の知的財産権が競争力に決定的に関与する製品が新たに開発された場合，その段階で知的財産権の価値の再評価を行うことはあり得よう）。

（注2） 未製品段階の場合

　将来の収入を想定するに当たっては売上げ等の想定が不可欠であるが，この想定は，当該知的財産権の関与する製品が完成していれば（少なくともサンプルが出荷されている等），行うことができるものと考えられる。

　しかしながら，未製品段階の場合においては，そもそもその製品化がうまくいくのか，果たして期待どおりの製品ができるのか，といった不安が残る。理論的には，当該権利者は通常は将来の生産・販売計画を立てているのであろうから，それを精査することで予測することは可能である。ただし，その場合リスクが大きくなるため，結果として，割引率算定の際のプレミアが大きくなること等によ

り，価値評価は低くなるであろう。

　なお，ここでいう「未製品段階」とは，既に構想段階は終了し，試作品の開発段階に入っているものを念頭に置いている。そのため，いまだ構想段階に過ぎないものは，そもそも担保価値評価の対象にはなりにくいと考えられる。

(注3)　ファブレス型事業者の場合

　前述の「ファブレス型事業者」の場合は，そもそも製品の生産が行われないため，ここでは，もっぱらロイヤルティ収入の予測を行うこととなる。

(注4)　外国で知的財産権が成立している場合

　前述のとおり，本報告書では，外国で成立している知的財産権については考慮しておらず，これは収入予測においても同様である。確かに理論的には，当該知的財産権の外国におけるロイヤルティ収入が国内の債務者に直接入っているのであればそれを想定することは可能であろうが，現実にはライセンス先の外国市場における製品の動向等を調査・予測することは相当困難であると予想されるため，収入予測からは除くこととした。

2）費用予測

・売上原価及び販売管理費

　売上原価及び販売管理費は，一般的な譲受人が当該知的財産権を譲り受けた場合に，当該知的財産権の関与する製品を生産，販売するに当たって要すると見込まれるものを想定する。また，譲受け自体に要する費用（新規補充人員に要する人件費，技術収得に要する費用等）もここに計上されることになろう（ただし，譲受直後の初期の設備投資については別途考慮する）。

　なお，ここでは，将来譲受人となる可能性のある同業者等からのヒアリング等によって費用のモデル化を行うのが本来的であるが，実務上は，上記1）と同様，実際の事業者の事業計画，財務諸表をベースとすることもあり得よう。ただし，そこでは，個別の特殊条件（例えば特殊な立地条件によって原材料を特価で仕入れることができる等）が存在していたり，当該事業者の損益計算書では過去の経緯や節税等の観点から必要経費等が過大に計上されていたりする（例えば，過剰な人員を雇う，役員報酬を過大にしておく等）可能性もあるため，その点は適宜見直し・修正を行うこ

とが必要である。

・事業関連損失

　例えば，譲り受けた知的財産権の関与する製品の生産等に当たって他者の知的財産権を使用しなければならない場合には，それについてロイヤルティを支払わなければならない。そのような支出についても考慮する必要があろう。

3）将来収益

　次に，上記1），2）を基にして，当該知的財産権が将来生み出す収益を算定する。この「収益」が，譲受人のとっての最大の関心事項であり，当該知的財産権の価値そのものであるが，ここでいう「収益」は，損益計算書上の営業利益又は経常利益ではなく，当該知的財産権の活用から直接手にすることのできるキャッシュフローをいう。

　このような観点から，収益（キャッシュフロー）を定義すると，以下のようになろう。

　　　　　売上高
　　－　売上原価
　　－　販売管理費
　　±　事業関連損益
　――――――――――――
　（小計）営業利益
　　－　実効税額
　――――――――――――
　（小計）税引後営業利益
　　＋　非現金費用（減価償却費等）
　　－　控除項目（増加運転資本，設備投資，その他）
　――――――――――――
　（合計）キャッシュフロー

　この定義のうち，

・税金を差し引く趣旨は，税金は支払わねばならず，この分は譲受人のものにはならないからである。なお，ここでの税金は，損益計算書上の税金ではなく，事業収入に直接かかる税金である。この意味で，税率は実効税率（地方税をも考慮すると49.98％）を使うこととなる。

・非現金費用（減価償却等）を加える趣旨は，これらは飽くまで帳簿上「損」

に計上されるに過ぎず，キャッシュフロー上は手元に残るからである。
・控除項目として，事業のために必要となる設備投資や増加運転資本等を差し引く趣旨は，これらが事業遂行上不可欠であり，いわば自由になるキャッシュフローではなからである。

　また，ここでの設備投資には，一般的な譲受人が知的財産権を譲り受けた場合に必要となる初期投資も計上されることになろう。ただし，例えば，担保となった知的財産権の実施に特殊な機械装置を必要とする場合でも，当該機械装置に動産担保が併せて設定されていれば，設備投資額は若干減少することとなると思われる（その場合でも，撤去費，移転費等はかかる）。

　なお，増加運転資本については，本来的には譲受人における資本の拡大等を想定して算出するものであるが，実務上の取扱いとして融資先事業者のものを外挿する場合もあり得る。その場合には，増加運転資本は貸借対照表上明確には表されないため，近似的に流動資産と流動負債の差額を運転資本とすることにより求めることとなろう（ただし，より厳密には，控除項目としての運転資本にカウントされるのは事業遂行に必要なものに限るとの観点から，流動資産のうちの余剰現金や有価証券売却益，流動負債のうちの短期借入金等は除いて考慮されるべきである）。

　ところで，将来の収益を想定する場合，どの程度の期間について収益を想定するかが問題となる。

　一般的にプロジェクトもののM＆Aや投資では，そのライフサイクル終了まで収益を計算するようであるが，それではかなりの長期となることもあり，当然，それに伴って不確実性が増加することも懸念される。

　したがって，実務的には，その融資期間との兼ね合いを考慮しつつ，まず将来数年分（例えば3〜5年間，場合により10年程度）を想定し，その後は残存価値として計算処理することが考えられる。

　その場合，残存価値の取り方が問題となるが，そのための方法として，理論的には，最終年度の翌年のキャッシュフローが当分続くと仮定した上でそれらを現在価値に割り戻すやり方や，最終年度のキャッシュフローにある乗数を掛けるやり方等が考えられる。

266　［資料4］　知的財産権担保価値評価手法研究報告書

　　これについては，知的財産権が関与する製品の想定期間中の売上げが年年増加傾向にあり（もちろん，市場分析の際にチェックが必要となるが），当該知的財産権について確実な断続的改良計画が立てられ，かつ，改良された知的財産権も担保として組み込むことが確保されているような場合には，想定期間経過後に最終年度の翌年のキャッシュフローが半永久的に続くと仮定しても，それほど不都合ではないと思われる。

　　しかし，知的財産権が改良される見込みがない場合や，技術パラダイム自体の期限が想定されるような場合等には，キャッシュフローの継続期限やその減衰率を考慮する必要があろう。

　　なお，現実の適用にあっては，想定期間経過後の減価償却費や追加投資，増加運転資本の取扱が問題となるが，M&Aの際の評価に援用されるディスカウント・キャッシュフロー理論では，想定期間経過後は減価償却費＝追加投資，増加運転資本＝0として扱われており，ここでもそれに倣うこととする。

4）割引率

　　以上の作業から得られた将来の収益を現在価値化するためには，適切な割引率を利用して割り戻す（年複利方式）必要がある。

　　M&Aの際の評価においては，将来のキャッシュフローを現在価値に割り戻すときの割引率として加重平均資本コスト（Weighted Averaged Cost of Capital，WACC）を用いるのが一般的であるが，ここでもWACCを割引率として用いる（ただし，M&AにおけるWACCは当該M&Aの対象者の貸借対照表に基づいて算定されるのに対し，担保価値評価の場合のWACCは一般的な譲受人について算定されることとなることに注意すべきである）。

　　その算定式は以下のとおり。

WACC＝Ke×E＋Kd×D＋プレミア

　　ここで，Ke：自己資本コスト＝Rf＋β（Rm－Rf）

　　　　　　　Rf：リスクフリー証券の収益率

　　　　　　　β：ベータ（システマティック・リスク）

　　　　　　　　　　市場の収益率が変動したときに当該株式の収益率がどれだけ変動するか。

　　　　　Rm：市場一般の収益率
　　　　　Kd：税引後借入金コスト
　　　　　E ：自己資本比率（自己資本／総資本）…市価ベース
　　　　　D ：借入金比率（借入金／総資本）…市価ベース
　上記の各代数に当てはまる具体的な数値としては，次のようなものが考えられる。
- Rf は，長期国債（10年）上場最長期物の直近の流通利回り。
- β は，当該知的財産権の譲受人たりうる企業の β の平均値を用いる（上場企業の β の値は，証券会社の公表データから入手可能）。
- Rm は，TOPIX のリターン（東証一部上場銘柄の収益率の加重平均。正確には，これに配当利回りを加えたもの。）等。
- Kd は，対象業種における借入構造にもよるが，一般的には長プラ又は社債利回りの過去数年間の平均値であろう（短期借入れが主な業種では短プラ）。
- 自己資本比率・借入金比率の算定に当たっては，まず，譲受人たる事業者の平均的な貸借対照表を想定する。その上で，自己資本については，譲受人たりうる企業の PBR（株価純資産倍率。株価を簿価による一株当たりの純資産で割って算出する。）を簿価に乗じることによって市価化する（上場企業の PBR は証券会社の公表データから入手）。また，借入金については，市価と簿価がほぼ一致することから，簿価をそのまま用いる。
- プレミアは，各融資主体の判断で設定されるものであるが，リスクが高ければ高めに設定することになる。この場合，担保性判定に際して行った分析が参考となろう。

（注）　以上は，一般的なM＆Aケースにおける方式を援用したものであるが，このようにその都度割引率を算定するのではなく，あらかじめ業種ごとに平均的企業の基準割引率を算定しておき，それにプレミアを考慮して適用すれば，より簡便であろう。
　　そのためには，各融資主体において，主な業種につき，平均的企業の自己資本コストや借入金コスト等を調べておくことが有用であろう。

268 　［資料 4］　知的財産権担保価値評価手法研究報告書

（参考）　知的財産権の寄与度分析

　知的財産権の価値評価を行う場合に，具体的事業者が当該知的財産権の関与する製品によって将来獲得するであろうキャッシュフローを算定した後，その中からさらに知的財産権の寄与分のみを抽出する，という考え方があり，その実現方法として，「利益三分法」や「要素別収益率回帰法」がある。

・利益三分法

　　　この方法は，企業の利益は，資金力，営業力，知的財産権の三要素によって生み出されるとの前提の下に，その比率に応じて個々の要素ごとに利益を配分するものであり，損害賠償事件の裁判で用いられた例がある（東京地判昭和37年5月7日下民集13巻5号972頁）。

　　　具体的には，案件によって資本力・営業力・知的財産権の比率を調整（1：1：2，2：3：5等）して知的財産権の寄与分を算定する。

・要素別収益率回帰法

　　　企業全体の収益率と企業資産を構成する個々の要素の収益率とを勘案して知的財産権の寄与度を算定する方法。

　　　具体的には，企業全体の収益率としては，市価に換算し直した貸借対照表上の負債・資本の部のうち固定負債と自己資本の収益率の加重平均を用い，一方，資産の部については，流動資産から流動負債を除いた金融資産（monetary assets）及び有形資産（fixed assets）の収益率を用いる。これらを基にして，残る無形資産（intangible assets）の収益率を求め，資産別の収益率の比率により，無形資産の寄与分を算定する。

　しかしながら，これらはいずれも，具体的事業者（債務者）をベースとした方法であることから，担保価値の評価としてはふさわしくない面もある。なお，本評価手法においては，営業体の評価を行うことから，寄与度分析は基本的に不要となる（もっとも，全ての関連する権利等を担保にとれないときは，寄与度の分析が必要となる場合もある）。

　ただし，前述の超過利益方式と同様，これらをディスカウント・キャッシュフロー法による価値評価を補完するクロスチェック材料として用いる

ことも考えられよう。
5) 検証等
　a　検証
　　　以上が価値評価手法の一つであるディスカウント・キャッシュフロー法であるが，これによって得られた価値が常識的・感覚的に妥当なものであるとは限らない（特に，残存価値や割引率の算出に当たっては，恣意的な要素が作用することがあり得る）。
　　　そのため，個別検証として，前述の超過利益方式や寄与度分析によって求めた数値との比較を行うとともに，全体検証として，コストアプローチ等で求めた数値との比較を行うことが考えられる。
　　　また，融資期間が比較的長期にわたる場合は，その融資期間の途中で適宜評価の見直しを行うべきであろう。
　b　市場取引への接近
　　　以上はディスカウント・キャッシュフロー法による算定であり，ある意味で理論値である。
　　　したがって，理論的には，担保権実行時に譲受人が出現して当該価格で買い取ることが期待できても，現実には常に譲受人が出現するわけではない。
　　　この点に対応するため，評価の際等にあらかじめ担保権実行時の譲受人候補を決めておく方法もあり得よう。
　　　具体的には，担保性判定において，同業者，当該製品の購入者，ライセンシー等からヒアリングを行う際に，譲受人候補を見つけることが考えられる。なお，その際に具体的な処分額まで合意することは難しいと思われるが，評価の方向性については議論を詰めることは可能であり，また必要であろう。
　c　具体的融資の実行
　　　以上の作業を経て，当該知的財産権の価値が決定され，実際の融資が行われることとなるが，通常，融資においては担保価値全額が貸し付けられる訳ではなく，いわゆる掛け目が考慮されることとなる（掛け目をどの程度にするかは各融資主体の判断）。

また，知的財産権担保は，陳腐化の可能性もあるため，先に行った将来収益（キャッシュフロー）想定もふまえつつ，融資期間中の当該知的財産権担保の価値と残存債権とがミートするように配慮することも必要となろう。

なお，融資後に生じ得る予想外の価値の急騰・急落等に対応するため，融資期間の途中で価値評価の見直しを行うべきことは，前述のとおりである。

4　契約上の留意点

実際に担保設定契約を行う上で必要と思われる事項の例としては，以下のようなものが考えられる。ただし，これは参考までに提示するものであり，具体的にどのような契約を行うかは当事者の裁量に委ねられることとなる。

(1)　担保設定目的物の特定
①　目的物たる知的財産権の特定
発明等の名称，権利の登録番号によって特定
（必要に応じて権利者名，出願・登録年月日も記載）
注；出願中の知的財産権の場合は出願番号を押さえること。
　　ソフトウェア著作権については必ず㈶ソフトウェア情報センターに登録させること。
②　目的物と同時に押さえる関連権利・文書の特定
関連する知的財産権（周辺特許権，商標権，意匠権等）
実施権（専用実施権，通常実施権）
※　対象製品について債務者（担保権設定者）が第三者から実施権の設定を受けているときは，当該実施権についても担保設定の目的とすることが必要。
その他関連文書として
設計図
〔著作物の場合〕ソース・プログラム，オブジェクト・プログラム
開発時のデータ，テスト結果等の文書類
使用マニュアル
改良・メンテナンス等の履歴

ユーザーリスト，販売関係資料　等
※　これらの関連文書については，文書そのものとともに，それらの著作権についても担保権を設定しておくべき（ただし，第三者対抗要件（占有・登録）を備えるか否かは当事者間の裁量）。なお，これらの文書については，契約時にその複製物の担保権者への引渡しを行っておくことが望ましい。

(2) 担保設定手続
・担保の形態が質権の場合，登録原簿への登録を行うことが効力発生要件（特許法第98条等）。なお，実施権について質権を設定する場合は原権利者の承諾が必要。
・譲渡担保の場合，債権者への権利の移転については，譲渡の登録を行わなければ効力が生じない（特許法第98条等）。ただし，債務が履行されたときに権利が債務者に再譲渡されることを確保するためには，別途考慮が必要（少なくとも契約上明記しておくことが必要であるが，さらに第三者に対抗するため，再売買の予約の仮登録や買戻特約を登録原簿に明示しておくことが望ましい）。
・仮登録担保の場合も，移転請求権保全のための仮登録が必要不可欠。
・担保とされる特許が出願中の場合は，特許を受ける権利を譲渡担保に供することになると考えられるが，これについては当事者間で契約を締結するしかない（特許法第33条により，特許を受ける権利は質権の目的とすることができない）。なお，この場合は，特許庁に宛てて，特許を受ける権利が債権者に移転した旨の通知を行うこと（特許成立時に特許庁の方で特許権者を変更して公告してくれる）。

(3) 瑕疵担保責任・処分の禁止
　担保権設定者が，担保化された知的財産権等に関し，登録料の滞納や担保権に優先する又は担保権を害すべき一切の権利設定や契約が存在しないこと及び将来担保権者の承諾なしに担保権又はその担保価値を害する行為（譲渡・放棄，実施権の設定等）をしないことを保証する。

(4) 侵害対応
　担保化された知的財産権等が侵害された（侵害されるおそれがある）ときや，第三者によって当該知的財産権の有効性が争われたときに，担保権者が担保権

設定者をして侵害排除及び危険防止の手段等をとらせることができるようにする。また，このとき，担保権設定者が，担保権者の承諾なく第三者と和解・示談できないようにする。

(5) 債権譲渡

担保権設定者が，担保化された知的財産権等に関して，第三者から金銭等の給付を受ける債権を取得する場合がある。そのような場合に，物上代位的な観点から，債務の弁済が円滑に行われるよう，担保権者が当該債権を自ら譲り受け，それに基づいて給付される金銭等を債務の弁済に充てることができるようにする。

(6) 改　良

担保化された知的財産権等について，将来，機能の追加等の改良や周辺的な知的財産権の開発を行った場合は，それらについても担保の目的として承継されること（必要な場合は，そのための手続（登録等）も行うこと）を保証する。

(7) 担保化された知的財産権の実施等

譲渡担保の場合，権利自体が移転することから，債務者側に改めて実施権を設定することが必要(質権の場合は，担保化された知的財産権等の実施権は債務者側に留保されるから必要ない)。

この場合，特許料の支払いについても誰が支払うか（論理的には譲渡された以上，新権利者が支払義務者となるが，契約によって債務者が支払うこととすることは可能）の取決めが必要。

(8) 流質契約

質権の場合，担保権実行時の処分の簡略化のため必要。本件知的財産権担保が処分された場合の移転契約を行うことの約束を行う。

なお，流質契約は民法上禁止されている（民法第349条）が，商法第515条は，「商行為ニ因リテ生シタル債権ヲ担保スル為メニ設定シタル質権」について流質契約を行うことを許容している。

(9) 技術指導

担保化された知的財産権が処分された場合に，譲受人に対し，当該知的財産権の実施に必要な技術指導を行うことの約束を行う。

(10) 著作者人格権

著作権の場合，著作者人格権（著作権法第18～20条）は一身専属的で譲渡不可能（同第59条）であり，論理的には原権利者が譲受人に対して特に改変について同一性保持権等の主張を行うことが可能となる。これを封じるため，**翻案・改変権の譲渡とともに原権利者に著作者人格権を行使しないことを約束させる**。

(11) その他
　費用負担条項
　事情変更条項
　協議条項

5　おわりに

以上，知的財産権の担保価値を評価する場合の考え方を示した。

現実に金融機関が知的財産権を担保として融資を行う際にどのような評価を行うかは，基本的には当該金融機関の裁量に委ねられるべきであるが，「はじめに」でも記したように，この報告書では，その点を十分に踏まえた上で，知的財産権の担保価値の評価手法として合理的と思われる考え方を提示している。

今後，知的財産権を担保とする融資を普及・定着させるため，本報告書で示した考え方を参照しつつ，各金融機関が積極的に取り組むことが望まれる。

なお，ここで示した考え方は知的財産権一般についてのものであり，今後，個別事業ごとに，知的財産権を担保とする融資に関する検討がさらに進められることが望ましい。

今後，知的財産権担保融資が普及・定着するためには，知的財産権の担保価値評価手法の確立及びその簡素化・マニュアル化等に加え，様々な環境整備が望まれる。

その中で，さしあたり考えられる問題点としては，まず法律・制度面では，例えば以下のようなものが挙げられよう。

・譲渡担保における第三者への対抗要件の具備のための手当
・著作者人格権の法的取扱いの改善

また，本稿とは直接関連しないが，著作権に係る工場抵当法の見直しや，さらにはプログラムの財団化を求める意見もある。

　※　現在でも，工場抵当法により，土地，建物，設備，工業所有権等，生産

活動に寄与している資産の全部又は一部を工場財団として一括して抵当権の目的とすることはできるが，著作権はその組成物件に含まれていない。情報化の進展している今日においては，著作権を工場財団の組成物件に組み入れたり，又は著作権の特殊性に着目してプログラムのみによる財団を組成できるようにしたりすることが有用であろう（あわせて，そこでの著作権の取扱いルール等を規定することも有益と思われる）。

他方，実務面では，例えば以下のような問題点が挙げられよう。

・減価，延命，ライフサイクル等に係るデータの集積
・ソフトウェアにおけるエスクロウ制度の整備

※　ソフトウェアにおけるエスクロウ制度とは，通常，ライセンサーとライセンシー以外の第三者に対してソース・プログラム等をあらかじめ預託しておき，ライセンサーの破産等一定の条件が発生した場合に，当該第三者が保管していたソース・プログラム等をライセンシーに引き渡すという制度であるが，かかる契約を担保化の場合にも締結することが考えられる。

・セカンダリィマーケットの整備（実施許諾可能な特許情報等の整備）

なお，上記のような問題点の解決に当たっては，政府・公的機関と民間金融機関とが相互に連携して取り組むことが重要であろう。

今後，これらの取組みによって，知的財産権担保融資が普及・定着し，これによって新規事業者の資金調達力が拡大され，ひいては我が国の経済フロンティアの拡大及び我が国経済の発展が実現されることを切に願うものである。

知的財産担保の理論と実務〔IIP研究論集2〕

| 1997(平成9)年4月15日 | 初版第1刷発行 5517 |
| 2008(平成20)年2月25日 | 初版第2刷発行 5538 |

編著者　鎌　田　　　薫
　　　　財団法人知的財産研究所

発行者　今　井　　　貴

発行所　信山社出版株式会社
　　　　〒113-0033　東京都文京区本郷6-2-9-102
　　　　　　　　　　電　話　03 (3818) 1019
Printed in Japan　　FAX　03 (3818) 0344

© 知的財産研究所, 1997. 松澤印刷／大三製本
ISBN798-4-7972-5538-6 C3332 ￥6000E
分類328.500a015 知的財産法　012-050-010

IIP研究論集 刊行にあたって

　財団法人知的財産研究所は，わが国唯一の知的財産専門の研究機関として，平成元年6月に設立された。そして，その設立以来，各種の工業所有権関係の法改正にあたっては，法改正を側面から援助するとともに，知的財産に関する数多くの研究を進め，その成果を報告書として公表してきた。また，機関誌「知財研フォーラム」や「知財研紀要」の発行，内外の有識者・研究者によるセミナー，シンポジウム等の開催を通じて，知的財産制度の啓蒙にも努めてきた。

　上記のような活動を進めるなかで，当研究所の研究成果を内外に知らしめ，さらなる活用を図るべく，平成8年，当研究所内で開催された均等論委員会での議論や関連文献をまとめて，「比較特許侵害判決例の研究―均等論を中心として―」を上梓した。

　また，当研究所では，このような研究成果の出版を継続的に行うこととし，今般，シリーズの名称を「IIP研究論集」と定め，本書をシリーズの2作目と位置づけて出版することとした。さらに，今後も本シリーズの一環として，研究成果の出版を継続的に行っていく予定である。

　本シリーズが，知的財産の研究者・実務家に活用され，国内外における知的財産に関する諸活動の進歩発展に寄与することを期待する次第である。

　　平成9年4月

　　　　　　　　　　　　　　　　　　財団法人　知的財産研究所
　　　　　　　　　　　　　　　　　　専務理事　吉　田　豊　麿

法学講義のための重要条文集
法学六法08
(慶應現行法令六法シリーズ)
＊2008年3月創刊　約500頁　記念特価1,000円＊

編集代表
慶應義塾大学名誉教授　石　川　　　明 (民事訴訟法)
慶應義塾大学教授　　　池　田　真　朗 (民　　法)
慶應義塾大学教授　　　宮　島　　　司 (商法・会社法)
慶應義塾大学教授　　　安　冨　　　潔 (刑事法)
慶應義塾大学教授　　　三　上　威　彦 (倒産法)
慶應義塾大学教授　　　大　森　正　仁 (国際法)
慶應義塾大学教授　　　三　木　浩　一 (民事訴訟法)
慶應義塾大学教授　　　小　山　　　剛 (憲　　法)

内田力蔵著作集
1　イギリス法入門　　　　　　　16,000円
2　法改革論　　　　　　　　　　11,000円
3　法思想　　　　　　　　　　　15,000円
4　司法制度　　　　　　　　　　30,000円
5　私法（上）契約法・不法行為法・
　　　　　　　商事法　　　　　　近刊
6　私法（下）家族法　　　　　　近刊
7　公　法　　　　　　　　　　　続刊
8　法と市民

ドイツ憲法判例研究会　栗城・戸波・嶋崎編
イーゼンゼー・保護義務としての基本権

プラクティス民法 債権総論（第3版）4,000円
潮見佳男 著 債権総論 5,631円
潮見佳男 著 債権総論[第2版]I 4,800円
　　　　　　債権関係・契約規範・履行障害
潮見佳男 著 債権総論[第3版]II 4,800円
　　　　　　債権保全・回収・保証・帰属関係
潮見佳男 著 契約各論I 4,200円 2刷出来
潮見佳男 著 不法行為法 4,700円
藤原正則 著 不当利得法 4,500円
青竹正一著 新会社法 (第2版) 0,000円
高 翔 龍 著 韓 国 法 6,000円
小宮文人 著 イギリス労働法 3,800円
平野裕之著 民法総合シリーズ（全6巻+）
　　1 民法総則　　　続刊
　　2 物 権 法　　　続刊
　　3 担保物権法　　3,600円
　　4 債権総論　　　続刊
　　5 契 約 法　　　4,800円
　　6 不法行為法　　3,800円
佐上善和著 家事審判法 4,200円
半田吉信著 ドイツ債務法現代化法概説 11,000円
ヨーロッパ債務法の変遷 訳 15,000円